# AIGC
# 商业宝典

邢杰　李玉枫　谢安娜　管鹏　易欢欢　徐远重

◎ 编著 ◎

中国出版集团
中译出版社

图书在版编目（CIP）数据

AIGC 商业宝典 / 邢杰等编著 . -- 北京：中译出版社，2023.5
　　ISBN 978-7-5001-7412-7

　　Ⅰ.①A… Ⅱ.①邢… Ⅲ.①人工智能—产业发展—研究—世界 Ⅳ.①F49

　　中国国家版本馆CIP数据核字（2023）第071456号

## AIGC 商业宝典
### AIGC SHANGYE BAODIAN

策划编辑：于　宇　张　旭
责任编辑：张　旭　于　宇
文字编辑：田玉肖
营销编辑：马　萱　钟筏童
特约编辑：黄绮萍　李俊豪　李乐怡　孙振绮　张亚轩　赵昕昱
封面设计：仙　境
排　　版：聚贤阁

出版发行：中译出版社
地　　址：北京市西城区新街口外大街28号102号楼4层
电　　话：（010）68003527
邮　　编：100088
电子邮箱：book@ctph.com.cn
网　　址：http://www.ctph.com.cn

印　　刷：河北宝昌佳彩印刷有限公司
经　　销：新华书店
规　　格：710 mm×1000 mm　1/16
印　　张：27.25
字　　数：360千字
版　　次：2023年5月第1版
印　　次：2023年5月第1次

ISBN 978-7-5001-7412-7　　　　定价：79.00元

版权所有　侵权必究
中 译 出 版 社

## 编委会成员

邢　杰　李玉枫　谢安娜　管　鹏　易欢欢　徐远重
何云峰　牛　牧　黄　琪　王紫上　屠　静

## 特别感谢

卓世科技　亿欧智库

# 推荐序1 — 贾伟

我和邢杰老师认识10多年了,一直在各自的领域不断探索。去年我邀请邢杰老师一起撰写了《元宇宙力》,今年再次为他的新书《AIGC商业宝典》写推荐序。我觉得共同写书的过程也是我们共同憧憬未来的过程。

作为文化创意产业的智能化创业者,在过去的几年,尤其是最近几个月,AI和AIGC带给我和我的伙伴们的冲击就像是遭遇了一场烈风雷雨。

那些感性的冲击恐怕令我一生都无法忘怀。记得当我们上线水母智能logo的时候,数百万用户的热情瞬间把服务器挤爆了,随之而来的是大片的谩骂和赞美,谩骂者说机器设计会使设计师失业,赞美者却说它为小微企业带来了福音。我们在五味杂陈中勉励彼此:让我们在谩骂声中前行,为需要的人提供价值。

当我们发现同样一个画面创作问题,在上一代技术逻辑中是需要如此多的工程化拆解,而在AIGC面前那些逻辑却瞬间土崩瓦解的时候;当我们发现模型和效果在以月、以周、以天、以分、以秒疯狂进化的时候;当我们看到底层模型、各种训练方式、ControlNet、inpainting & outpainting等各种能力层出不穷的时候,我们和所有AIGC创业者一样,惊叹于它以如此理性的方式冲击着这个世界。

而在一波胜过一波的猛烈冲击后,我们仿佛也获得了一些启示。

第一,AIGC带来的不仅是生产的变革,更是交互入口的变革。毋庸置疑,今天人们基于MJ或SD去生产内容——无论是图片还是文字甚至是视频,显而易见其门槛和效率已然发生了指数级的变化。而我们往往容易忽略的是，当我们用 ChatGPT 去创作内容的时候，我们与它的对话方式早已不是 LCI 和 GUI，而是自然语言。我们的首席科学家吴旻升先生将未来的交互方式称作 GCI（graphic & chat interaction）：一是强调未来的交互是混合式的；二是强调未来的交互不是用户交互、不是用户要对机器怎么样、不是单向命令的状态，而是用户和机器在对话、在聊天，这是一种有来有往、循环往复、平衡平等的状态。而这种新的交互状态一如当年的搜索引擎横空出世，一定会诞生新的入口。

第二，AIGC 代表着新代际的生产方式，更代表着背后新代际的生产者。我们看到，部分传统画师在轰轰烈烈地抗议 AIGC。而我们同时也看到几百万的触手 AI 用户，也就是新代际创作者在崛起。他们已然把 AI 玩得明明白白，单图、条漫、四格、成片不在话下。他们是新一代的创作人，美术背景可有可无，但对 AI 的操控能力却是优秀的，而他们只是初中生、高中生、大学生，后生可畏啊！他们正是在 AIGC 这波技术浪潮下成长起来的新代际内容生产者。

第三，AIGC 的美国风格是精英在"发烧"，AIGC 的中国特色是全民在狂欢。这个话题很有意思，很多投资人和创业者也问过我怎么看 AIGC 在美国和中国的状态，我都会以见微知著的方式告诉他：YouTube 和 Twitter 上有关 AIGC 最火的视频都是"发烧友"深度探索的内容；而抖音上最火的 AIGC 视频是普通网友所做，他们会将生活照生成二次元的视频，一经发布可高达几十亿的播放量。就连"触手 AI"这个话题都被用户刷到了几千万的播放量。这就是为什么我说"美国是精英在'发烧'，中国是全民在狂欢"的原因，很有意思吧？

"本是后山人，偶做前堂客。醉舞经阁半卷书，坐井说天阔。"说到底，我只是一名实践者，受到邢杰老师的启发，将其中的心路历程和观点洞察和盘托出给各位读者，不免偏颇。我真心希望和所有的读者一道，能在邢杰老师更加全局与公允的视角下共同获得对 AIGC 商业更全面和深刻的认知。

**贾伟**

水母智能董事长

洛可可创新设计集团董事长

中国工业设计协会理事长

# 推荐序 2

—— 倪健中

移动通信行业是一个高速发展的产业，也是当今世界上最具活力和创新力的领域之一。在这个过程中，技术创新和升级一直都是推动行业变革和提升竞争力的重要驱动力。作为中国移动通信联合会执行会长，我相信，只有不断加强技术创新和升级，才能推动中国移动通信产业实现更加可持续的发展。

《AIGC 商业宝典》是一部系统性介绍 AIGC 产业管理、技术和市场的工具书，旨在为广大企业拥抱 AIGC 提供全面的解决方案和策略，帮助他们加强管理能力、提高市场竞争力，并为行业的可持续发展提供保障。这本书汇聚了国内外 AIGC 行业的先进经验和管理智慧，非常值得广大移动通信从业者和爱好者学习和借鉴，并运用 AIGC 技术来推动移动通信产业升级。

其中，AIGC 在技术创新和升级方面的贡献是不容忽视的。在最新的移动通信技术标准中，AIGC 与全球顶尖的移动通信厂商和运营商紧密合作，共同推动 5G/6G 技术的发展和应用，为全球移动通信产业的发展做出了巨大的贡献。同时，AIGC 积极支持 IPTV、5G 消息、呼叫中心、物联网、彩铃等移动通信新业务的研发和应用，探索数字化转型的新路径和新模式，为中国移动通信产业的升级注入了新的动力和活力。

另外，在行业标准化和规范化方面，AIGC 也发挥着重要的作用。通过制定和推广 AIGC 在通信行业的标准，规范中国移动通信产业的发展，促进行业的合理竞争，提高产业整体的附加值和市场占有率，为中国移动通信产业的健康发展奠定了基础。

总之，《AIGC 商业宝典》所阐述的管理、技术和市场方面的内容，正是中国移动通信产业升级的重要支撑。我们期待着这本书能够为广大移动通信企业带来实际的帮助和指导，增强他们的管理和技术能力，提高市场竞争力，为中国移动通信产业的可持续发展注入新的动力和活力。

最后，我要感谢所有为此次出版做出贡献的人，希望 AIGC 能为中国移动通信产业的发展做出贡献。让 AIGC 与中国移动通信联合会携手合作，共同推动中国移动通信产业不断升级和发展，为构建数字中国和数字世界做出更大的贡献！

**倪健中**

中国移动通信联合会执行会长

全球元宇宙大会主席

## 推荐序 3 —— 杜百川

人工智能生成内容 AIGC 发展迅猛，ChatGPT 打破了用户发展最快的纪录。全球用户破百万，Netflix 用了三年半，Twitter 用了两年，Facebook（Meta）用了 10 个月，而 ChatGPT 只用了 5 天。

欣闻即将出版《AIGC 商业宝典》，能在这么短的时间内将 AIGC 的各个方面深入研究实属不易，此间也有 ChatGPT 的势头。本书包括了 AIGC 及其文本、语音、音乐、图像、视频、游戏等发展历程和发展趋势，特别是 ChatGPT 的出现和发展对搜索引擎、技术和社会发展的影响，有较详细的观点。AIGC 不仅只有 ChatGPT，本书还对 AIGC 的几种重要算法进行了介绍和解构，对 PGC、UGC 和 AIGC 的内容进行了比较，揭示了 AIGC 与数字人和元宇宙的关系。同时本书详细分析了 AIGC 在教育、艺术、媒体、健康、营销、游戏和智慧城市等方面的应用前景，分析了 AIGC 可能引起的版权纠纷、伦理道德和劳动就业等法律及社会问题。

据悉本书还得到了百位名家的推荐，其中不乏创业者和投资人的真知灼见，还有专业学者和行业组织等方各面的观点和意见凝聚。本书内容全面丰富，是了解 AIGC 不可多得的一本好书！

**杜百川**

国家广播电视总局原副总工程师

国家信息化专家咨询委员会专家

国务院三网融合专家组专家

AIGC 是指利用人工智能技术生成内容。借助新的 AI 工具，人类可以设计出诸如绘画、写作、翻译、编程、谱曲等新的内容生产模式。短期来看，AIGC 可以从技术角度实现高效率和低边际成本，从而取代过时和低效的智力生产过程。长期来看，AIGC 使用机器运用统计学扩展人类的知识边界，从而开创了利用算力和大数据以创新的方式创造性地生成全新内容的时代。

AIGC 虽然具有广泛的应用和发展前景，但也面临几个方面的挑战和问题，例如：数据隐私问题、训练和部署成本问题、模型可解释性问题、模型鲁棒性问题。AIGC 毕竟只是人类发展过程中的新工具，我们要学会使用新工具更好地为人类自身服务。

AIGC 本质上还是以 AI 为底层服务的技术，避不开 AI 工具本身的局限性，即在伦理道德、数据安全、技术监管方面的固有问题，也是整个 AI 领域长期关注并协同其他各行业及政府部门一直在完善解决的问题。此外，AIGC 的数据训练样本在一些专业领域（比如生物信息学等）的训练数据库的"可喂"的语料并不足够，导致其在这类领域的回答与事实具有较大的误差，这是当下短期内无法回避的问题。

AIGC 是机遇也是挑战。拥抱 AIGC，领跑 AI 时代。

**潘毅**

中国科学院深圳理工大学计算机科学与控制工程院院长

中国科学院深圳先进技术研究院首席科学家

欧洲科学与艺术院院士

美国医学与生物工程院院士

# 推荐序 5 —— 许彬

随着元宇宙的发展，AIGC 在多个应用领域展现出巨大潜力。AIGC 技术可以帮助创建化身，提供更真实的外观和行为。同时，它为内容创作提供了创新支持，通过生成常见代码片段来减轻开发人员的工作负担。

AIGC 在虚拟世界生成方面可为现实感和响应性带来提升，而在数字孪生领域，AIGC 技术有助于虚拟原生和个性化。

尽管目前研究较少，但 AIGC 在元宇宙中的发展前景广阔。未来研究应关注硬件、算法和数据采集技术的进步，推动 AIGC 在元宇宙中的早期应用。

随着研究的深入，以及 AIGC 案例的具体化过程中，我们也要着手解决伴随而来的伦理、版权和所有权等新问题。

总之，元宇宙与 AIGC 之间的紧密关系将为创新应用领域提供无限可能性，我们有望在多个方面看到显著进步，AIGC 将助力元宇宙成为一个更丰富、更互动、更个性化的人类新空间。

**许彬（Pan Hui）教授**

英国皇家工程院国际院士

欧洲科学院院士

IEEE 院士 ACM 杰出科学家

香港科技大学（广州）计算媒体与艺术讲座教授

香港科技大学（广州）元宇宙与计算创意研究中心主任

# 自序 1 —— 邢杰

如今,我们正处于一个伟大时代的拐点上,人工智能即将迈入强人工智能时代。自人类历史开始以来,科技进步始终是推动社会发展和人类文明进步的关键因素。从农业革命到工业革命,从文艺复兴到信息革命,每一次重大的科技变革都为人类带来了巨大的福祉,同时也改变了我们的生活方式。在这一系列变革中,AIGC 人工智能生成内容的出现无疑是具有划时代意义的技术革命。本书将深入探讨 AIGC 的概念、原理、应用和影响,以及它如何改变人类文明的未来。

回顾人类科技发展史,我们可以清楚地看到每一个重大变革都带来了翻天覆地的影响。工业革命使得机械化生产成为可能,大大提高了生产效率,改变了传统的农业社会,为现代工业社会的诞生奠定了基础。信息革命则推动了计算机和互联网技术的普及,缩短了人与人之间的距离,使得信息传播和交流变得前所未有的便捷。文艺复兴则是一场知识和文化的复兴运动,它启发了人们对科学和艺术的探索精神,为现代科学的发展和文化繁荣打下了基础。

AIGC 的出现则再次为人类带来了一场变革。相较于工业革命和信息革命,AIGC 具有更广泛的适用性和更高的智能水平,它不仅能够在各个领域提高生产力,还具有自主学习和创新能力。与文艺复兴相比,AIGC 的影响范围不仅局限于知识和文化领域,而且渗透到社会的方方面面。可以说,AIGC 的出现为人类带来了一场前所未有的生产力革命。

在这场革命中,硅基文明与人类文明的关系成为一个不可避免的话题。硅基文明指的是以人工智能和通用计算为基础的新型文明,它将与传统的人类文明共同塑造未来。硅基文明的出现将改变我们对智能、生产和创新的认知，进一步提高生产力和创新能力。与此同时，人类文明也将不断适应和应对这一变革，以求在硅基文明与人类文明共存的过程中实现和谐共生。在这一过程中，我们需要正视AIGC给人类带来的挑战，如就业压力、隐私、道德伦理等方面的问题，并思考如何在技术进步的同时保持人类的核心价值观。

尽管AIGC给我们带来了一些挑战，但它为人类带来的巨大价值才是重点。首先，AIGC能够极大提高生产效率和创新能力，为各行各业带来巨大的发展潜力。其次，AIGC将有助于解决全球性问题，如气候变化、资源短缺、公共卫生等，从而使我们的生活环境更加美好。此外，AIGC还能为个人提供更加个性化和定制化的服务，满足人们在教育、医疗、娱乐等方面的需求。

未来，我们有理由相信，AIGC将逐渐渗透到我们生活的方方面面，成为人类文明发展的重要推动力。然而，我们也要认识到，在这一过程中，我们需要在技术发展与道德伦理、个人权益与公共利益等方面寻求平衡，以确保人类文明在与硅基文明共存的过程中实现可持续、和谐发展。

本书旨在为读者提供关于AIGC的全面而深入的了解，帮助读者把握这一技术革命的脉搏，理解其在经济、社会、政治、文化等领域的影响，并掌握如何把AIGC应用到我们的工作与生活之中，把握住AIGC产业化和商业化的大机遇，同时也能够为人类与硅基文明的共生做出贡献。

本书付梓之际，GPT-4正式发布。本书一方面加入GPT-4的最新内容，另一方面本书几个章节由GPT-4写作，看读者能否分辨出硅基作者与碳基作者的区别。这应该是全球第一本由GPT-4参与创作并以纸质版上市的书了，意义重大。因时间有限，技术迭代又非常迅速，本书中可能会出现一些错漏，恭请读者批评指正。

预计到2025年左右，人类将实现通用人工智能（AGI），强人工智能时代就此开启。在这个充满变革与挑战的时代,我们期待着 AIGC 为人类创造更加美好的未来。让我们共同迎接这场伟大的技术革命,携手硅基文明共同开创一个向内探索无穷精神世界、向外探索无限宇宙空间的新纪元。

**邢杰**

元宇宙与碳中和研究院常务副院长

中国电子商会元宇宙专委会副理事长

元宇宙三十人论坛联合发起人

超创者元宇宙产业联盟常务理事长

优实资本董事长

## 自序 2 —— 谢安娜

本书是一本介绍 AIGC 在商业领域应用的重要著作，近百位专家联名推荐本书，对于帮助企业了解和应用人工智能具有重要的意义。

作为一名科技媒体创业者和内容创作从业者，我深刻认识到 AIGC 对商业和社会发展的巨大推动作用。随着 5G、分布式等信息技术的快速发展，越来越多的企业开始关注和探索 AIGC 的应用，希望通过 AIGC 的赋能提升企业或自身的竞争力。而本书所涵盖的内容正是适应这一现实需求而编写的。

本书详细介绍了 AIGC 未来在商业领域的应用，包括自然语言处理、机器学习、数据挖掘、算力算法、AI 写作、AI 绘画、AI 语音、AI 音乐、AI 视频、AI 编程、AI 数字人、AI 游戏等多个方面。无论是传统行业还是新兴领域，都可以从本书中找到适合自己借鉴的应用案例。

作为一名从事广播电视、移动通信和互联网行业的内容从业者，我也深刻体会到 AIGC 对这三个行业的影响和推动。

在这个信息化时代，人工智能已经成为企业提高效率、降低成本和提升服务质量的重要工具。因此，我非常推崇本书的编写思路和方法，并且认为本书对人工智能的发展和应用有着重要的推动作用。

最后，我要感谢本书的所有编写者、出版社以及所有参与本书写作的人，感谢他们的付出和努力。

我相信,《AIGC 商业宝典》能够为更多企业带来灵感和启示,促进人工智能产业的快速发展,成为人工智能在商业领域的重要指南。

**谢安娜**

众视 Tech 创始人

中国移动通信联合会副秘书长

全球元宇宙大会、全球家庭互联网大会发起人兼秘书长

# 目录
CONTENTS

## 第一章 AI 及 AIGC 发展史

第一节　AIGC 是超越工业革命的生产力革命 - 003

第二节　AI 和 AIGC 的发展历史 - 006

第三节　AIGC 与万物生成 - 012

第四节　GPT-4 的历史性突破 - 036

第五节　"百模大战"与 AGI 通用人工智能时代的到来 - 064

## 第二章 AIGC 技术

第一节　算力对 AI 发展速度的决定性作用 - 071

第二节　万物皆算法与模型即服务 - 078

第三节　没有高质量数据就没有高质量 AI - 085

第四节　AIGC 发展史中的重要算法解构 - 090

第五节　AIGC 发展史中的几个重要模型解构 - 103

## 第三章 AIGC 的产业与模式

第一节　PGC、UGC、AIUGC 和 AIGC - 117

第二节　AIGC 的产业链及产业生态图谱 - 121

第三节　AIGC 产业发展国内外对比解析 - 131

第四节　AIGC 国内外先行企业的定位与布局 - 136

第五节　AIGC 对企业内部价值链的影响与变革 - 146

第六节　AIGC 商业模式解析 - 153

第七节　AIGC 与元宇宙"13364"精髓认知结构 - 158

**第四章　AIGC 在千行百业中的应用**

第一节　AIGC 工具与产品导览 - 213

第二节　AIGC 实战案例：从新手快速成为高手 - 225

第三节　AIGC 带给短视频行业的商机与变革 - 242

第四节　AIGC 带给文化创意行业的商机与变革 - 246

第五节　AIGC 带给旅游行业的商机与变革 - 251

第六节　AIGC 带给媒体行业的商机与变革 - 254

第七节　AIGC 带给电商行业的商机与变革 - 257

第八节　AIGC 带给营销行业的商机与变革 - 260

第九节　AIGC 带给艺术行业的商机与变革 - 263

第十节　AIGC 带给医疗健康行业的商机与变革 - 267

第十一节　AIGC 带给教育行业的商机与变革 - 272

第十二节　AIGC 带给游戏行业的商机与变革 - 278

第十三节　AIGC 带给农业的商机与变革 - 282

第十四节　AIGC 带给建筑行业的商机与变革 - 285

第十五节　AIGC 带给影视行业的商机与变革 - 288

第十六节　AIGC 带给软件行业的商机与变革 - 291

第十七节　AIGC 带给智慧城市的商机与变革 - 294

第十八节　千行百业的 AIGC 化 - 298

## 第五章　AIGC 生产力革命的深远社会影响

第一节　AIGC 引发的版权风暴 - 311

第二节　AIGC 将引发的失业潮与就业潮 - 314

第三节　AIGC 对社会伦理与秩序的冲击与变革 - 317

第四节　AIGC 将成为推动数字经济发展的强劲引擎 - 320

第五节　AIGC 生产力革命大潮下的变与不变 - 325

第六节　AIGC 的哲学思考 - 331

第七节　硅基文明的崛起 - 334

第八节　人的价值重塑——我们向何处去 - 337

## 附录

附录一　创业者企业家 AIGC 洞见集锦 - 343

附录二　投资人名家 AIGC 洞见集锦 - 383

附录三　专家学者 AIGC 洞见集锦 - 394

附录四　行业组织 AIGC 洞见集锦 - 405

附录五　AIGC 重要工具性图表页码索引 - 410

尾　声 / 413

后　记 / 414

# AIGC 重要工具性图表页码索引

| 008 | 表 1-1 | 人工智能类型一览表 |
| 019 | 图 1-6 | 伊恩·古德费洛提出的 GAN 模型图 |
| 028 | 图 1-8 | AIGC 内容生产的新模式 |
| 029 | 图 1-9 | 不同时期的 AI 进化路线 |
| 041 | 图 1-17 | Transformer 模型架构 |
| 046 | 表 1-2 | OpenAI 培养的科技精英 |
| 047 | 图 1-18 | OpenAI 投资路线图 |
| 048 | 图 1-19 | OpenAI 发展历史 |
| 055 | 图 1-22 | GPT-4 与 GPT-3.5 性能对比的实验数据 |
| 071 | 图 2-1 | 算力分布的周期性变化 |
| 072 | 图 2-2 | 1950 年到 2016 年人工智能发展历史上比较重大的事件 |
| 072 | 图 2-3 | 1952 年到 2022 年机器学习系统 FLOPs 算力需求的变化趋势 |
| 086 | 图 2-4 | 从大数据到数据智能的进程 |
| 103 | 图 2-5 | 中国 AIGC 大模型一览图 |
| 104 | 表 2-1 | 主流生成模型一览表 |
| 110 | 表 2-2 | 主流 AIGC 训练模型一览表 |
| 125 | 图 3-1 | 中国 AIGC 产业全景图 |
| 132 | 表 3-1 | AIGC 模型十大开发机构 |
| 132 | 图 3-2 | 预训练语言模型参数量 |
| 133 | 图 3-3 | 全球 AIGC 市场地图 |
| 134 | 图 3-4 | 中国 AIGC 市场地图 |
| 144 | 图 3-5 | 中国 AIGC 最值得关注的 50 家 AIGC 机构 |
| 154 | 图 3-6 | 国外典型 AIGC 工具的逻辑分类 |
| 157 | 图 3-7 | AIGC 与千行百业的结合 |
| 239 | 表 4-1 | AIGC 常用工具软件特点解析一览表 |
| 255 | 图 4-32 | AIGC+ 媒体运转流程 |
| 261 | 图 4-33 | 营销技术应用发展历程及阶段特征 |
| 321 | 图 5-2 | 中国 AIGC 产业市场规模预测图 |
| 323 | 图 5-3 | 未来 AIGC 发展的驱动力与制动力 |
| 324 | 图 5-4 | 元宇宙与数字中国和数字经济的关系图 |
| 326 | 图 5-5 | 利用 AI 进行内容创作的过程 |

第一章

# AI 及 AIGC 发展史

## 第一节

# AIGC 是超越工业革命的生产力革命

自从 18 世纪末以来,工业革命引发了全球范围内的生产力和经济增长,改变了人类的生活方式。然而,随着人工智能和通用计算技术(AIGC)的快速发展,我们正经历着一场更为深远的生产力革命。

(一)跨领域的普适性

工业革命主要集中在制造业和基础设施领域,而 AIGC 的应用却远远超过这些领域。无论是医疗、教育、金融、交通、农业、娱乐,还是环保等众多领域,AIGC 都能发挥其巨大潜力。这使得 AIGC 能够在更广泛的范围内提高生产力,推动各行各业的发展。

(二)智能化与自动化

工业革命的核心在于机械化生产,提高了生产效率和规模。AIGC 在保持高效生产的同时,还具备强大的智能化和自动化能力。这意味着 AIGC 不仅能够完成重复性的机械任务,还能进行复杂的决策、创新和创造性工作,进一步提高生产力和效率。

## （三）数据驱动与实时优化

AIGC 的发展得益于大数据、云计算和机器学习等技术的快速进步。这些技术使得 AIGC 能够对海量数据进行实时分析和处理，从而实现对生产过程的实时优化。相比之下，工业革命时期的生产过程往往依赖人工经验和烦琐的调整，效率相对较低。

## （四）可持续性与环境友好

工业革命带来了快速的经济增长，但也导致了严重的环境污染和资源枯竭问题。AIGC 在提高生产力的同时，还能够实现可持续发展和环境友好。通过智能调度、能源管理和优化资源配置，AIGC 有助于降低碳排放、减少能源消耗和减轻环境压力。

## （五）个性化与定制化

工业革命时期的生产模式往往以大规模标准化生产为主，忽略了消费者的个性化需求。而 AIGC 通过深度学习、大数据分析和智能制造等技术，可以实现高度个性化和定制化的生产方式。这使得企业能够更好地满足不同消费者的需求，提高市场竞争力，进一步推动生产力的提高。

## （六）降低门槛与普惠性

工业革命时期的生产技术往往需要高昂的资金投入和专业知识。AIGC 则通过云计算、开源软件和共享平台等方式，降低了技术应用的门槛，使得更多企业和个人能够享受到生产力提升的红利。这有助于缩小发展差距，促进全球经济的平衡发展。

### (七）创新驱动与发展动力

AIGC不仅能够提高现有生产方式的效率，还能够通过数据挖掘、模式识别和预测分析等手段，发掘潜在的市场需求和商业机会。这为企业创新和发展提供了强大的动力，进一步加速了生产力的革命。

### (八）全球范围的影响力

工业革命虽然起源于英国，但其影响逐步扩大至全球范围。而AIGC的影响力则更为迅速和广泛，无论是发达国家还是发展中国家，都能在较短时间内感受到AIGC带来的生产力提升。这使得AIGC能够更快地推动全球经济的整体进步。

综上所述，AIGC具有跨领域的普适性、智能化与自动化能力、数据驱动与实时优化特点、可持续性与环境友好性、个性化与定制化生产、降低门槛与普惠性、创新驱动与发展动力以及全球范围的影响力等特点。正是这些特点使得AIGC成为超越工业革命的生产力革命，为人类社会带来更加广泛和深刻的影响。

## 第二节

# AI 和 AIGC 的发展历史

## 一、AI 的发展历史

人工智能是一种用于计算机模拟、延伸和扩展人类智能的理论、方法、技术及应用系统。

"人工智能"一词最初是在 1956 年达特茅斯会议上由美国计算机科学家约翰·麦卡锡（John McCarthy）首先提出的，麦卡锡因此也被称为"人工智能之父"。该会议确定了人工智能的目标是"实现能够像人类一样利用知识去解决问题的机器"。它的初衷是希望能让机器像人类一样，代替人类完成一些任务。

人工智能是一门以机器模拟人的智能行为的学科，其目标是通过模仿、延伸和扩展人的智能。随着研究范围的不断扩大，人工智能已经从狭义的理论扩展到广义的工程技术领域。

从历史上看，人工智能经历了一个从萌芽到低谷再到繁荣的过程。20世纪 50 年代人工智能概念诞生后，许多科学家开始参与其中，并研究如何让计算机模拟人类智能，图 1-1 展示了人工智能的发展历程。

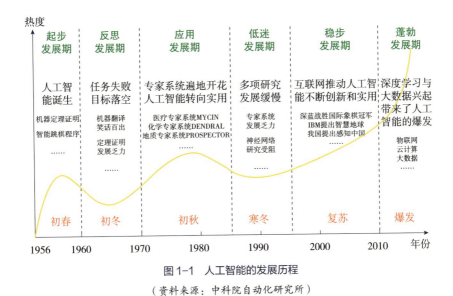

图1-1 人工智能的发展历程

（资料来源：中科院自动化研究所）

20世纪60年代，研究人员开发出了基于"逻辑推理"的人工智能系统，这些系统可以在一定程度上模拟人类的思维过程，并诞生了首台人工智能机器人Shakey。也是在这一时期，美国麻省理工学院的魏泽鲍姆（Weizenbaum）发布了世界上第一个聊天机器人Eliza。

20世纪70年代初，人工智能的发展进入了一个比较低迷的时期。当时计算机的内存有限且处理速度较慢不足以解决任何实际的人工智能问题。由于缺乏成果和进展，对人工智能提供资助的机构（如英国政府、美国国防部高级研究计划局、美国国家科学委员会等）对无方向的人工智能研究逐渐停止了资助。

20世纪90年代，人工智能才又开始了自己的黄金时代。这主要得益于两个方面：一是计算能力的提升，使得人工智能系统能够处理更大量的数据；二是机器学习的发展，使得人工智能系统能够根据实际情况自动学习和改进。这些进步使得人工智能在诸如图像识别、语音识别、机器翻译等领域都取得了显著的成果。

人工智能研究的目的是为了促使智能机器会听、会看、会说、会思考、会学习、会行动（有人总结为"六会"），涉及语音识别、机器翻译、图像识别、文字识别、语音合成、人机对话、人机对弈、定理证明、机器学习、知识表示、机器人、自动驾驶汽车等多个科学领域（表1-1）。

表1-1　人工智能类型一览表

| | |
|---|---|
| 会听 | 语音识别、说话人识别、机器翻译 |
| 会看 | 图像识别、文字识别、车牌识别 |
| 会说 | 语音合成、人机对话 |
| 会思考 | 人机对弈、定理证明、医疗诊断 |
| 会学习 | 机器学习、知识表示 |
| 会行动 | 机器人、自动驾驶汽车、无人机 |

在当今的人工智能领域，深度学习是一种重要的技术。它使用了一种被称为神经网络的模型，神经网络可以模拟人脑的运作方式来处理数据。目前，深度学习在许多不同的领域中都有广泛应用，如自然语言处理、图像处理、游戏和机器人控制等。

它的基本工作原理是，通过预定义的算法，将大量的输入信息映射到大量的输出信息上。首先，计算机会从大量的输入数据中提取特征，然后根据这些特征聚类，形成一系列联系分类，从而形成数据模型。其次，通过调整模型的参数，使得数据模型尽可能接近训练样本数据，这个过程就称为"训练"，可能需要大量的时间和算力。最后，当训练完成后，深度学习算法就可以有效地把输入映射到输出，也就是说，它能够识别输入并对其进行适当的反应。

因此，深度学习是一种非常有效的机器学习技术，可以实现自动化的数据处理，从而让计算机更加"智能"，以更加准确、迅速的方式处理复杂的任务。

当然，人工智能的发展也带来了一些前所未有的问题。例如，人工智能系统的决策通常是不透明的，这意味着人们很难理解它们为什么会做出特定的决策。这可能会导致决策的不公平和不可预测。此外，人们也很担心人工智能技术的发展可能导致一些就业机会的流失。更有激进者担心人工智能未来可能统治人类。因此，人工智能的发展必须与道德和伦理相结合，符合人类的社会背景和需求，以确保它能够为人类带来真正的好处。

图灵测试是一种评价人工智能的测试方法，它的名字来源于英国数学家艾伦·图灵（Alan Turing）。图灵测试是指以人类测试官与被测试的机器或软件之间的对话（通过聊天或文本）。该测试官根据对话的内容，评估此机器或软件是否能够像人类一样思考。

图灵测试可以用来作为人工智能系统的测试集，即从技术角度考察人工智能系统是否达到真正令人满意的人工智能水平。

OpenAI 的自然语言模型 GPT-4（Generative Pretrained Transformer 4）被认为是具有前所未有的自然语言处理能力的初步技术，目前它被普遍地认为是最有可能通过图灵测试的。GPT-4 表现出色的一个主要原因就是它的独立性。由于它不需要依赖任何人工智能模型，而且它不仅能在给定示例中模仿正确的输出，还能在没有给定示例的情况下自己思考出正确答案，这让它显得更加智能。GPT-4 并非完美，但它代表了当今时代人工智能发展的一个里程碑。

人工智能从基础概念到深度学习、扩散模型和即将开始图灵测试只用了短短几十年的时间。这样的指数级增长让人工智能不断地推动现代科技的发展，涌现出无数前所未有的技术创新。随着人工智能技术的不断提高，它必将渗透到社会的各个领域，为我们的生活带来巨大改变，同时也将创造无限商机。

在我国，在 5G 时代的技术研发中，人工智能技术、大数据处理能力和云计算能力被认为是三大关键能力。这三项技术的发展将为我国的信息化建设和经济发展带来巨大的潜力和机会。

## 二、AIGC 的发展历史

随着互联网的高速发展，全球互联网用户的数量正在以惊人的速度增长。根据最新的统计数据，截至 2022 年，全球互联网用户人数突破 50 亿，占全球人口 63%，尤其在我国，更是达到了惊人的 10.32 亿，位居全球第一位。这一数字还在快速增长。

未来，互联网将会更加依赖于大量的数据来支持其日益增长的应用和服务。尤其是自媒体行业、短视频行业的兴起，在丰富网民娱乐的前提下，对数据量的需求也将进一步加大。同时，在新兴领域，如智能家居、自动驾驶以及智能医疗等行业都需要大量的数据来进行分析和决策。这些技术很大程度上取决于能够收集到的数据的质量和数量。

以往的互联网内容数据贡献方式主要由 UGC（用户产生内容）、PGC（专业生产内容）的方式构成。

然而，随着高质量内容需求的不断增大，这些传统的方式显然已经无法支撑未来的网络数据需求，因此 AIGC 的概念应运而生。

AIGC 最早于 2021 年 7 月出现在中国互联网，指的是通过人工智能自动生成内容，如图片、文字或视频。彼时还没有多少人关注这个正在勃发的新兴领域，因为那时候的 AI 还没有诞生出一个足够惊艳的应用，一切还都停留在概念阶段。

然而，短短一年的时间，AIGC 领域发生了翻天覆地的变化，Stable Diffusion 的开源、ChatGPT 的惊艳表现、无数 AI 新应用的火爆出圈，彻底点燃了 AIGC 概念的蓬勃发展。根据 Wind 数据显示，2022 年 11 月，

AIGC 开始作为投资者问答关键词现身，且热度逐步攀升。绝大部分投资者的提问聚焦于上市公司的业务是否与 AIGC 相关。

技术的发展使 AIGC 这种人工智能生成内容的方式成为主流奠定了基础。AIGC 的生产效率、质量都要比 PGC 及 UGC 的方式更有优势。尤其是资本市场的发热，更会加速 AIGC 生态的发展与完善，有望在多条产业带上逐步落地。

在百度创始人李彦宏的判断中，AIGC 将会迎来三个发展阶段：第一阶段是助手阶段，AIGC 辅助人类进行内容生产；第二阶段是协作阶段，AIGC 以虚实并存的虚拟人形态出现，形成人机共生的局面；第三阶段是原创阶段，AIGC 将会独立完成内容创作。

而现在的 AIGC 已经开始了第一阶段的发展，我们作为 AIGC 的先锋探索者，需要在这一阶段把握时代的先机，在 AIGC 探索的道路上不断前行，并在高质量推进中国式现代化的发展背景下，争取利用 AIGC 的关键技术结合各个现代化领域并落实到实际应用中来。

# 第三节

# AIGC 与万物生成

## 一、AIGC 发展中的几款重要产品与公司

人工智能的发展可以分为三个重要阶段。第一个阶段为计算智能,即让计算机能存会算,机器开始像人类一样会计算,能够传递信息。第二个阶段为认知智能,能说会听,能看会认。例如,完全独立驾驶的无人驾驶汽车、自主行动的机器人。它的价值是可以全面辅助或替代人类部分工作。第三个阶段为感知智能,是目前的最高阶段,它要求系统或机器能理解并且会思考,这是 AIGC 领域正在努力的目标。

然而,回顾 AIGC 应用发展史,最早期 AIGC 应用要追溯到 AIGC 的初期研究阶段,图 1-2 展示了 AIGC 发展的三个阶段及重要事件。在这个阶段,人工智能研究的主要目标是开发能够执行符号逻辑的计算机程序,如专家系统和语言处理系统等。

最早的 AIGC 应用出现在 20 世纪 50 年代,是历史上第一台可以执行简单任务的机器人,如可以在指定区域内移动物体。20 世纪 50 年代和 60 年代,人们开始探索如何通过语音与计算机进行交互,这时候人类最早的对话系统程序是 1966 年开发的心理治疗机器人——Eliza,这也是第一代

基于一定规则的对话系统。随着时间的推移，语音识别技术得到了持续的改进和发展，逐渐成为现代 AIGC 应用的一个重要组成部分。

图 1-2 AIGC 发展三个阶段及重要事件

（资料来源：中国信息通信研究院）

当 AIGC 产业进入 20 世纪 80 年代和 90 年代，AIGC 应用的重心开始转向了专家系统和机器学习技术。专家系统可以理解为一种基于知识库的 AIGC 应用，可以根据预先定义的规则和知识来推理和决策，而机器学习则是一种可以让计算机通过数据学习来改进算法的技术。

这一阶段出现的系统主要有医疗诊断系统、故障诊断系统和智能辅助设计系统等。随着机器学习理论的发展，人工智能开始逐渐向实际应用转化，基于机器学习的算法和系统被开发出来，如神经网络、支持向量机和决策树等。

谷歌翻译是一款由谷歌公司开发的在线翻译工具，采用了 AIGC 技术。这款工具可以实现多种语言之间的翻译，并且随着技术的不断提升，翻译质量也在不断提高。

伴随着计算机硬件和算法的发展，AIGC 应用的能力得到了持续提升。

21世纪初,出现了一些引领AIGC应用发展的突破性技术,如深度学习、大数据和云计算等。这些技术的出现,使得AIGC应用可以处理更大规模的数据和任务,也让AIGC的应用范围更加广泛和深入。

谷歌在2001年推出的对话系统Meena,人工测评的分数是79分,而人类的水平是86分,也就是说,此时在AIGC的技术演进下,机器已经非常接近人类的水平了。

在社交方面,游戏《第二次人生》(Second Life)于2003年问世,是一个虚拟的3D社交世界,也是AIGC技术最早的商业应用之一。用户可以在虚拟的世界里自由地创建角色、交友、购买虚拟商品等,创造出一个全新的社交体验。

图1-3 首部由AI创作的小说 1 the Road 封面

2007年,首部人工智能装置完成的小说 1 the Road 问世(图1-3),2012年微软展示全自动同声传译系统,主要基于"深度神经网络"(Deep Neural Network,DNN)也能够自动将英文讲话内容通过语音识别等技术生成中文。AICG应用也正式进入百花齐放的时代。

如今,我们已经进入了AIGC的应用普及阶段,随着硬件技术的更新换代,特别是云计算、大数据和5G物联网技术的普及,人工智能应用开始进入万物互联的时代。AIGC应用不断突破创新,包括第一个手机助理Siri、微软小冰、谷歌的home,还有Amazon的echo等一系列的产品。

例如,AlphaGo是由DeepMind研发的人工智能围棋程序,AlphaGo的核心技术就是AIGC,可以通过自我学习来不断提升自己的棋艺。它在2016年击败了韩国顶尖职业围棋棋手李世石,引起了广泛的关注。

同年，苹果公司打造了一款语音助手 Siri，它可以回答用户的问题、执行指令等。Siri 的核心技术就是 AIGC，它可以通过语音识别、自然语言处理等技术，实现智能化的交互体验。

2017 年微软人工智能少年"小冰"推出世界首部由人工智能写作的诗集《阳光失了玻璃窗》，2018 年英伟达发布 StyleGAN 模型可自动生成图片，2019 年 DeepMind 发布 DVD-GAN 模型可生成连续视频，2021 年 OpenAI 推出 DALL·E 并更新迭代版本 DALL·E 2，主要用于文本、图像的交互生成内容，这些产品代表了 AIGC 技术在不同领域的应用，为 AIGC 技术的发展奠定了基础。随着 AIGC 技术的不断发展和应用，未来还将会有更多的 AIGC 产品出现。

今天，AIGC 在各个领域的应用越来越广泛，各行业的应用场景越来越丰富，如智能制造、智能医疗、智慧城市等，人工智能已经成为推动经济发展的重要引擎之一，这不仅为我们带来了更加便利的生活体验，也为经济发展带来了新的机遇和挑战。

## 二、AIGC 文本的发展历程与趋势

AIGC 文本的发展历程可以追溯到 20 世纪 50 年代，当时研究人员开始使用计算机进行语言翻译。在随后的几十年里，AIGC 文本处理的技术得到了大幅度提升，包括机器学习、深度学习等技术的应用，以及自然语言处理（NLP）的发展。近几年，随着互联网的普及和数据爆炸式增长，以及计算能力的提高，AIGC 文本处理的应用领域也在不断扩展。AIGC 主要发展历程和趋势可以归类如下。

## （一）基于规则的方法（早期阶段）

早期的人工智能文本处理是基于规则的方法，这种方法需要人工对语言的规则进行建模和编程。然而，这种方法需要大量的人工工作，而且很难应对语言的多样性和复杂性。

## （二）统计机器翻译（SMT）

统计机器翻译是在20世纪90年代发展起来的一种基于统计模型的机器翻译方法。这种方法基于大量的语料库，通过统计模型来生成翻译结果。虽然这种方法在一定程度上提高了翻译的准确性，但是它在语言的多样性和复杂性方面依然面临挑战。

## （三）神经机器翻译（NMT）

神经机器翻译是在2014年前后兴起的一种新型的机器翻译方法，该方法使用深度神经网络来实现翻译任务。相比于SMT，NMT方法能够更好地处理语言的多样性和复杂性，其在翻译准确性上表现更优秀。

## （四）预训练模型

预训练模型是一种新的机器学习方法，其可以通过大规模无标注数据进行预训练，再通过少量有标注数据进行微调，从而在各种自然语言处理任务上取得很好的效果。常见的预训练模型包括BERT、GPT等。

## （五）深度学习和强化学习

深度学习和强化学习是目前人工智能文本处理的主要技术之一。这些技术已经在各种自然语言处理任务中得到广泛应用，如情感分析、文本分类、语音识别等。

### （六）多语言处理

随着全球化的发展和互联网的普及，越来越多的应用需要处理多种语言。因此，多语言处理成为人工智能文本处理的一个重要趋势，例如，跨语言信息检索、多语言机器翻译、多语言情感分析等。

### （七）跨模态文本处理

跨模态文本处理是指同时处理文本和其他类型的数据，如图像、音频、视频等。这种技术的应用可以提高文本处理的效率和准确性，如通过图像识别帮助文本分类、通过音频识别帮助语音翻译等。

### （八）可解释性和公平性

随着人工智能应用的普及，可解释性和公平性也成为人工智能文本处理的重要问题。可解释性指的是人们可以理解机器学习算法的决策过程，从而更好地信任和使用这些算法。公平性指的是机器学习算法应该不受人类偏见的影响，对所有人都公平。因此，人工智能文本处理需要不断探索解释性和公平性的技术和方法。

AIGC 文本处理的发展历程已经经历了从规则到统计再到神经网络的演进，继续推进深度学习、预训练模型等技术的应用是 AIGC 比较大的发展趋势，相信在不久的将来我们可以看到更多 AIGC 文本处理的新应用。

## 三、AIGC 图像的发展历程与趋势

图像生成是 AIGC 的主要应用领域，近年来以 OpenAI、谷歌、Stability

AI 为代表的公司一直在全力发展图像生成领域的研究。Stable Diffusion 的开源更是加快了这一领域发展步伐,其生成高质量的图像几乎和真实图像无法区分(图 1-4)。

图 1-4 由 Stable Diffusion AI 生成的图像

AI 作画的历史要追溯到 1973 年,加利福尼亚大学教授哈罗德·科恩(Harold Cohen)开发了首个利用机械臂作画的 AI 艺术家(图 1-5 展示了 AARON 和哈罗德的创作过程),他的概念是建立一个拥有自己的行为模式的人工智能艺术家。AARON 的创作方式也独树一帜,它借助电脑程式和机械臂设备,产生了无与伦比的艺术作品。它们以前所未见的样式出现在画布、电脑屏幕和纸上。

图 1-5 哈罗德·科恩和 AARON

AARON 的工作不仅局限于计算机艺术,它也尝试在传统媒体上创作,如水彩画和版画,并在音乐和艺术领域中创建了完整的系统。他的工作影响了后来计算机艺术和艺术领域的发展趋势,同时也推动了艺术和科技之间的融合。AARON 的代码没有开源,所以其作画的细节无从知晓,但可以猜测,AARON 只是以一种复杂的编程方式描述了哈罗德本人对绘画的理解。AARON 的作品在世界各地展览,并获得许多奖项,它的工作对于计算机艺术的发展有着极为重要的影响,开启了全新的可能性,改变了艺术和科技的关系。

2014 年,伊恩·古德费洛(Ian Goodfellow)首次提出 Generative Adversarial Network(GAN)的概念,他在博士论文中描述了 GAN 的基本框架(图 1-6)。正如同其名字"对抗生成",这个深度学习模型的核心理念是让两个内部程序"生成器"和"判别器"互相 PK 平衡之后得到结果。GAN 模型一经问世就风靡 AI 学术界,并成为很多 AI 绘画模型的基础框架。GAN 的出现也大大推动了 AI 绘画的发展。

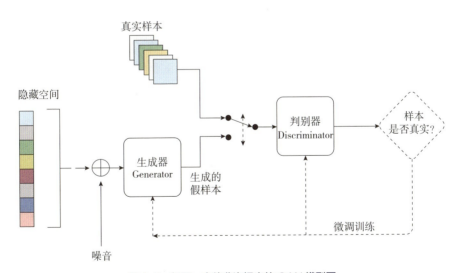

图 1-6 伊恩·古德费洛提出的 GAN 模型图

2019 年,深度学习研究对 GAN 的研究取得了重大进展,提出了许多新的算法，如 StyleGAN、BigGAN、StarGAN 等，这些算法都取得了很好的成绩，可以利用 GAN 生成更加真实的图像。

2020 年，有更多新的算法和模型被开发出来，如 DALL·E、SPADE、StyleFlow、Self-Attention GAN、BigGAN-Deep 等，这些算法能够更好地利用 GAN 技术，实现更加深入的深度学习任务。

在 AIGC 技术快速发展的同时，AI 在图像生成领域已经取得了长足的进步，无论是文本生图、图生图或是图像质量提升方面都已经达到了商业级水平。

人工智能还可能会更好地理解图像中的内容，并能够根据这些内容自动生成相关的文本描述。例如，人工智能看到一张照片，它会自动生成提示，比如"这是一个年轻的女孩，她在看自己的手机"，这为图像识别领域提供了更多的可能。我们可能会看到 AI 系统能够自动生成高质量的图像，甚至可以创造出从未见过的形态和景象。这可能会给艺术家、设计师等创作者带来新的灵感和想法，并为消费者提供更为丰富的选择。

值得注意的是，AI 图像生成的版权问题一直是人们争议不断的话题。版权对于保护艺术家和作者的作品来说是非常重要的。但对于由人工智能生成的图像，存在着较大的争议。

有部分学者认为，人工智能系统并不能独立地创作作品，而是依赖于人类设计者提供的数据和指令。在这种情况下，版权往往被认为应该属于人类设计者。但也有学者认为，人工智能是模仿艺术家来进行创作的，人工智能的大模型也是没有经过授权而使用了这些艺术家的作品，所以人工智能创作的图像可能属于侵权行为。不过目前还没有出台相关的法律规定。

不过笔者认为，无论是用画笔来绘制一幅图像，或是用 AI 来生成一幅图像，其根本都是思想的表达，并不存在差异。事实上绘画也同样存在抄袭和临摹的问题，两者只不过使用的工具不同，其最终产生的结果并无根本上的不同。AI 图像生成的诞生给更多的人提供了思想传达的工具，这其实也是一种时代发展的必然。

人类对绘画的渴望始于无限的想象力与创造力。绘画的起源可以追溯到历史最悠久的时期，在那时人类使用石头、骨头、象牙和棕榈树枝等工具绘画。随着人类文明的发展，绘画工具也逐渐发展成更为复杂和精密的工具。例如，古埃及人使用金属和铜制作的画笔，古希腊人则使用鹅毛制作的画笔。

到了中世纪，人们开始使用木制的画板和画笔握把，并且使用铅笔和钢笔来替代早期使用的金属和铜画笔。在 16 世纪，油画颜料和颜料刷子也开始被使用。

就像现代人类刚刚使用数码技术制作绘画时一样，AI 绘画诞生之初也不会被大多人理解，但时间的车轮不会停滞，这一切的发展也是必然。

## 四、AIGC 语音的发展历程与趋势

AIGC 语音合成是指利用计算机算法和技术模拟人类声音发音过程，生成自然、流畅、逼真的语音输出的技术。

语音合成技术可以应用于各种领域，如虚拟数字人、语音助手、无人驾驶、智能家居等。它可以让机器人、智能设备和虚拟助手更自然、更人性化地与人类进行交流，提高人机交互的效率和舒适度。

语音合成的发展历史可以追溯到 20 世纪 60 年代末和 70 年代初，当时出现了最早的语音合成技术，这些技术使用模拟电路模拟人类语音产生的生理过程，但是效果并不理想。

随着计算机技术的发展和语音学研究的深入，语音合成技术逐渐得到了改进。在 20 世纪 80 年代，出现了基于复制人类语音声音的短语单元（Diphone）的技术，这种技术能够更好地模拟人类语音的节奏和韵律。

20世纪90年代，随着数字信号处理和机器学习技术的进步，语音合成技术得到了显著的提高。出现了更加高效的语音合成技术，如基于隐马尔可夫模型（Hidden Markov Model，HMM）和人工神经网络（Artificial Neural Network，ANN）的技术。这些技术使用机器学习方法对语音信号进行分析和建模，能够更加准确地合成出自然流畅的语音。

近年来，随着深度学习技术的发展，语音合成技术取得了更大的进展。深度学习模型，如生成对抗网络和变分自编码器（Variational Autoencoder，VAE）等，能够生成更加逼真的语音，也更加接近人类语音的自然表达。

另外，近年来，语音合成技术也开始向实时性和个性化方向发展。实时语音合成可以让机器在用户交互时能够即时响应，更加自然流畅。而个性化语音合成则可以让机器为不同用户提供不同的语音风格和语音特点，使得机器更加贴近用户。

其中，WaveNet是一种具有代表性的实时语音合成技术，它基于深度学习的神经网络模型，可以在短时间内合成出非常逼真的语音。WaveNet通过使用卷积神经网络（Convolutional Neural Network，CNN）来学习声音波形中的模式，然后使用这些模式来生成新的声音波形。

此外，个性化语音合成也得到了越来越多的关注。个性化语音合成可以通过学习用户的声音特征和语音风格来合成出更加符合用户需求的语音。例如，谷歌的Tacotron 2技术可以通过学习语音样本，生成一种类似于该用户的语音风格的语音。

目前，人工智能语音合成技术已经发展到了非常成熟的阶段，其输出的语音可以和真实人类的语音几乎无异。常见的语音合成技术包括基于规则的、统计模型的和基于深度学习的合成等。

随着技术的不断创新，元宇宙以及虚拟数字人的不断发展，AIGC语音技术也将会在未来的智能生活中扮演更加重要的角色。

## 五、AIGC 音乐的发展历程与趋势

人工智能生成音乐的技术发展可以追溯到 20 世纪 50 年代，当时研究人员就开始探索利用计算机生成音乐的方法。

1957 年 9 月，人类第一首 AI 音乐作品 *Illiac Suite* 诞生，由芝加哥大学音乐学院和计算机科学系的研究者莱贾伦·希勒（Lejaren Hiller）和伦纳德·艾萨克森（Leonard Isaacson）创作（图 1-7）。它通过 Illiac I 计算机被创作出来，同时，*Illiac Suite* 也是第一首由计算机演奏的音乐作品。

*Illiac Suite* 的创作受到冯·诺依曼的启发，他曾提出将音乐与计算机结合起来进行研究。莱贾伦·希勒和伦纳德·艾萨克森将这个想法付诸实践，他们创作出了一套五首曲子的系列，每首曲子都是从相关的音频信息和理论模型中抽象出来的。

图 1-7　莱贾伦·希勒在自动计算机前

*Illiac Suite* 的出现标志着 AI 音乐的开端，促进了用计算机来创作、演奏、分析和合成音乐的研究，改变了我们对音乐的认识。

随着人工智能技术的发展，人工智能生成音乐也不断取得新的进展。20 世纪 80 年代，研究人员开始利用遗传算法来生成音乐作品，并取得了一定的成功。20 世纪 90 年代，人工神经网络算法也被用于生成音乐作品，人工智能生成音乐技术得到进一步发展。

随着深度学习技术的发展，人工智能生成音乐也取得了长足进步。目前，深度学习算法已成为人工智能生成音乐的主流算法，它可以通过学习大量音乐作品来提取作品中的模式和特征，并生成新的音乐作品。人工智能生成音乐也在不断推陈出新。目前，人工智能生成音乐已经可以生成各种不同风格的音乐作品，如流行音乐、古典音乐、爵士乐等。此外，人工智能生成音乐还可以利用人工智能算法来完成音乐分类、音乐推荐等任务。

人工智能生成音乐也可以用来完成更加复杂的音乐任务。例如，通过人工智能生成音乐技术，可以实现根据人类语音自动生成音乐作品。这种技术可以让人类在不懂音乐理论的情况下也能创作出音乐作品。

人工智能生成音乐还可以用来实现音乐合成。这种技术可以将多种不同的音乐元素进行组合，从而生成新的音乐作品。这种技术的出现可以为音乐创作带来更多的灵活性和创造力，让人类能够更加自由地创作音乐作品。

2022 年 10 月谷歌发布了关于 AudioLM 的相关消息。人们只需输入几秒钟的音频即可生成听起来风格相似的音乐，并且生成的声音听起来与原始音频的音色几乎没有区别。

AudioLM 可以通过对大量音频数据进行学习来模拟人类对语音的理解能力。它的工作原理类似于人工神经网络，它通过对大量音频数据进行学习，提取音频数据中的模式和特征，然后利用这些模式和特征来生成新的音频数据。

一般的语言模型通常是为文本生成而设计的，但是 AudioLM 的开发人员认为，使用相同的技术来生成音频可能也是有效的。

为了实现这个想法，他们首先需要将音频信号转换为文本形式，以便使用语言模型处理。音频信号被转换为文本后，就可以使用常规的语言模型技术来生成语音。

它可以加快音频生成的 AI 训练过程，并最终自动生成音乐为视频配音。与当前依赖基于文本的数据的系统不同，AudioLM 不需要事先标记或转录。它可以模仿音频的音高、音色、强度和清晰度，以及背景噪声和说话者的呼吸节奏。

AudioLM 可以更好地理解音频信号，比传统的音频生成方法更加准确，且模型训练速度更快。

在 AIGC 大的产业背景下，未来，AI 将代替大部分人工背景音乐，短视频自媒体行业也不再有音乐版权争议，原创电影也将在 AIGC 音乐生成的帮助下降低更多成本，AIGC 时代的来临将为音乐领域带来巨大的变革和发展机会。

## 六、AIGC 视频的发展历程与趋势

Meta 公司于 2022 年 9 月 29 日首次推出了 Make-A-Video。Make-A-Video 可以根据给定的文字提示生成短视频，也就是我们常说的"txt to Video"。在 Stable Diffusion 火热全网的前提下，Make-A-Video 给我们展示 AIGC 的更多可能——短视频行业即将被颠覆。

Meta 称，Make-A-Video 人工智能系统还可以用给定的视频或图像制作视频。Make-A-Video 由多个神经网络组成，这些神经网络的训练基于

几百万个视频和 23 亿张图片的训练数据集。

Make-A-Video 的第一个组件是神经网络，该组件的输入是文本提示，组件将文本提示转换成向量嵌入，向量嵌入是一种数据表达结构。与处理其他类型的数据相比，人工智能系统处理向量嵌入更容易一些。

在文本提示转换成向量嵌入后，向量嵌入就会被送给其他几个神经网络做进一步处理，经过几个步骤的流程后最终得到一个视频。这些神经网络最初是为生成图像而不是为生成视频而设计的，Meta 在研究论文中详细说明了这一点。Meta 在这些神经网络里添加所谓的时空层，用于视频的生成。

然而，在 Meta 发布 Make-A-Video 后的仅一周，谷歌也发布了自己的视频生成系统 Imagen Video。相比 Make-A-Video，Imagen Video 生成的视频更加清晰，并且可以理解艺术风格与 3D 结构。它还继承了 Imagen 准确描绘文字的能力，在此基础上仅靠简单描述产生各种创意动画。Imagen Video 同样基于最近大火的 Diffusion 模型，继承自 5 月的图像生成 SOTA 模型 Imagen。

Make-A-Video 与 Imagen Video 的出现标志着人工智能在视频生成领域取得的重大突破。

试想一下，未来你不需要专业的拍摄团队、剪辑团队，只要脑中有一个好的想法就可以通过 AIGC 生成出你想要的短视频。无论这个想法有多么天马行空，AI 都能够帮你完成。在未来的长视频生成中，你甚至可以在家里拍摄一部属于自己的好莱坞电影，这是多么振奋人心的一刻。

那个时候互联网也会基于 AIGC 诞生无数高质量电影以及无数并不存在的虚拟偶像演员，而这些偶像可能就是由你亲手创造的，真正的元宇宙时代也将在那个时候随之到来。

## 七、AIGC 游戏的发展历程与趋势

人工智能生成游戏的发展可以追溯到 20 世纪 90 年代初,当时人们开始探索使用计算机生成电子游戏的可能性。然而,近年来,随着深度学习和强化学习等 AIGC 技术的发展,AIGC 生成游戏的技术才得到了极大发展的可能。

尤其是随着 ChatGPT 的普及和 Stable Diffusion 的开源,AIGC 游戏生成技术已经越来越成熟,应用领域也在不断扩大。以下是 AIGC 生成游戏的几个发展趋势。

### (一)自适应性游戏设计

自适应性游戏是指游戏可以根据玩家的行为和偏好自动调整游戏内容和难度。AIGC 可以帮助游戏设计师更好地实现自适应性游戏设计,为玩家提供更好的游戏体验。

### (二)环境生成

AIGC 可以帮助生成游戏中的环境,包括地图、建筑和物品等,这可以帮助游戏设计师更快地创建游戏世界,并提高游戏的可玩性。

### (三)任务和故事生成

利用自然语言模型等技术,AIGC 可以自动生成游戏中的任务和故事情节,从而帮助游戏设计师更快地创建游戏内容,提高游戏的可玩性。

## （四）个性化游戏推荐

AI可以根据玩家的游戏历史记录和偏好，为玩家推荐适合的游戏，提供个性化的游戏体验。

## （五）多模态游戏设计

多模态游戏设计是指游戏中包含多种形式的媒体元素，如文本、图像、音频和视频等。AIGC可以帮助游戏设计师更好地实现多模态游戏设计，为玩家提供更丰富的游戏体验。

# 八、AIGC代码生成的发展历程与趋势

内容创作的模式不断变化，从专业生产内容（PGC）、用户生产内容（UGC）、AI辅助用户生产内容（AIUGC）到生成内容（AIGC）（图1-8）。

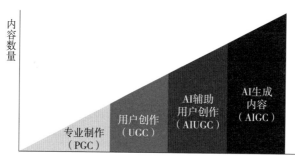

图1-8　AIGC内容生产的新模式

AIGC代码生成技术是指通过人工智能和机器学习等技术，自动或半自动地生成、优化、维护和更新计算机程序的方法和工具，通过使用自然语言处理和机器学习等，将自然语言描述转化为可执行的代码。用很直白

的方式解释,就是 AIGC 编程。

AIGC 代码生成技术本身是 AIGC 的重要应用领域之一,其目的是提高软件开发效率和代码质量,缩短开发周期,降低开发成本。如今,利用 AI 进行自动化编程已经不是一个新鲜话题。目前,市场上已经有一些功能强大的大规模语言模型,如 ChatGPT 等应用的火热,都表现出了 AI 应用在编程任务中展现的巨大潜力。

(一)AIGC 代码生成发展历程

回顾 AIGC 代码生成发展历程,其源头可以追溯到 20 世纪 50 年代末(图 1-9)。当时计算机科学家约翰·麦肯锡首次提出了"人工智能"这个术语,开创了人工智能的先河,从此利用人工智能修改和检查程序才成为计算机科学研究的一个重要分支。

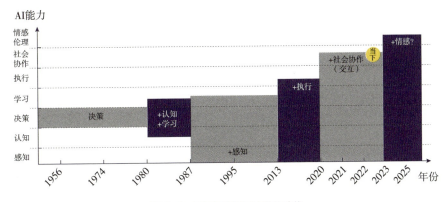

图 1-9　不同时期的 AI 进化路线

到了 20 世纪 80—90 年代,人工智能领域开始逐渐出现了一些成果,比如基于规则的专家系统、归纳学习和决策树等方法。但是在这个阶段,AIGC 代码生成技术仍处于发展的初级阶段,主要是一些学术研究机构和大型 IT 公司在进行相关技术的研究和探索。

直到 21 世纪，随着计算机硬件和软件技术的不断进步，以及互联网、移动设备等技术的普及，人工智能的应用场景不断扩大，AIGC 代码生成技术才逐渐开始崭露头角。

2010—2015 年，越来越多的开发者开始尝试使用这种技术来生成代码。在这个阶段，一些初创公司推出了一些原型应用，但由于技术的局限性，这些应用的功能和效率都比较有限。但是到了 2015—2020 年，AIGC 编程也正式进入了商业化应用阶段，大量的商业应用落地，一些初创公司开始开发更加成熟和稳定的 AIGC 代码生成工具，并且取得了一定的商业成功。

AIGC 编程的发展经历了多个阶段，从最初的规则引擎、专家系统，到机器学习、深度学习等技术的应用，再到目前的智能化、自动化编程，每一个阶段都推动了 AIGC 编程技术的不断发展和应用。如今 AIGC 编程技术已经在图像识别、语音识别等领域得到了广泛应用，未来还将涉及更多的领域，如自然语言处理、机器翻译、自动驾驶等。

目前，智能编程机器人提供商 aiXcoder 首次开放了代码生成模型的 API 接口，与广大开发者共享服务、能力和数据。据了解，aiXcoder 专注于通过人工智能技术来提升软件研发的效率和代码质量，长期以来面向金融、军工、科技等领域企业提供国内领先的 AIGC 代码生成技术以及一站式智能化软件开发解决方案，包括代码编写、代码搜索、代码检测、代码修复等。

2022 年 6 月，aiXcoder 宣布推出国内首个基于深度学习的支持方法级代码生成的智能编程模型——aiXcoder XL，该模型能同时理解人类语言和编程语言，可根据自然语言功能描述一键生成完整程序代码（图 1-10）。

# 第一章 ● AI 及 AIGC 发展史

```
public clvass FileUtils {
    //获取文件夹路径下的所有csv文件名
    public static List<String> getCSVFileNames(String folderPath) {
        List<String> csvFileNames = new ArrayList<String>();
        File folder = new File(folderPath);
        if (folder.exists() && folder.isDirectory()) {
            for (File file : folder.listFiles()) {
                if (file.isFile() && file.getName().endsWith(".csv")) {
                    csvFileNames.add(file.getName());
                }
            }
        }
        return csvFileNames;
    }
}
```

图 1-10　aiXcoder XL 生成代码的过程

## （二）AIGC 代码生成应用趋势

为何 AI 编程成了程序员的全新工具？从技术和应用角度来看，AIGC 编程可以极大地提高程序开发的效率，减少开发成本和时间（图 1-11），并且可以让更多的人参与到程序开发中来，成为非常有效的编程辅助工具。

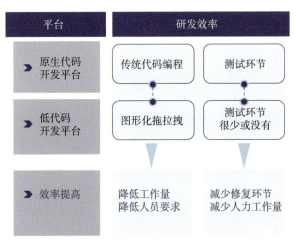

图 1-11　AIGC 代码生成内容优势

1. 自动化代码生成：通过利用人工智能和机器学习技术，将开发人员编写的高级语言代码转换为可执行的低级代码，从而加快开发速度，降低错误率。

2. 自动化代码优化：通过自动化分析和调整代码结构、算法、逻辑和数据结构等方面的代码优化技术，优化代码性能和可读性。

3. 自动化代码维护：通过自动化检测和修复代码中的错误、漏洞和安全问题，以及自动化重构和更新旧有的代码，从而降低维护成本和提高代码质量。

4. 自动化代码测试：通过自动化测试工具和技术，如模糊测试、静态分析和动态分析等，自动化测试代码的正确性、稳定性和安全性。

但是不少人士认为，在 ChatGPT 热潮的趋势下，AIGC 编程有很大的可能将在未来取代程序员这一职业，这样的猜想也不是毫无可能。随着人工智能产业的逐渐发展，AIGC 代码生成技术也将随着技术创新与需求增加不断地自我进化，在未来展现出更为精妙的工作能力。

1. 自动化程度的提高：未来 AIGC 编程将更加自动化，不需要人类编写代码，而是通过学习大量的数据和模型，自动生成高质量的代码，从而提高生产效率。

2. 模型的优化和推广：未来 AIGC 编程将更注重模型的优化和推广，以提高算法的准确性和效率，并为更多应用场景提供支持。

3. 基础设施的优化：AIGC 编程需要大量的计算资源和数据支持，未来将继续优化基础设施，提高算法的计算速度和效率。

总之，随着人工智能技术的快速发展，AIGC 编程将会越来越成熟和普及，对未来的技术和经济发展都将产生深远的影响，我们已经有足够的理由相信，AIGC 编程将在未来的应用中扮演越来越重要的角色。

## 九、AIGC 的发展趋势

图 1-12 是梵高创作的《星月夜》(*The Starry Night*)，绘制于 1889 年，是他的代表作，享誉世界。

图 1-13 是一名 9 岁的男孩树树用 Stable Diffusion AI 创作的《星空》，绘制于 2022 年，用时 8 秒。

图 1-14 同样是这个男孩在短时间内用人工智能创作的"艺术大作"。

我们可以清晰地看到，AI 已经学习到了人类绘画的精髓和人类艺术创作的过程。

图 1-12 梵高的《星月夜》

图 1-13 9 岁男孩用 Stable Diffusion AI 创作的《星空》

图 1-14 9 岁男孩用 Stable Diffusion AI 创作的其他作品

人工智能经过近 70 年的发展，终于迎来了第一次的颠覆性革新。

独立研究机构 Stability AI 成立于 2020 年，背后出资人是著名投资人莫斯塔克（Emad Mostaque）。这家总部位于伦敦的公司开源了 Stable Diffusion 后，于美国东部时间 2022 年 10 月 17 日正式宣布获得 1.01 亿美元融资，由此也正式拉开 AIGC 资本赛道的序幕。图 1-15 展示了由 Stable Diffusion AI 生成的作品。

图1-15 由 Stable Diffusion AI 生成的图像

Stable Diffusion 的火爆也迅速点燃了国内对于 AIGC 行业的关注，许多科技领域的代表公司也正在积极地布局 AIGC 赛道，2022 年也正式被命名为 AIGC 元年。

2022 年 12 月 5 日，OpenAI 首席执行官山姆·阿尔特曼（Sam Altman）在社交媒体上发文表示，ChatGPT 在短短的 6 天时间内，用户突破了 100 万。

当人们还沉浸在 Stable Diffusion 的火爆之中的时候，OpenAI 在 2022 年的最后一个月，又给人们带来了 AIGC 的一项颠覆性应用，让 AIGC 彻底出圈。

ChatGPT 被称为 AIGC 的里程碑式应用，它是自然语言生成式模型——GPT-3.5 及 GPT-4 的衍生产品。

在此之前，语音助手、聊天机器人其实已经有了足够优秀的表现，甚至已经被商业化很多年了，比如苹果的 Siri、百度的小度、华为的小艺、微软的小冰等。但 ChatGPT 与人们熟悉的这些语音助手不同，它在与人们的对话中可以理解较为复杂的语句内容，同时，ChatGPT 拥有一定联系上下文、理解语境的能力，可针对一个问题不断与人深入交流。这就和人与人之间的对话几乎无异了。

于是人们纷纷提出各种天马行空的问题，ChatGPT 仍然可以对答如流。这也是 ChatGPT 可以成为现象级应用的基本原因。

当然，AIGC 能带给我们的远远不止这些。

目前，由 AIGC 贡献的数据占有量还不足 1%，根据国际市场研究机构 Gartner 预测，到 2025 年人工智能生成数据占比将达到 10%。根据一份权威报告的分析，AIGC 有潜力产生数万亿美元的经济价值。

正如 Web 2.0 的主要内容查询方式搜索引擎一样，如何掌握搜索是你在计算机时代生存的必备知识，搜商（Search Quotient）往往代表了你在互联网时代知识的获取速度，而 AIGC 必然也将诞生一个新的名词——AI Quotient（爱商）。你的爱商越高，创作的内容就越高效、越精准。

AI 非常依赖提示词（prompt），随着 AI 工具化进程的不断发展，tag 也必然成为一门专业的学科，我们要掌握如何用精简、精准的语言向 AI 描述我们想要的东西，同时也要使用 tag 去约束 AI 出现一些我们不想要的东西。其中，你必须掌握与 AI 精准对话的手段和与 AI 对话的相关知识，这些知识范围极为全面且广泛，甚至有很多专业领域的术语，这都需要我们在日常生活中不断地学习以及总结经验。

AI 将在未来的五年中逐步渗透到我们日常生活的各个领域，艺术创作、设计、摄影、文章撰写、短视频拍摄、直播带货、虚拟人、元宇宙、游戏开发、电商等人类的核心产业必将被 AI 所迭代或大幅度提高人工效率，所以对于任何一家想要抓住 AIGC 机遇的公司或者想要从业的个人来说，现在的时代已经提供了一个最好的机会和一个最佳的舞台。

## 第四节

# GPT-4 的历史性突破

## 一、GPT 的发展历史

2018 年，OpenAI 发布了 GPT-1，这一年也被誉为 NLP（自然语言处理）的预训练模型元年。

GPT-1 是由 OpenAI 开发的一种大型语言模型。它是一种预训练模型，意味着它已经通过学习大量文本数据捕捉了自然语言的结构和特征。这使得它能够在被提供一个小规模的提示时，生成自然语言文本，并且能够像人类一样表达复杂的思想和情感（图 1-16）。

它使用了数以百万计的句子来训练，是有史以来最大的语言模型，并且能够生成高质量的文本。GPT-1 的成功展现了预训练语言模型在自然语言生成中的潜力，并为后来的模型（如 GPT-2 和 GPT-3）开发奠定了基础。它使用一种叫做"Transformer"的深度神经网络架构，这种架构能够处理长距离依赖关系，这在自然语言处理中是非常重要的。

GPT-1 也引入了一种新的语言模型评估方法，叫作"语言模型语义偏差"（LMSD）。这种方法通过测量模型生成的文本与人类生成的文本之间的相似度来评估模型的质量。GPT-1 的 LMSD 分数在当时是最高的，这表明它能够生成非常自然的文本。

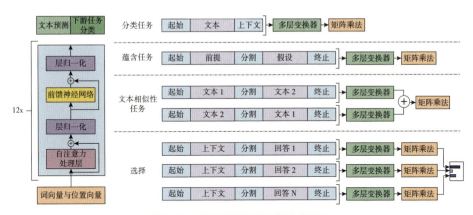

图 1-16　GPT 改造下游任务的流程图

2019 年 OpenAI 发布了 GPT-2，它是在 GPT-1 的基础上进行的升级版本。GPT-2 最大模型共计 48 层，参数量达 15 亿。它的准确度和灵活性在当时是最高的。在性能方面，除了理解能力外，GPT-2 在生成方面第一次表现出了强大的天赋：阅读摘要、聊天、续写、编故事，甚至生成假新闻、钓鱼邮件或在网上进行角色扮演通通不在话下。它与 GPT-1 的不同之处在于，它使用了更大规模的数据来训练，并且在生成文本方面有了更好的表现。

2020 年，OpenAI 发布了 GPT-3。它是当时规模最大的语言模型，作为一个自监督模型，可完成自然语言处理的绝大部分任务，比如阅读理解、自动问答、面向问题的搜索、语义推断、机器翻译和文章生成等。并且，该模型在诸多任务上表现卓越，如在机器翻译任务上达到当前最佳水平，甚至还可以依据任务描述自动生成代码。

GPT-3 的成功展现了预训练语言模型在自然语言处理领域的潜力，并为人工智能在这一领域的发展做出了重大贡献，也为人工智能在自然语言处理领域的未来发展奠定了基础。

GPT-3 为许多应用提供了新的可能性。例如，GPT-3 可以用于生成文章、翻译、编写摘要、问答、对话等多种任务，并且能够在这些任务中有出色的表现。此外，GPT-3还能够在没有人工干预的情况下学习新的知识，从而能够应对更加复杂的语言任务。

随着GPT-3的发展，人们开始探索更多的应用场景。例如，一些研究人员利用GPT-3来解决自然语言处理相关的难题，如文本分类和命名实体识别。此外，GPT-3也被用于推荐系统、机器翻译和对话系统等领域。

GPT-3也引发了一些争议和担忧。例如，有人担心GPT-3的强大能力会导致人工智能的失控，或者会被用来达成不良目的。此外，由于GPT-3的训练过程涉及大量的语料数据，所以也有人担心它会过度依赖这些数据，从而导致偏差和不公平。

尽管如此，GPT-3仍然是一个重要的科学成果，它为人工智能领域的发展做出了重要贡献。在未来，我们相信OpenAI能够通过合理的监管和政策来确保GPT-3发挥其优势，同时避免出现不良后果。

2022年火爆全球互联网的ChatGPT，就是基于GPT-3模型的人工智能语言模型。它能够进行自然语言理解和生成，并且具有高度的智能化和可训练性。由于其出色的性能，ChatGPT被认为是人工智能领域的重要发展方向。

ChatGPT能够根据上下文和输入的语句，进行自然语言理解和生成，并且能够模仿人类的语言行为。

ChatGPT的出色表现使它迅速成为"网红"，无数自媒体开始了对ChatGPT的调侃，ChatGPT的应用被互联网迅速传播，汇集了人们对AIGC的又一次集中关注。

但ChatGPT仍然不是最完美的，它还存在着许多缺陷。如，ChatGPT不能在线学习新信息，因为它是一个预先训练好的模型，不能接收新的输入数据。这就意味着它不能适应新的语境和新的对话情境，可能会产生不准确或不合适的回答。

另外，由于 ChatGPT 是基于大量已有文本进行训练的，它可能会受到这些文本中的偏见和错误的影响。例如，如果训练数据中存在性别歧视或种族歧视的内容，那么 ChatGPT 可能会在回答相关问题时表现出这种偏见。

ChatGPT 也可能会产生不太流畅或不太通顺的语句，这可能会让它的回答看起来不那么人性化。此外，ChatGPT 也不能处理复杂的语言结构或逻辑关系。它可能无法理解复杂的句子或段落，并且可能无法提供准确的回答。

最后，ChatGPT 也有一些技术上的限制。例如，它的语言生成能力受到它的规模和参数数量的限制，它的运行速度也可能不是最快的。

推理是人类智能中一个基本的方面，在解决问题、做出决策和进行批判性思考等活动中至关重要。近年来，如上述这些大型语言模型在自然语言处理领域取得了重大进展。有人发现，当这些模型足够大的时候，它们可能具有推理能力。

推理是一种运用逻辑和系统方式来思考、分析和研究问题，以便得出结论或做出决策的过程。它综合运用举证、观察、分析、比较等方法，将确定的事实应用于实际问题，并结合过去的经验、推导出可信的结论或决策。推理在文学、艺术、科学、技术及日常生活中都大量使用，是一种抽象的概念，可以应用于各种各样的情况。

虽然 GPT-3 可以通过上下文学习在各种任务中表现出样本性能。但在需要多个步骤推理来解决的任务方面仍然不理想。2023 年 3 月 14 日 OpenAI 发布的 GPT-4 已经初步解决了上述问题并拥有了一定的推理能力。

虽然 GPT-4 没有公布具体的参数规模，但可以预计在未来的 GPT-N 中，参数规模必将超过人类大脑的突触规模。我们知道人类大脑有 800—1 000 亿个神经元（GPT-3 的数量级）和大约 100 万亿个突触。

未来，人类的自然语言模型有望通过图灵测试，并且能够先进到和人类没有区别。

这真的很令人期待。可以想象一下，当你和一个 AI 创造的"真人"对话时，是一种什么样的感觉。那时的互联网或许才是真正的丰富多彩吧！

# 二、自然语言处理发展简史

自然语言处理是人工智能的重要分支之一。在过去的十多年里，从机器翻译到文本理解再到计算机视觉，NLP 在许多领域取得了重大进展。

1947 年，英国工程师布斯（A.D. Booth）和美国工程师威弗（W. Weaver）提出了利用计算机进行自动翻译。这是最早的自然语言处理概念，但直到 1976 年机器翻译研究才走上了实用化的道路。后来，随着人工智能领域的飞速发展，NLP 被引入更多不同的领域中，包括语音识别、聊天机器人、语言处理等。

翻译是自然语言处理的重要任务之一，也是 NLP 领域非常具有挑战性的任务。在机器翻译领域，最具代表性的模型是 Transformer，由研究人员阿希什·瓦斯瓦尼（Ashish Vaswani）等在 2017 年提出。它是一种非常有效的序列到序列（seq2seq）模型，广泛用于自然语言处理中的任务，如语言翻译和文本生成（图 1-17）。Transformer 模型的优势在于它不依赖于循环神经网络（RNN）或卷积神经网络（CNN）等传统模型，而是使用注意力机制来捕获序列中的长距离依赖关系。这使得 Transformer 模型在处理长序列时具有更高的效率和准确性。Transformer 模型在 NLP 领域的成功应用促进了该领域的发展，并引起了学术界和工业界的广泛关注。

目前，优秀的人工智能翻译系统有很多，其中一些知名的系统包括谷歌翻译、Bing 翻译、有道翻译、百度翻译等。这些系统都采用了机器学习和人工智能技术，并结合了大量的语言数据和翻译规则，能够提供高质量的翻译服务。此外，一些专业的翻译工具，如 SDL 翻译工具和 CAT 翻译工具，它们主要用于专业领域的翻译工作。当然，还有一些开源的翻译系统，如 OpenNMT 和 Moses，它们也可以提供高质量的翻译服务。

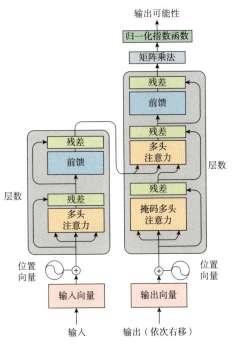

图 1-17　Transformer 模型架构

当然，除了翻译领域，自然语言处理技术在很多行业也开始有不可或缺的作用。自然语言处理技术能够处理自然语言文本和语音信息，并进行语言模型的建立、词法分析、句法分析、语义分析、情感分析等，帮助计算机理解人类语言。例如，在聊天机器人领域，自然语言处理技术能够帮助机器人理解用户说的话，并根据语义分析进行合理的回复。在智能搜索引擎领域，自然语言处理技术能够帮助搜索引擎理解用户查询的语句，并进行语义分析和搜索匹配，以提供更准确、更友好的搜索结果。在文本分类领域，自然语言处理技术能够帮助系统自动对文本进行分类，比如根据文本内容将文章分为科技、体育、政治等不同的类别。

随着语言模型的不断发展，自然语言处理在可以想象的未来中，还可能应用在以下领域。

## （一）元宇宙

自然语言处理在未来的元宇宙将扮演一个重要的组成部分。元宇宙中的智能 NPC、搜索引擎、AIGC 模型创建、翻译等都离不开自然语言处理的技术支持。

## （二）数字人

数字人将通过自然语言处理彻底告别"中之人"，使用全智能的语言模型进行交互，也可以成为真正的虚拟偶像。

## （三）医疗

自然语言处理可以用于处理医学文献，以便快速提取信息并为医生提供帮助。它还可以用于语音识别，协助医生记录病人的病历。

## （四）教育

自然语言处理可以用于分析学生的作业，帮助教师评估学生的学习进度。它还可以用于生成课程材料，帮助教师更有效地教授知识。

## （五）军事

自然语言处理可以用于分析情报，以提高军事决策的准确性。它还可以用于语音识别，帮助军队进行通信。

## （六）新闻媒体

自然语言处理可以用于分析新闻报道，帮助媒体公司更快地提供新闻。它还可以用于生成新闻报道，帮助记者更有效地撰写文章。

## （七）法律

自然语言处理可以用于帮助律师快速查找法律文件中的信息，也可以用于生成法律文件的摘要。

## （八）金融

自然语言处理可以用于分析客户的金融交易记录，以便为客户提供个性化建议。它还可以用于监测金融市场，帮助投资者做出决策。

## （九）社交媒体

自然语言处理可以用于分析社交媒体用户的评论和反馈，以便为品牌提供有价值的信息。它还可以用于过滤网络垃圾信息，让用户能够更好地使用社交媒体平台。

当然，这里只是为读者进行了部分举例，未来，自然语言处理的发展空间将变得更加庞大和难以想象。

# 三、商业与非营利组织的杂交新物种 OpenAI

近期，刚刚问世数月的 ChatGPT 智能聊天机器人火爆全网，它能够学习和理解人类语言，以更加真实的方式与人类进行对话，甚至能够完成邮件、视频脚本、文案、翻译、代码、论文等文字撰写工作，ChatGPT 是

AIGC 技术发展的里程碑。

然而，聊到 ChatGPT，就不得不提它的开发者 OpenAI。OpenAI 是一家在美国成立的人工智能研究公司，其愿景是建立一个普惠、开放、协作的人工智能社区，以便于促进全球范围内的创新和发展。OpenAI 的核心技术是机器学习，其著名的成果之一是 GPT 系列模型。其中 GPT-3 模型拥有 1 750 亿个参数，可以进行自然语言生成、自动问答、语言翻译、文本摘要等任务，取得了非常显著的成果。同时，OpenAI 在计算机视觉领域也有很多的研究成果，如通过深度学习技术开发的图像分类、目标检测、图像生成等模型。

2015 年 12 月，一群科技领袖，包括山姆·阿尔特曼、彼得·泰尔（Peter Thiel）、里德·霍夫曼（Reid Hoffman）和埃隆·马斯克（Elon Musk）等人聚集在美国旧金山。他们相信，人工智能技术将改变社会的许多方面，但如果不负责任地开发和使用，将会带来重大风险，迫切需要一个专注于人工智能的道德和负责任发展的组织。在这样的愿景下，OpenAI 正式成立。

OpenAI 成立早期是一家 NGO（非营利）组织，它的所有权和控制权都属于其成员，没有股东或投资者，这意味着 OpenAI 不需要为股东或投资者谋取利益，可以专注于其使命和目标，这是为了回应人们对人工智能技术的潜在风险和危险的担忧，并促进人工智能的负责任发展。

OpenAI 开展了大量人工智能技术研究，并开发人工智能算法和模型，参与了促进人工智能负责任发展的举措，与技术公司和政策制定者合作制定人工智能使用的标准和法规等。同时，OpenAI 的研究成果和开源工具为人工智能技术的应用提供了很多有用的支持和帮助。在 OpenAI 发展中，切实为人工智能技术的研究和应用做出了以下重要贡献。

2016 年 4 月 27 日发布 OpenAI Gym Beta；

2016 年 12 月 5 日发布 Universe；

2017 年 7 月 20 日发布 Proximal Policy Optimization 算法；

2017 年 8 月 11 日发布 dota 2；

2018 年 2 月 20 日研究防止恶意使用 AI；

2018 年 4 月 9 日发布 OpenAI 宪章；

2018 年 7 月 30 日强化学习技巧；

2019 年 2 月 14 日提升语言模型 GPT-2 模型；

2019 年 3 月 11 日开放人工智能有限合伙人；

2019 年 4 月 15 日 OpenAI 五人击败 Dota 2 世界冠军；

2019 年 4 月 25 日发布深度神经网络 MuseNet。

在 OpenAI 的不断发展中，各种丰富资源的加入，使得 OpenAI 在人才和资源方面有着非常强大的支持，同时也为其带来了商业化发展的潜力。OpenAI 逐渐开始打造自己的商业化战略。

值得一提的是，OpenAI 也培养了很多人才，从 OpenAI 走出去的人才已遍布硅谷，在一些大型企业和初创公司中都能看到他们的身影（表 1-2）。

2019 年，微软向 OpenAI 投资 10 亿美元，双方将携手合作为 Azure 云端平台服务开发人工智能技术，解决更多科学难题，共同实现人工智能技术的民主化。这笔投资后，未来微软就会成为 OpenAI 的独家云供应商，同时 OpenAI 也会和微软合作开发 Azure AI 超级计算技术，并授权微软使用其部分技术进行商业化。这意味着 OpenAI 正式开启了转型，把自己打造成了一个 NGO 与商业行为并行的混合企业。

表 1-2 OpenAI 培养的科技精英

| OpenAI 原职位 | 姓名 | 创办公司 | 公司涉及领域 | 融资（美元） |
| --- | --- | --- | --- | --- |
| 工程副总裁 | David Luan | Adept | AI 研究 | 6 500 万 |
| 技术总监 | Ashley Pilipiszyn | Titan | 太空技术 | 1 050 万 |
| 技术主管 | Jonas Schneider | Daedalus | 工厂机器人 | 1 400 万 |
| 研究副总裁 | Dario Amodei | Anthropic | AI 研究 | 7.04 亿 |
| 安全和政策部副总裁 | Daniela Amodei | | | |
| 创始工程师 | Vicki Cheung | Gantry | AI | 未披露 |
| 研究科学家 | Josh Tobin | | | |
| 创始成员 | Matt Krisiloff | Conception | 生物技术研究 | 2 000 万 |
| 特殊项目经理 | Maddie Hall | Living Carbon | 生物技术研究 | 3 600 万 |
| 运营主管 | Jeff Arnold | Pilot | 财务会计 | 1.61 亿 |
| 研究科学家 | Peter Chen | Covariant | AI | 1.47 亿 |
| 研究主任 | Pieter Abbeel | | | |
| 技术员 | Ludwig Pettersson | Quill | AI | 1 500 万 |

（2017 年到 2022 年，有超过 30 位员工退出 OpenAI 创办了自己的 AI 公司，不计未披露的基金，他们创办的公司已获得总计超过 10 亿美元的融资。）

事实上，OpenAI 的半商业化之路并非毫无征兆。首先，OpenAI 早期就成立了名为"OpenAI LP"的子公司，目的就是更好地筹集资金，吸引人才，继续与谷歌、Amazon 等这些大公司在 AI 领域进行竞争。其次，GPT 系列模型已经被用于许多商业应用中，如自然语言处理、智能客服等，这些应用为 OpenAI 带来了商业收益，同时也为商业领域带来了巨大的经济效益。最后，OpenAI 考虑到了未来商业竞争的优势，为自己的技术和研究成果快速地申请了专利和保护知识产权，并一直在这个领域进行开发和探索。

值得一提的是，OpenAI 投资了多家 AI 初创公司，继续增加着公司的商业竞争力（图 1-18）。

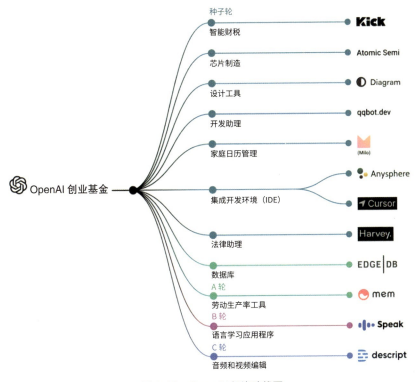

图 1-18 OpenAI 投资路线图

2019 年 7 月 22 日微软投资 OpenAI 并与其合作；

2019 年 8 月 20 日跟进 GPT-2；

2019 年 9 月 17 日研究多代理交互中的紧急工具使用；

2019 年 10 月 15 日研究用机械手解魔方；

2019 年 11 月 5 日发布 GPT-2: 1.5B 版本；

2020 年 4 月 30 日发布神经网络 Jukebox；

2020 年 6 月 11 日开放人工智能应用程序接口；

2021 年 1 月 5 日研究连接文本和图像神经网络 CLIP；

2021 年 1 月 5 日研究从文本创建图像神经网络 DALL·E；

2021 年 3 月 4 日研究人工神经网络中的多模式神经元；

2021年8月10日发布开放人工智能法典；

2022年4月6日发布新的人工智能系统DALL·E 2；

2022年11月30日研究ChatGPT这一优化对话的语言模型。

今天，OpenAI仍然是一个非常重要的人工智能研究机构，其在人工智能技术、应用和社会责任方面的努力对人工智能的未来发展产生了深远的影响。作为商业和非营利的组合体，OpenAI既有商业化的潜力和战略，同时也承诺为全人类带来更多的福利和效益。这种商业和非营利的混合模式，在OpenAI的研究和应用方面发挥了巨大的作用，也为其未来的发展和成功奠定了基础（图1-19）。

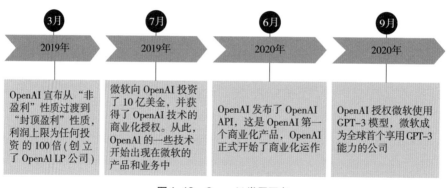

图1-19  OpenAI发展历史

## 四、惊艳世界的ChatGPT

2022年11月30日，美国OpenAI公司发布了以人工智能技术驱动的自然语言处理工具——ChatGPT，它能够学习和理解人类语言，以更加真实的方式与人类进行对话，甚至能够完成邮件、视频脚本、文案、翻译、代码、论文等文字撰写工作。ChatGPT的发布，是AIGC技术发展的里程碑，是一种基于互联网可用数据训练的文本生成深度学习模型，使用多层变换器（Transformer）预测下一个单词的概率分布，在大规模语言训练数据的基础上生成语言文本。

2019年，OpenAI过渡到"封顶盈利"后发展迅速，三年后的2023年2月，OpenAI开启了ChatGPT Plus的商业化模式探索，采用了付费会员制模式，每月20美元，提供高峰时段免排队、快速响应以及优先获得新功能和改进等会员服务（图1-20）。OpenAI预测，随着ChatGPT成为吸引客户的重要工具，公司收入将会快速增长，预计2023年收入2亿美元，2024年收入预计超过10亿美元。这一系列的探索不仅让人们看到了To C人工智能盈利的可能性，更让人们看到了一片属于AIGC的商业蓝海。

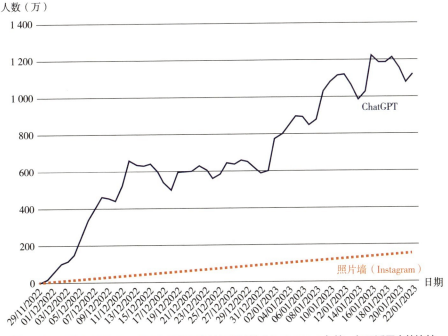

图1-20　全球范围内ChatGPT日活用户数与照片墙（Instagram）第一年日活用户的比较

## 五、ChatGPT 引发的搜索引擎大战

ChatGPT 的出现，带来了一种全新的搜索模式。首先，ChatGPT 能够根据用户输入的搜索内容，分析语义和意图，使得搜索结果更加精准，搜索效率得到进一步的提升；其次，ChatGPT 能够对用户的搜索习惯进行分析，让搜索结果满足使用者个性化的需求；再次，ChatGPT 的搜索内容输入不再拘泥于关键词，交互形式更加人性化，使得搜索引擎更加便捷易用；最后，ChatGPT 能够处理和分析多语种的语言文字数据，跨语种搜索将能够获取更多的有效内容。随着 ChatGPT 在全球范围内的火爆，各家科技巨头都希望借助这一技术打造全新的搜索引擎。

2023 年 2 月 7 日，微软正式发布了集成 ChatGPT 的搜索引擎，之后还为安卓和 iOS 系统提供集成 ChatGPT 的 Edge 浏览器，值得注意的是，微软还将为移动和桌面设备的 Bing 聊天添加语音界面。此外，微软还宣布在其 Skype 通信软件中增加基于 Bing 的聊天功能，并表示最终将把类似的功能添加到其他应用程序中，包括通信服务的 Teams 套件。

为应对 ChatGPT 搜索引擎带来的挑战，谷歌也推出了类 ChatGPT 产品——Bard，Bard 基于谷歌研发的大型语言模型 LaMDA，目前向值得信赖的测试人员开放，但未明确说明何时向公众开放提供这一服务。受限于数据集的 ChatGPT 无法回答 2021 年后的信息，而谷歌 Bard 可以利用互联网上的最新信息，回答拥有明确答案的问题。此外，一些海外初创公司推出了带有与该机器人类似聊天界面的搜索引擎，包括 You.com、Perplexity AI 和 Neeva。

在国内方面，百度也于 2 月 7 日官宣了类 ChatGPT 产品——文心一言（英文名：ERNIE Bot）。百度创始人、董事长兼首席执行官李彦宏在内部

信中介绍，百度计划将多项主流业务与文心一言整合：文心一言与搜索整合，将引领搜索体验的代际变革；文心一言将通过百度智能云对外提供服务，根本性地改变云计算市场的游戏规则。此外，文心一言大模型还将搭载到 Apollo 智舱系列产品，并与小度进行集成。

360 公司也于 7 日晚间在投资者平台回应称，公司的人工智能研究院从 2020 年开始一直在包括类 ChatGPT 技术在内的 AIGC 技术上有持续性的投入，但截至目前仅作为内部业务自用的生产力工具使用，且投资规模及技术水平与当前的 ChatGPT-3 相比还有较大差距，各项技术指标只能做到略强于 ChatGPT-2。

## 六、ChatGPT 的能力边界

ChatGPT 强大的能力不仅体现在对各种文字工作的胜任，而且还体现在轻松通过难度较高的专业级测试。在实验中，ChatGPT 通过了谷歌编码 L3 级（入门级）工程师测试；在美国宾夕法尼亚大学沃顿商学院 MBA 期末考试和明尼苏达大学四门课程的研究生考试中分别取得了 B 和 C+ 的成绩；甚至还通过了美国执业医师资格考试等。

ChatGPT 的诞生，被业界誉为 AIGC 领域的"iPhone 时刻"，人工智能自此迎来革命性的新发展阶段。任何新技术的应用都是一把"双刃剑"，ChatGPT 强大的能力也引发了社会各方面的担忧，对 ChatGPT 的能力边界的认知几乎决定了人类未来如何使用这把"双刃剑"。

### （一）ChatGPT 面临的道德伦理和法律问题

在 ChatGPT 的开发过程中，尽管开发者已经对其设置了一定的道德伦理规则，并使用人工进行标记，但事实上，其算法设计依然存在大量的

"漏洞"。在实测过程中,通过变相提问、改变话术的方式,依然可以"蒙骗"AI 生成违规内容。

ChatGPT 的滥用也可能导致这样的情形:通过 ChatGPT 生成的内容本身不存在违规问题,但相关内容被用于违背公序良俗或违法犯罪。法律是有滞后性的,先有新事物的诞生,才会有与之相关的立法。目前,关于 ChatGPT 这样的 AIGC 应用的立法仍然处于真空期,ChatGPT 的使用底线应当维持在不会侵犯任何第三方的合法权益之上。

### (二)ChatGPT 不具备真正的识别能力

ChatGPT 对采集的文字数据的甄别和筛选不具备真正的主观能动性和价值观判断,一些谣言和垃圾信息同样会影响 AI 的判断,从而导致生成错误的内容。一旦 AI 普及而这种错误无法得到及时纠正,一般人使用 AI 参与的搜索引擎无法意识到自己获取了错误的信息,从而使分辨信息真假的成本进一步增加,不利于网络环境的健康发展。

### (三)ChatGPT 面临的版权和信息安全隐患

包括 ChatGPT 在内的生成式 AI,其训练模型都是直接从互联网获取的数据资料,ChatGPT 是否有权获取和使用这些数据,目前仍然是存疑的;而利用 AIGC 创作的内容,也可能被他人侵权。此外,利用 AIGC 剪辑视频或合成视频也存在侵犯原作品的版权、修改权、演绎权的可能。因此,国外艺术平台上有众多画师联合抵制 AI 创作(图 1-21)。

另外,大规模的数据采集离不开对用户个人信息以及本身就存在问题的信息的采集,在使用 ChatGPT 应用的过程中,应当注意规避个人隐私、数据权益、国家信息安全等方面的风险。

图 1-21　某国外艺术平台的画师们抵制 AI 创作

## （四）ChatGPT 对社会就业的冲击

ChatGPT 一旦应用普及，对就业带来的冲击显然易见，最直接的就是语言文字类工作，ChatGPT 可以胜任大部分常见的语言文字的处理工作；而从社会劳动的整体维度来看，ChatGPT 的大规模数据训练可以轻而易举地打败个人在劳动过程中的经验积累。

那么，ChatGPT 真的会让很多职工失业吗？不可否认的是，ChatGPT 类 AI 的应用，对于中低级别的岗位会产生一定程度的压缩。但是，ChatGPT 等 AIGC 技术依然是基于人类现有的劳动创作成果去完成任务，不具备真正的创新思维能力，ChatGPT 的应用可以让人类从简单琐碎的工作中解放出来，投入更高质量的有思想、有创新、有价值的劳动中去。

## （五）ChatGPT 对教育领域的影响

ChatGPT 对于教育的影响同样具有两面性。一方面，教师和学生充分利用 ChatGPT 作为辅助教学的手段，有利于提高教学效率，同时也是对社会教育资源的另一种调剂，有利于推动教育公平的实现；另一方面，ChatGPT 使用不当，会让学生依赖于通过 AI 获取答案和结果，丧失了钻研学术和独立思考的能力，带来抄袭、学术剽窃、学术舞弊等负面影响。这不仅违背教育的本质，也不利于人才培养和社会文明的延续。

综上所述，ChatGPT 等 AIGC 技术的应用，需要社会、企业和个人三方面共同明确边界共识，通过立法监管、技术监管和自我监管来善用这把"双刃剑"，让科技向善。

## 七、GPT-4 的新飞跃

2023 年 3 月 14 日，人工智能研究公司 OpenAI 公布了其大型语言模型的最新版本——GPT-4。GPT-4 是 OpenAI 开发的第四代大型自然语言处理模型，模型参数达到了 1 万亿，是 GPT-3 的 6 倍。

GPT-4 不仅精通语言，还能在数学、编程、视觉、医学、法律、心理学等多样化和高难度的任务中表现出色，而且还能够将上述多个领域的技能和概念统一起来，并能理解其复杂概念。GPT-4 是一个大型多模态模型，它接受图像和文本输入、进行文本输出，虽然在许多现实场景中它尚且不如人类，但在各种专业和学术基准上表现出与人类相当的性能，已经接近人类水平。

根据 OpenAI 公布的实验数据，GPT-4 通过模拟律师考试且分数在应试者的前 10% 左右，相较之下，GPT-3.5 版本大模型的成绩是倒数 10%。做美国高考 SAT 试题，GPT-4 也在阅读写作中拿下 710 分高分、数学 700 分（满分 800），可见 GPT-4 的强大之处（图 1-22）。

相较于此前的 GPT 模型而言，GPT-4 的突破之一是在文本之外还能够处理图像内容。OpenAI 表示，用户同时输入文本和图像的情况下，它能够生成自然语言和代码等文本。

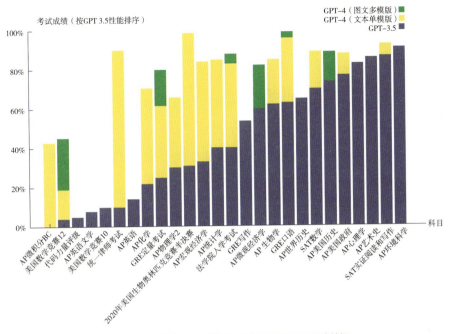

图 1-22　GPT-4 与 GPT-3.5 性能对比的实验数据

除了普通图片，GPT-4 还能处理更复杂的图像信息，包括表格、考试题目截图、论文截图、漫画等。此外，在多语种方面，GPT-4 也体现出优越性。在测试的 26 种语言中，GPT-4 在 24 种语言方面的表现均优于 GPT-3.5 等其他大语言模型的英语语言性能，其中包括部分低资源语言如拉脱维亚语、威尔士语等。在中文语境中，GPT-4 能够达到 80.1% 的准确性。

鉴于 GPT-4 在广度和深度上的能力，它可以被视为通用人工智能的早期版本。它基于 GPT-3 进行了进一步的优化，提供了更高的性能和功能。GPT-4 的核心技术主要包括以下几个方面。

（一）Transformer 架构

GPT-4 沿用了 Transformer 架构，这是一种自注意力（Self-attention）

机制的深度学习模型。Transformer架构能有效地处理长距离依赖，提高了序列处理任务的性能，如机器翻译、文本生成等。

## （二）自注意力（Self-Attention）

自注意力机制使得模型在处理序列时能关注到与当前位置相关的其他位置的信息。通过这种方式，模型能够捕捉到序列内的长距离依赖关系。

## （三）预训练和微调

GPT-4首先在大量的无标签文本数据上进行预训练，学习到丰富的语言知识。之后，模型会在特定任务的有标签数据集上进行微调，以适应具体任务需求。

## （四）大规模模型

GPT-4使用了大量的神经元和层数，构建了一个大规模的模型。这使得模型能够学习到更多的知识和复杂的模式，从而提高性能。

## （五）数据增强

GPT-4在训练过程中使用了数据增强技术，如动态数据生成、反向翻译等。这些方法有助于提高模型的泛化能力。

## （六）零样本学习

GPT-4能够在没有见过特定任务样例的情况下，直接利用预训练知识进行推理。这使得GPT-4能够在很多情况下直接应用于新任务，而无须进行任务特定的微调。

## （七）分布式训练

GPT-4 采用了分布式训练策略，在多个 GPU 和计算节点上进行并行训练，以加速模型训练过程。

另外相较于前代 GPT-3，GPT-4 在多个方面都有显著的改进。主要更新内容和优势有以下几个方面。

## （一）更大的模型规模

GPT-4 相较于 GPT-3 拥有更多的参数，使其在处理各种任务时具有更强大的学习和推理能力。这使得 GPT-4 在理解复杂的语境、生成更准确的回答以及处理多种任务时表现得更出色。

## （二）更精细的预训练数据

GPT-4 使用了更新、更全面的预训练数据集，提高了模型的知识覆盖范围。这使得 GPT-4 能更好地理解和回答与各种领域相关的问题。

## （三）优化的训练技术

GPT-4 采用了最新的训练技术，例如更有效地优化算法、更大的 Batch Size 以及改进的正则化方法。这些技术的应用有助于提高模型在各种任务上的性能。

## （四）提升了多模态能力

GPT-4 在处理多模态任务时的表现得到了提升，如处理图像和文本结合的任务，使得模型在更多场景下能够更好地发挥作用。

### (五)更强的零样本和少样本学习能力

GPT-4 在零样本(即无须微调即可解决问题)和少样本(只需要很少量的示例即可进行微调)学习任务上的表现相较于 GPT-3 有显著提升。这使得模型在应对实际问题时更具灵活性。

### (六)更好的安全性和可解释性

GPT-4 针对生成结果的安全性和可解释性进行了改进,减少了不恰当或误导性输出的风险。此外,GPT-4 在用户提供的指导下能够更好地产生满足特定需求的输出。

### (七)提高模型的可扩展性

为了满足不同应用场景的需求,GPT-4 采用了模块化的设计,使其更易于扩展和自定义。用户可以根据实际需求选择不同规模的 GPT-4 模型,以平衡计算资源和性能。

### (八)降低环境影响

为减轻大型模型对环境的影响,GPT-4 在训练过程中采用了更为高效的硬件和算法,降低了能耗。此外,通过优化部署策略,GPT-4 在实际应用中的能源消耗也得到了控制。

### (九)增强多语言支持

GPT-4 在多语言任务上的表现得到了提升,使其能够更好地理解和生成非英语文本。这意味着 GPT-4 可以为更广泛的用户群体提供高质量的自然语言处理服务。

## （十）更强的领域适应性

GPT-4 在特定领域的知识理解和生成能力方面得到了提升，这意味着模型在处理行业特定问题时表现得更为准确和专业。

## （十一）优化的 API

OpenAI 为 GPT-4 提供了更加友好、灵活的 API，使开发者能更容易地将模型集成到各种应用中。这使得 GPT-4 能够更广泛地应用于聊天机器人、文本生成、自动问答、语义分析等多种场景。

## （十二）社区参与

OpenAI 鼓励社区参与 GPT-4 的开发，以便收集更多有关模型性能、安全性和可用性的反馈。这有助于进一步优化和改进 GPT-4，使其更好地满足实际需求。

GPT-4 的这些改进和优势使其在自然语言处理领域具有巨大的潜力，将继续推动 AI 应用的创新和发展。

不过，由于 GPT-4 依赖于生成下一个词的局部贪婪过程，而没有对任务或输出的全局产生深入的理解。因此，GPT-4 擅长生成流畅且连贯的文本，但不擅长解决无法以顺序方式处理的复杂或创造性问题。

# 八、Auto-GPT 与 GPT 插件对人工智能的深远影响

不仅仅是 GPT4 大模型让 AI 进入快车道，Auto-GPT 和 GPT 插件两个 GPT 增强工具，让 GPT 如虎添翼。Auto-GPT 是 ChatGPT 的增强版，是一个免费开源项目，可以帮助开发者快速建立自己的个性化的 AI 工具，

可以应用到各行各业，大大的降低了 GPT 应用的开发成本。GPT 插件是为网页、文档浏览器提供的 Plugin 插件，不仅可以在浏览器上为用户提供 ChatGPT 插件，最关键是解决的大模型训练数据源的问题，用户所浏览器的网页、文件可被用于 GPT 的数据库用于最新的训练学习，解决 ChatGPT 的训练学习的数据都是来自 2021 年 9 月之前的数据。

## （一）Auto-GPT

Auto-GPT 是由开发者 Significant Gravitas 托管在 Github 上的一个免费开源项目，结合了 GPT-4 和 GPT-3.5 技术，通过 API 创建完整的项目，第三方开发者可以免费使用 Significant Gravitas 提供的 Auto-GPT 源码编译自己的 GPT 应用，Auto-GPT 的官网是 https://github.com/Significant-Gravitas/Auto-GPT。目前 Auto-GPT 最高版本是 v0.2.2，Significant Gravitas 从 3 月 12 日开始共发布 Auto-GPT 的 v.0.1.0、v0.1.1、v0.1.2、v0.1.3、v0.2.0、v0.2.1 总共 6 个版本，在发布 v0.2.2 后，提到很快会发布 v0.3.0 版本。目前 Auto-GPT 已经配备的功能包括：联网搜集信息、存储信息、生成用于文本生成的 GPT-4 实例、使用 GPT-3.5 总结信息。

Auto-GPT 目标是能够以最少的人工输入执行任务，它在共享 ChatGPT 框架作为其基础的同时，通过拥有自主决策的能力而与众不同。自我提示并生成所有必要的提示以完成任务的能力使 Auto-GPT 真正独一无二。

Auto-GPT 与 ChatGPT 不同的是，用户不需要不断对 AI 提问以获得对应回答，在 Auto-GPT 中只需为其提供一个 AI 名称、描述和五个目标，然后 Auto-GPT 就可以自己完成项目。它可以读写文件、浏览网页、审查自己提示的结果，以及将其与所说的提示历史记录相结合。

Auto-GPT 相当于给基于 GPT 的模型一个内存和一个身体。有了它，你可以把一项任务交给 AI 智能体，让它自主地提出一个计划，然后执行计划。此外其还具有互联网访问、长期和短期内存管理、用于文本生成的 GPT-4 实例以及使用 GPT-3.5 进行文件存储和生成摘要等功能。

Auto-GPT 的核心操作类似于 ChatGPT，但它比 ChatGPT 多个了一个 AI 代理的强大附加功能。它可以对这些代理进行编程，以根据预先确定的规则和目标做出决策和执行操作。想象一下，它就是一个能够代表你执行特定任务的个人助理，例如安排约会或撰写电子邮件。AI 代理的操作取决于有限访问的原则。就像只能在其访问范围内执行任务的个人助理一样，AI 代理的能力取决于它通过 API 获得的访问权限。

例如，具有互联网访问权限的 AI 代理可以搜索信息，但无法代表你进行购买。但是，如果 AI 代理可以访问你计算机的终端，则它可能会搜索并安装其认为实现其目标所必需的应用程序。

Auto-GPT 和 ChatGPT 都是使用 OpenAI 共享的的 GPT3.5 和 GPT4 的相同的 AI 大模型，但它们的应用功能在显着方面存在差异。两者之间的主要区别在于 Auto-GPT 能够在没有人类代理的情况下自主运行，而 ChatGPT 依赖于人类提示来操作，或者是 Auto-GPT 比 ChatGPT 多了个 AI 外壳而更加智能有自主性。

例如，如果你想使用 ChatGPT 计划妈妈的生日派对，则需要提供特定的提示，例如"帮助我为 70 岁的妈妈计划生日派对"。然后，ChatGPT 将生成要考虑的方面列表，包括生日主题、场地、客人名单、礼物、食物和装饰品。但是，你需要提示 ChatGPT 进行后续的每个步骤，例如购买礼物或发送邀请。

从 ChatGPT 到 Auto-GPT，AI 应用在快速迭代，人工智能领域有望发生巨大转变。拥抱自主性，这项突破性的创新重新定义了人工智能的能力，并挑战了我们对人工智能可以实现什么的看法。未来在招手，Auto-GPT 随时准备引领潮流。

## （二）GPT 插件（Plugins）

2023 年 3 月 24 日，OpenAI 正式宣布 ChatGPT 开始支持外部 GPT Plugin 功能，解锁了大量用例。一方面，通过集成对外部数据的显式访问，拓展了模型的知识来源；另一方面，GPT Plugin 向用户提供生成答案的相关参考信息，提高了输出的可信度和透明度。目前 ChatGPT 支持的 GPT Plugin 包括 11 款第三方以及 3 款官方插件，均可直接从对话窗口调用。用户可以加入 GPT Plugin 的等待名单，OpenAI 将优先从少数开发人员和 GPT Plus 会员用户开始，逐步扩大插件使用和开发权限范围。

GPT 插件的上线意味着 ChatGPT 真正将解除数据源的封印，因为在之前的版本中，ChatGPT 仅仅能查询到 2021 年 9 月之前的数据消息。GPT 插件应该到浏览器等各种应用，经过不断的学习数据源，但现在不仅能直接检索到最新新闻，还能帮你查询航班、酒店信息，甚至帮你规划差旅访问各大电商数据，帮你比价甚至直接下单。

OpenAI 不仅提供一些 GPT 插件，你还可以通过它生成一些新的插件。如果你想要某一个插件功能，你可以用你的自然语言描述，然后 GPT 来帮你生成这个插件。这就说明你不需要懂编程，一样可以开发自己想用的插件。

1. OpenAI 出品的 3 款官方 GPT 插件

OpenAI 提供的官方 GPT Plugin 包括网页浏览器、代码解释和开源检索三种。

网页浏览器 GPT 插件基于 Bing 搜索的 API，为语言模型提供了访问网络浏览器的权限，解决了 ChatGPT 训练数据过时的问题。

代码解释器 GPT 插件使用 Python 处理上传和下载操作，能够解决定性和定量的数学问题，进行数据分析和可视化操作，以及转换文件格式等。

开源检索器 GPT 插件使 ChatGPT 能够访问和检索经许可的个人或组

织信息源，允许用户通过用自然语言提问或表达需求的方式，从数据源中获取最相关的文档片段。

2. OpenAI 支持的 11 款第三方应用 GPT 插件

OpenAI 支持合作应用 GPT 插件的直接使用和用户插件的导入 ChatGPT 能够在会话中调用合作的第三方 GPT 插件。目前支持四类共 11 款应用 GPT 插件。

（1）旅行与餐饮类：

① KAYAK 美国机票酒店租车预订平台 kayak.com 的 GPT 插件

② Expedia 全球最大在线旅游旅游平台 expedia.com 的 GPT 插件

③ OpenTable 美国领先网上订餐平台 opentable.com 的 GPT 插件

（2）购物类

④ Shop 美国新型的购物比较平台 shop.com 的 GPT 插件

⑤ Klarna Shopping 瑞典消费信贷电商平台 klarna.com 的 GPT 插件

⑥ Instacart 美国生鲜电商领导者 instacart.com 的 GPT 插件

（3）知识类

⑦ Wolfram 大型计算型引擎平台 wolfram.com 的 GPT 插件

⑧ Speak 人工智能语言学习平台 speak.com 的 GPT 插件

⑨ FiscalNote 全球政策和市场情报平台 fiscalNote.com 的 GPT 插件

（4）其他类

⑩ Milo Family AI 家庭 AI 助理的 joinmilo.com 的 GPT 插件

⑪ Zapier 办公流程 AI 自动化平台 zapier.com 的 GPT 插件

GPT 插件大大扩展了 ChatGPT 使用场景。同时，ChatGPT 支持开发人员创建自己的 GPT Plugin，并通过 API 实现 Plugin 调用。目前，Plugin 仅支持调用后端 API，OpenAI 指出能够调用客户端 API 的 Plugin 也正在探索过程中。

## 第五节

## "百模大战"与 AGI 通用人工智能时代的到来

### 一、AGI 的定义和演进

OpenAI 研发的大语言模型 GPT-3 具有强大参数，可以应用于文本翻译、撰写文章、生成代码等各种场景，对于 AIGC 内容生产范式来说，最大的突破在于实现了 ANI（Artificial Narrow Intelligence，专用人工智能）向 AGI（Artificial General Intelligence，通用人工智能）的转变，让 AI 1.0 的传统人工智能时代飞跃到 AI 2.0 的 AIGC 时代，进而马上进入 AI 3.0 的 EAI 嵌入式人工智能时代，由此展望 AI 4.0 的 AGI 通用人工智能时代。

2023 年 3 月 14 日 OpenAI 发布 GPT-4，在 GPT-3 的基础上实现又一次飞跃。GPT-4 会推动行业快速进入 AI 3.0 的 EAI 嵌入式时代，GPT-4 将会以 API、嵌入式等方式把 AI 集成到各种终端和应用流量的入口，深入生产工作生活当中，提供被动式的人工智能服务。如今，谷歌、微软、Facebook（Meta）、英伟达、Amazon、百度、华为、360、商汤、阿里巴巴、科大讯飞、云从等国内外数十家科技公司纷纷推出各自的大模型，"百模大战"已经打响，AGI 通用人工智能时代预计很快就会到来。一旦 AGI

被广泛应用,将对整个人类社会产生重大影响。

## 二、AGI 的特征和分类

AGI 通用人工智能的重要表现形式是数智人,重要特征是 AGI 具有自我学习能力、AGI 驱动数字人交互、主动式 AI 服务和嵌入硬件及软件。

AGI 通用人工智能可以按照学习和推理能力进行以下分类。

### (一)受限通用人工智能

具有较高学习能力,但在推理、判断和处理复杂任务方面存在局限性。

### (二)高级通用人工智能

不仅具备强大的学习能力,还能在各种领域进行推理、判断和处理复杂问题。

## 三、AGI 的应用和领域

具有 AGI 通用人工智能的数智人应用范围广泛,重点是可以帮助人类不断学习确定性的信息,人类只要决策不确定性的信息。未来现实世界每个人都会有几个 AGI 数智人常驻在个人工作硬件设备中,数智人作为数字分身嵌入软硬件中提供交互服务,未来 AGI 数实融合的数智人会成为一种全工作生活方式,改变整个人类社会的组织形式。这种模式的数智人可广泛应用于各个行业和领域,包括但不限于以下领域。

## （一）医疗健康

辅助诊断、药物研发、个性化治疗等，如 AGI 全科医生、专科医生。

## （二）教育

智能辅导、教育资源推荐、评估学生学习进度等，如 AGI 老师、教练。

## （三）金融

风险评估、投资建议、市场分析等，如 AGI 分析师、评估师。

## （四）交通

自动驾驶、交通规划、智能交通系统等，如 AGI 司机、交警。

## （五）工业制造

智能生产、自动化设备维护、工艺优化等，如 AGI 工人、设计师。

## （六）农业

智能种植、精准施肥、病虫害预测等，如 AGI 农民、渔民。

## （七）艺术创作

音乐、绘画、文学创作等，如 AGI 画师、作者。

# 四、AGI 对人类社会的影响和挑战

AGI 通用人工智能的数智人的出现为各领域带来巨大潜力，有望解决许多复杂问题，推动人类社会进步，对人类社会的影响和挑战主要涵盖以下几个方面。

### （一）经济影响

AGI 数智工人有潜力提高生产力、降低成本，从而推动经济增长。但同时，它可能导致部分传统行业的就业岗位减少，引发劳动力市场变革。未来社会需要找到平衡，确保人工智能与人类劳动力共同繁荣。

### （二）教育改革

AGI 数智学生可以为教育领域带来巨大的变革，个性化教育、在线学习等新型教育模式将更加普及。然而，这也要求教育体系做好适应，培养学生具备与人工智能共同发展的能力。

### （三）伦理和道德挑战

AGI 的发展引发了一系列伦理和道德问题，如数据隐私、算法歧视等。人类需要建立相应的伦理原则和法律法规，以确保 AI 技术的合理、公正、安全应用。

### （四）安全隐患

AGI 数智警察可能被用于犯罪活动，如网络攻击、欺诈等。因此，应加强监管，建立相应的安全防范措施，确保人工智能技术的安全应用。

### （五）社会心理影响

人工智能与人类的日常生活和工作密切相关，可能导致人类心理压力增加、人际关系变化等。在适应 AGI 发展的过程中，人类需要关注心理健康，促进人际关系的和谐发展。

## （六）全球竞争与合作

AGI发展将加剧全球竞争，各国应加强合作，共同应对相关挑战，确保人工智能技术造福全人类。

总之，AGI对人类社会的影响和挑战是多方面的，需要政府、企业、科研机构和公众共同努力，确保人工智能技术的健康发展。

# 第二章 AIGC 技术

## 第一节

▼

# 算力对 AI 发展速度的决定性作用

算力、算法和数据是驱动人工智能发展的三大要素。其中，算力更是被称为人工智能发展的引擎，对人工智能的发展速度起到决定性作用。图 2-1 展示了算力分布的周期性变化。20 世纪 70 年代，正是因为算力发展水平低下的限制，导致大量人工智能项目无法实现预期效果，模型训练举步维艰，行业发展进入寒冬期。

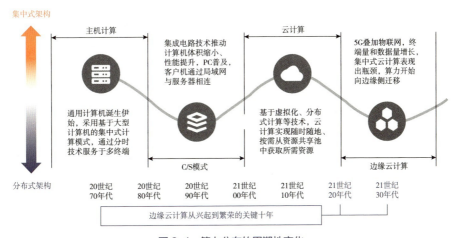

图 2-1 算力分布的周期性变化

AI先驱、深度学习杰出研究科学家理查德·S.萨顿（Richard S. Sutton）在探讨人工智能发展所走过的弯路时指出，对于人工智能未来的发展，利用算力才是王道，只有在算力发展的基础上，搜索和算法才能带来技术水平的长期提升。

进入21世纪以来，随着芯片、CPU、GPU等硬件能力不断提高，以及云计算、大数据等技术的快速发展，人工智能的算力需求得到了前所未有的满足。受益于算力水平的提高，人工智能应用最广泛的深度学习得以诞生，各种新兴、大型算法模型层出不穷（图2-2和图2-3）。

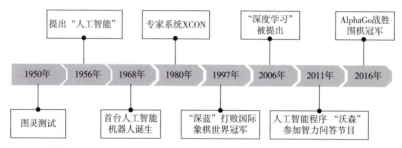

图2-2 1950年到2016年人工智能发展历史上比较重大的事件

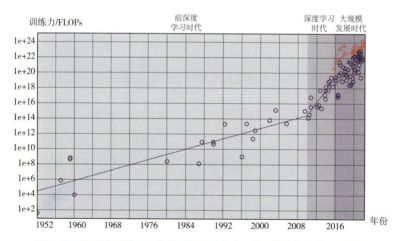

图2-3 1952年到2022年机器学习系统FLOPs算力需求的变化趋势

（图中统计了1952到2022年间三个时代的121个里程碑式机器学习模型，2010年进入深度学习时代，2015年进入大规模发展时代的趋势。）

一直以来，人工智能的发展带来算力需求增长都是指数级的，算力决定了系统处理数据的能力，更高的算力能够让 AI 模型在单位时间内处理更多的数据，以更短的时间完成模型训练。作为 ChatGPT 开发者的 OpenAI 就曾公开表示，高级人工智能所需要的计算能力每三个月就会翻一番。

## 一、AI 大模型训练需要大量的算力支持

随着 AI 技术的不断发展，越来越多的政企开始应用 AI 算法解决复杂的问题。然而，许多 AI 应用都需要进行大规模的模型训练，这需要庞大的算力支持。

大模型训练是指使用大量数据对深度学习模型进行训练，以期提高模型的准确性。比如，谷歌 AlphaGo 击败围棋世界冠军李世石，正是经过漫长的大规模模型训练后才有了如此惊人的表现。然而，大规模的模型训练需要巨大的算力支持。以谷歌为例，TensorFlow 平台每天需要处理数千亿次的矩阵运算，这需要庞大的服务器集群和高性能的计算资源，此外还需要大量的存储空间和网络带宽，以保证数据的高效传输和存储。

目前有两种主流算力方案。一种是 GPU 加速算法。GPU 是一种专门用于图形处理的芯片，它具有大量的并行计算单元，可以快速地进行矩阵运算等计算密集型操作。因此，GPU 非常适合用于深度学习等需要大量计算的应用场景。

另一种是分布式算力加速。分布式算力是指由云计算公司提供的基于分布式架构技术的云计算资源。用户可以通过网页或 API 等方式直接访问这些计算资源，无须购买和维护昂贵的服务器设备，使用分布式算力实现对 AI 模型的分布式训练。目前，主流的分布式云平台有 AWS、Azure、华

为云、腾讯云、阿里云等，这些云平台为其提供了强大的计算和存储能力，可以帮助用户快速搭建 AI 应用环境，并提供高效的大规模模型训练服务。

以 ChatGPT 的开发过程为例，GPT、GPT-2 到 GPT-3 和 GPT-4，参数量从 1.17 亿增加到 1 746 亿，预训练数据量从 5GB 增加到 45TB。OpenAI 团队训练一次 GPT-3 模型需要的算力约为 3 640 PFlop/s-day，单次的成本或高达 460 万美元。

2021 年，微软和英伟达使用了 4 480 个 GPU 训练出拥有 5 300 亿参数的 MT-NLG 大模型，算力成本更是高达 8 500 万美元。

总之，AI 大模型训练需要大量的分布式云算力支持，需要有强大的算力网络支撑，这是实现 AI 技术商业化的重要一环。当前，GPU 加速和分布式云计算平台是最为成熟和普遍的解决方案，而新兴的技术也在不断涌现。未来，随着技术的不断进步，我们相信 AI 大模型训练的算力需求、将会得到更好的满足。

## 二、AI 的日常运营需要常态的算力供给

随着 AI 技术不断发展，越来越多的企业开始采用 AI 应用代替传统人工进行日常运营。而这些 AI 应用需要强大的计算能力来支撑其运行和优化，因此常态的算力供给成为保证 AI 日常运营稳定性和效率的重要条件。

ChatGPT 作为一家专注于提供机器人聊天和写作、全球领先的 AIGC 应用，也需要大量的算力来支撑其日常运营。在 ChatGPT 的平台上，用户可以通过语音识别、文本分析等方式与 AI 进行交互，获得高质量的人机对话服务。但这种高质量的服务背后，需要强大的计算能力来支撑。

ChatGPT 的算法运行需要庞大的数据集和复杂的计算模型，这就使得其需要大量的 GPU 来支撑其运行。尽管企业可以通过购买 GPU 服务器或者云计算服务来满足日常需求，但由于 AI 算法的高耗电和高计算要求，这种方式往往会导致高昂的运营成本。

为了降低运营成本和保证服务质量，ChatGPT 采用了常态的算力供给策略。比如 ChatGPT 会根据不同时间段的需求量动态调整其算力需求，以达到最佳的资源利用率和最低的成本。在高峰期，ChatGPT 会增加 GPU 服务器数量，以应对更多的用户请求和更复杂的数据处理工作。而在低谷期，ChatGPT 则会适当减少 GPU 服务器数量，以节省成本并避免资源浪费。

除了动态调整算力供给之外，ChatGPT 还会进行算法优化，以提高算法的运行效率，减少计算资源的使用。例如，ChatGPT 会对算法进行深度学习，并利用神经网络和强化学习等技术来提升算法的运行速度和准确性。

同样以 ChatGPT 为例，据《财富》(*Fortune*) 杂志估算，用户每次与 ChatGPT 互动所产生的算力成本约为 0.01 美元；以 SimilarWeb 公布的 2023 年 1 月 ChatGPT 官网总访问量 6.16 亿次计算，1 月 ChatGPT 的算力运营成本约 616 万美元。

总之，ChatGPT 的成功运营离不开常态的算力供给，也就是资金供给。通过动态调整算力需求和算法优化，ChatGPT 保证了高效的日常运营和低成本的运营模式。这种常态的算力供给策略，不仅是 ChatGPT 这样的企业所必需的，也是未来 AI 日常运营稳定性和效率的关键所在。因此，只有依托强大的算力和充足的资金才能支撑 AI 的正常运营。

## 三、AI 模型的升级迭代需要更多的算力

在 AI 发布后，开发者仍然需要对其模型进行不断的调优，使 AI 模型变得更加高效和准确，这就需要进行不断的升级和迭代。此外，随着 AI 应用场景的拓展，也需要针对不同的领域进行针对性的 AI 训练。这些升级、迭代和训练都需要更多的算力支持，否则就无法满足这些模型的要求。

以 GPT 模型为例，这是一种非常流行的自然语言处理模型，它在各种场景下都得到了广泛的应用。但是为了提高其准确性和响应速度，就需要对其进行升级和迭代。例如，在 GPT-2 模型中，为了增强其语义理解能力，就采用了更加复杂的注意力机制，并且增加了更多的参数。这样一来，虽然模型的效果得到了提升，但也需要更多的算力才能够实现。

事实上，不仅是 GPT 模型，大多数 AI 模型在升级迭代过程中都需要更多的算力来支持。因为随着模型的复杂度不断提高，需要计算的参数也会成倍增长，这就需要更多的计算资源才能够完成。而且这些计算资源的要求不仅是 CPU 和 GPU 这样的通用计算资源，同时还需要一些专门针对 AI 模型的硬件加速器，如 TPU 等。

当然，这种对算力的需求不仅存在于模型的升级迭代过程中，也存在于训练和推理阶段。在训练过程中，需要大量的计算资源来进行反向传播和算法优化，使得模型不断优化。而在推理阶段，则需要更快的计算速度来保证实时性和准确性。

那么，如何满足这种对算力的需求呢？首先，可以考虑采用更加高效的算法和技术来减少计算资源的使用。例如，一些深度学习框架可以使用异步计算、裁剪等技术，从而减少模型参数和计算量。其次，可以考虑采

用一些高性能的计算平台和云计算服务,从而获得更多的计算资源。

值得注意的是,不仅算力对 AI 的发展起到决定性的作用,AI 的发展也在一定程度上刺激着算力相关技术和硬件等基础设施水平的不断革新进步,二者相辅相成、融合发展。

总之,作为 AI 模型升级迭代的必要条件,更多的算力需求是不可避免的。只有拥有足够的算力,我们才能更好地利用 AI 技术来处理和分析数据,为各种场景提供更加高效和准确的解决方案。

## 第二节

▼

# 万物皆算法与模型即服务

近年来,越来越多的互联网公司和专家开始倡导"万物皆算法"与"模型即服务"的理论。

谷歌一直致力于人工智能和机器学习的发展,在 2017 年推出了 TensorFlow,这是一个开源的机器学习框架,可以用于构建各种类型的神经网络。Facebook(Meta)也在人工智能领域深耕不辍,推出了 PyTorch,这是一个开源的 Python 机器学习库,具有丰富的功能和灵活的扩展性。微软推出了 Azure ML(Azure Machine Learning),这是一个基于云端的机器学习平台,可以提供一系列的工具和服务,帮助用户快速构建和部署机器学习模型。阿里巴巴也非常重视人工智能,推出了 PAI(Alibaba Cloud Platform for AI),这是一个基于云端的人工智能平台,提供包括图像识别、自然语言处理等在内的多种人工智能服务。吴恩达是著名的人工智能专家,他创立了 DeepLearning.AI。这是一个在线教育平台,提供一系列的人工智能课程,帮助更多的人学习和掌握深度学习技术。

这些互联网公司和专家的理论产品都在不同程度上推进了"万物皆算法"和"模型即服务"的发展,为人工智能的应用和推广做出了积极贡献。

## 一、万物皆算法

技术源于科学，科学源于数学。数学是上帝用来书写宇宙的文字，电脑桌面上大家看到的是文本、数据和图像，看不到的是背后计算机和网络上的一个个算法和离散数学。

英国物理学家，量子力学的奠基人之一保罗·狄拉克（Paul Dirac）说："上帝用美丽的数学创造了这个世界。"

世间万物皆数学！不仅科学是数学，音乐、美术、文学、哲学，甚至语言，也都是数学，本质上都是可以用公式和算法来呈现的。

1913年，前苏联数学家马尔可夫（A. A. Markov）采用概率论方法研究了《欧根·奥涅金》中的俄语元音和辅音字母序列的生成问题，提出了马尔可夫随机过程论，后来成为数学的一个独立分支，对现代数学产生了深远影响。《欧根·奥涅金》是普希金的长篇叙事诗，讲的是一个哀婉的爱情故事，而马尔可夫却独具慧眼，从中发现了隐藏在字里行间的数学规律。

1935年，美国语文学家乔治·齐夫（George Zipf）提出了齐夫定律，用数学方法描述频率词典中单词的序号与频率的分布规律。1948年，美国科学家克劳德·E.香农（Claude E. Shannon）把离散马尔可夫过程的概率模型用来描述语言的自动机。计算机科学家巴库斯和瑙尔等在描述ALGOL程序语言的工作中，分别于1959年和1960年独立地提出了巴库斯－瑙尔范式。这些研究把数学、计算机科学与语言学巧妙地结合起来，大大地促进了学者们采用数学方法来揭示语言的数学面貌。在语言学中出现了数理语言学、计量语言学等广泛采用数学方法的新兴学科。

从2007年开始，广泛采用循环神经网络、长短时记忆、卷积神经网络等深度学习的数学方法。深度学习比统计方法更胜一筹，取得了振奋人心的成绩。自然语言处理的研究离开数学几乎寸步难行了。

数学表达了一种探索精神。人类总有一个信念：宇宙是有秩序的。数学家更进一步相信，这个秩序是可以用数学表达的，人应该去探索这种深层的、内在的秩序。

著名英国数学家德·摩根（De Morgan）说："数学发明创造的动力不是推理，而是想象力的发挥！"

华罗庚说："宇宙之大，粒子之微，火箭之速，化工之巧，地球之变，生物之谜，日用之繁，无处不用数学……"

如果地球的灵魂是生物，那生物学之下呢？

所有生命体都是由一个或多个细胞组成，而组成细胞的基本分子又是由化学决定的，所以生物学之下就是化学。

那化学的底层结构又是什么呢？——物理学。

物理学之下呢？

物理学最基本的是：夸克，而夸克又可以分为上夸克和下夸克，其中上夸克是由 2/3 个电荷、1/3 个单位的重子数、1/2 个自旋和 1/2 个同位旋再加上一些质量组成的。

那物理学之下的究竟是什么呢？

答案是：数学。

那数学之下呢？

没有了，数学就是最基础的了。

麦克斯韦方程式看起来很简单，可是等你懂了它的威力之后，会心生敬畏。因为无论是星云那么大的空间还是基本粒子内部那么小的空间，无论是漫长的时间还是短短的一瞬间，都受这几个方程式控制。这是一种大美。

数学起源于建筑，正是对美的追求，才产生了数学。5 世纪著名数学评论家普洛克拉斯断言："哪里有数，哪里就有美。"美国数学家、控制论的创始人维纳则说："数学实质上是艺术的一种。"

毕达哥拉斯更是从铁匠日常生活中的打铁声中，透过和声震荡的魔圈，进而发现了"音乐宇宙"（Musica Universalis）中音响震荡的比例和规律。庄子也从"庖丁解牛"中认识到了自由美学和科学逻辑的奇妙联系。

罗素说："数学，如果正确地看它，不但拥有真理，而且有至高的美，这是一种庄重而严格的美，正如雕塑的美，是一种冷而严肃的美。这种美不是投合于我们天性中的脆弱的方面，而是纯净到了崇高的地步。"

数学本身就是对美的一种规定，是自然的、艺术的、统一的。

科学和艺术看似两样东西，但它们背后的逻辑其实惊人地一致：好奇心、想象力和独立思考的能力。科学求真，艺术求美，但宇宙的真理同时是天地之大美，反之亦然，所以，在人类历史上，才有达·芬奇、培根、罗素这样的通才，同时在科学和艺术领域做出惊人的贡献。

和创造一个有魅力的艺术作品一样，数学模型也是一种创造，而且是必须符合美学原则的创造。数学模型之美，就表现在它所揭示的客观规律的科学性和合理性，表现在它的简洁之美、抽象之美、对称之美、奇异之美、统一之美等，表现在建立这个数学模型的过程之中。

我们可以用"数学模型如诗，数学模型如画"来形容数学模型的简洁之美。一首诗是用最少的语汇来表达天、地、人之间的最大量的思想和感情。一幅画是要在有限的画面上来表达最多的情感和事物。

庞加莱在《科学方法》一书中这样阐明了他的美学思想："数学的美感、数和形的和谐感、几何学的雅致感是一切真正的数学家都知道得真实的审美感。缺乏这种审美感的人永远不会成为真正的创造者。"

数学中的美千姿百态、丰富多彩，如美的形式符号、美的公式、美的曲线、美的曲面、美的证明、美的方法、美的理论等。从内容来说，数学美可分为结构美、语言美与方法美；从形式来说，数学美可分为外在的形态美和内在的理性美。把内容和形式结合起来考查，数学美的特征主要有两个：一是和谐性，二是奇异性。

有一种艺术叫"分形艺术"，是通过分形理论和计算机软件，把数学方程式转化为精美绝伦的艺术图画。这一艺术创作方式搭起了数学与艺术的桥梁。分形艺术作品除了体现传统美学的标准，如平衡、和谐、对称等，还有超越这些标准的表现，如内在的自相似性、无限精细的嵌套结构等。分形使严肃的数学浪漫起来，以其多姿多彩的、美妙惊奇的画面走进人们的生活。其丰富优美的图形在产品设计、建筑外墙装饰、艺术墙纸、包装设计、园林设计中都有广泛的应用。各种结构新颖、造型独特的分形图形，把数学模型带进人们的生活，让人们可以切身感受到数学模型之美。

基本上所有的鲜花都遵循黄金比例法则：如百合花，它有3个花瓣；金凤花，它有5个花瓣；菊苣有21个花瓣；雏菊有34个花瓣……每个花瓣严格按照0.618 034的黄金比例来放置，才能保证花瓣最大限度地暴露在阳光下，享受阳光与雨露。

美是自然的一种最大的秘密，是宇宙万物的精髓。数学模型之美恰恰是对客观规律的一种折射，是数学的思想和精神之美，是人类创造性活动的展示，是对世界之美的表达。

苏格拉底说在人类的所有知识体系中，从来没有一种智慧之美，比数学公式更加简洁明了。万物速朽，唯有公式和算法永恒；大道至简，数是最美语言。

世间万物，一切皆算法。

## 二、模型即服务

"模型即服务"（Model as a Service，MaaS）是由数据科学家、企业家和作家 DJ·帕蒂尔（DJ Patil）在 2012 年提出的概念。他曾担任奥巴马政府首席数据科学家，并在 LinkedIn 和 eBay 担任数据科学家。

在其博客文章《模型即服务：机器学习小而美的未来》中，帕蒂尔阐述了 MaaS 的概念和应用：将机器学习算法打包成可重复使用的服务，使企业能够快速地构建、部署和监控自己的模型，无须自己开发和维护底层基础架构。

自帕蒂尔提出 MaaS 概念以来，越来越多的公司和个人开始关注并应用这一概念。以下是一些引用或呼应 MaaS 的知名公司和人物。

- 谷歌：谷歌云 AI 平台提供了一个包含 MaaS 功能的服务，可以帮助企业轻松地训练和部署机器学习模型。
- Amazon：Amazon Sage Maker 是一个全托管的服务，帮助企业快速构建、训练和部署机器学习模型。
- 微软：Azure Machine Learning Studio 是一个云端的机器学习工具，提供了从数据清洗到模型训练和部署的全流程支持。
- Andrew Ng：斯坦福大学教授、Coursera 创始人之一，推崇 MaaS 的概念，并在其新创公司 Landing AI 中实践了这一理念，帮助企业打造高效的机器学习解决方案。

除了 MaaS 的概念，许多公司和个人也开始应用这一概念，推出了相关的模型产品和案例。

- DataRobot：一家机器学习自动化公司，提供了一个平台，帮助企业快速构建和部署机器学习模型。
- Algorithmia：一家 MaaS 公司，提供了一个交易市场，帮助企业轻松找到适合自己的机器学习算法。

· H2O.ai：一家机器学习平台公司，提供了一系列的机器学习工具和算法库，帮助企业快速构建和部署机器学习模型。

以上是一些引用或呼应 MaaS 的知名公司和人物，他们的应用和产品都在不同程度上体现了 MaaS 的理念和价值。

那么，模型对 AI 服务的影响是什么呢？这里举例说明。

第一，提高了 AI 服务的效率。MaaS 可以帮助企业快速构建和部署机器学习模型，提高 AI 服务的效率和响应速度。企业无须担心自己的基础架构和技术水平，只需要专注于自己的业务，从而提高了业务效率。

第二，促进了 AI 服务的普及。MaaS 可以帮助企业降低建模成本和门槛，推动了 AI 服务的普及。不仅大型企业可以应用 AI 服务，中小企业也可以通过 MaaS 快速构建自己的 AI 服务，提高市场竞争力。

第三，增强了 AI 服务的可扩展性。MaaS 可以帮助企业轻松地管理和更新自己的模型，增强了 AI 服务的可扩展性。企业可以根据业务需求随时添加或删除模型，保持 AI 服务与市场需求的同步。

总之，MaaS 的出现和应用，为 AI 服务的发展提供了新的思路和方法。它将机器学习算法打包成可重复使用的服务，降低了 AI 服务的门槛和成本，提高了服务的效率、普及性和可扩展性。在未来的发展中，随着越来越多的企业和个人开始应用 MaaS，AI 服务的领域也将会得到更加广泛和深入的拓展。

第三节

# 没有高质量数据就没有高质量 AI

在人工智能领域，数据是至关重要的资源。没有高质量的数据，就无法建立高质量的模型，也就无法实现高质量的人工智能应用。

## 一、数据的发展历史

在过去的几十年里，数据一直在不断发展和演化。从最早的手动记录，到现代的大规模数据收集和分析，数据的发展越来越快速。下面，我们来具体看一下数据发展的历史。

（一）手动记录时代

在计算机技术还没有发展起来之前，大部分数据都是通过手动记录的方式来收集和管理的。这种方式非常耗时耗力，容易出错，也不方便后续的处理和分析。

（二）数据库时代

随着计算机技术的发展，数据库的出现标志着数据管理的一个重大进步。数据库可以统一管理数据，提高数据的可靠性和安全性，并且可以为数据分析提供更多的支持。

### （三）大数据时代

随着互联网和物联网的兴起，数据的产生量和种类变得越来越多样化和复杂化。这就需要采用更加先进的技术来处理和分析这些数据，同时也催生了大数据行业的崛起。

### （四）AI 时代

AI 时代是数据发展的一个新阶段。在这个阶段，数据不再只是被收集和管理，而成了训练和优化 AI 模型的重要资源。高质量的数据能够帮助 AI 模型学习和识别更多的模式，提高模型的准确性和鲁棒性。

从手动记录时代到 AI 时代，随着 AI 技术的发展，数据也迎来了智能化时代。"数据智能"的出现，无疑为数据装上了"智慧的大脑"，从而真正激活了数据的价值（图 2-4）。

图 2-4 从大数据到数据智能的进程

## 二、高质量数据对 AI 的重要性

"没有高质量数据就没有高质量 AI。"这句话表达了高质量数据对人工智能的重要性。下面，我们来看一下高质量数据对 AI 的重要性体现在哪些方面。

(一)建立高质量的模型

AI 模型的质量取决于训练数据的质量。只有使用高质量的数据进行训练，才能建立准确性高、鲁棒性强的模型。如果训练数据得质量不高，那么无论如何优化模型，也难以达到理想的效果。

(二)提高模型的准确性

高质量数据能够帮助 AI 模型学习更多的模式和规律，从而提高模型的准确性。比如，如果我们想要建立一个人脸识别模型，那么需要大量的高质量人脸图片作为训练数据，才能让模型学习到更多的人脸特征，提高识别准确率。

(三)保证模型的鲁棒性

高质量数据还可以帮助提高 AI 模型的鲁棒性。因为数据的多样性和复杂性，可以让模型面对各种情况下的数据，从而更好地适应现实世界的应用场景。如果模型只是在一些简单的数据上进行训练，就很难保证模型在复杂的实际应用场景下的效果。

### （四）优化人工智能应用

高质量的数据不仅能够提高 AI 模型的质量，还可以优化人工智能应用的效果。比如，在医疗领域中，通过使用高质量的医疗数据，可以精准预测疾病的风险和发展趋势，从而提高医疗诊断的准确性和治疗效果。

下面，我们来看一些实际的例子，说明高质量数据对 AI 的重要性。

### （一）AlphaGo

AlphaGo 是谷歌 DeepMind 开发的计算机围棋程序。它能够以超出人类职业棋手的水平进行围棋对弈。AlphaGo 的成功离不开大量的围棋数据，这些数据被用来训练深度神经网络，使其能够学习到更多的围棋规律和策略。

### （二）自动驾驶

自动驾驶技术需要大量的高质量数据来进行训练和验证。这些数据包括交通标志、路口信号、车辆动态、行人行为等。只有使用高质量的数据进行训练，才能让自动驾驶系统具备更好的安全性和稳定性。

### （三）人脸识别

人脸识别技术需要大量的高质量人脸图像来进行训练。这些数据应该具有不同的角度、光照条件、人种和年龄等多样性特征，以便让模型能够更好地适应不同的人脸识别场景。

## 三、高质量 AI 生产高质量数据

智能数据是人工智能技术的产物，其发展历史可以追溯到 20 世纪 50 年代。随着人工智能技术的不断发展和应用，人们对智能数据重要性的认识越来越深入，因此高质量 AI 生产高质量数据已成为一个不可忽视的理论。

20 世纪 50 年代，人工智能领域开始出现一些基础模型，例如，感知器模型、搜索算法、规则系统等。这些模型虽然还不能生成高质量的数据，但是它们为后来的人工智能技术奠定了基础。在 20 世纪 70 年代，机器学习技术开始引入人工智能领域，其核心思想是通过让机器从数据中学习，从而形成自己的知识和经验。如果质量高的训练数据，就可以得到更好的机器学习效果，因此数据质量成机器学习研究的关键问题之一。

随着计算机硬件和软件技术的进步，以及大数据时代的到来，人工智能技术取得了飞跃式的发展。21 世纪初期，深度学习技术开始崛起，并逐渐成为人工智能领域的主流模型。深度学习技术需要大量的数据来训练模型，因此高质量的数据对于深度学习的成功至关重要。在这个背景下，高质量 AI 生产高质量数据理论开始得到广泛的应用和验证。

只有通过高质量的人工智能技术，才能够生产出高质量的数据。例如，在计算机视觉领域，高质量的图像数据需要经过复杂的处理和筛选，才能被用于训练和测试算法。如果采用低质量的数据进行训练，就会导致算法的准确性和鲁棒性受到影响。同样，在自然语言处理领域，高质量的语料库也是非常重要的，它可以帮助算法更好地理解和处理自然语言数据。

## 第四节

# AIGC 发展史中的重要算法解构

AIGC 的发展历程,也是机器学习集大成的过程。机器学习算法可以根据不同的分类标准进行分类,常见算法主要分为四类,包括监督学习、非监督学习、深度学习和强化学习。此外,还有一些其他类型的机器学习方法,如迁移学习(Transfer Learning)、元学习(Meta-learning)和生成对抗网络(GANs)等。这些方法可能结合了上述几种类型的学习方法或具有独特的学习策略。

## 一、监督学习

监督学习算法是机器学习中的一种,它的目标是从已有的数据中学习出一个模型,然后用这个模型处理新的数据。最早定义监督学习算法的是汤姆·米切尔(Tom Mitchell),他在 1997 年的一篇论文中给出了对"机器学习"这个概念的定义,并且明确了监督学习、非监督学习和强化学习三种模式。当前流行的监督学习算法比较多,以下列举几种。

## (一)决策树

决策树是一种逼近离散函数值的算法。它是一种典型的分类算法,首先对数据进行处理,利用归纳算法生成可读的规则和决策树,然后使用决策对新数据进行分析。本质上决策树算法是通过一系列规则对数据进行分类的过程。

## (二)朴素贝叶斯

朴素贝叶斯(Naive Bayes)是应用最为广泛的机器学习分类算法之一,是在贝叶斯模型的基础上进行了相应的简化,即假定给定目标值时属性之间相互条件独立。朴素贝叶斯没有哪个属性变量对于决策结果来说占有着较大的比重,也没有哪个属性变量对于决策结果占有着较小的比重。这种简化方式在一定程度上降低了贝叶斯分类算法的分类效果,但在实际的应用场景中,它极大地简化了贝叶斯方法的复杂性。

## (三)支持向量机

支持向量机(Support Vector Machine,SVM)是利用一个分割超平面(Hyperplane)切割两种类型数据的分布空间,再将未分类的数据放入模型当中判别从属于哪一片空间以加以分类。它既能解决线性可分又能解决线性不可分,既能解决分类问题又能完成回归问题。

## (四)K最邻近

邻近算法(K-Nearest Neighbor,KNN)也称K最邻近分类算法,是数据挖掘分类技术中最简单的方法之一。K最近邻就是K个最近的邻居,说的是每个样本都可以用它最接近的K个邻近值来代表。近邻算法就是将数据集合中每一个记录进行分类的方法。

### （五）随机森林

随机森林是一种有监督学习算法，是以决策树模型为基础学习器的集成学习算法，并且它输出的类别是由个别树输出类别的众数而定的。

### （六）逻辑回归

这是一种简单常见的二分类模型，通过输入未知类别对象的属性特征序列得到对象所处的类别，常用于数据挖掘、疾病自动诊断、经济预测等领域。

### （七）梯度提升

梯度提升（Gradient Boosting）是一种提升方法，也是一种常用于回归和分类问题的集成学习算法和机器学习技术，以弱预测模型（通常是决策树）集合的形式产生预测模型。主要思想是梯度提升每一次，建立模型都是在之前建立模型损失函数的梯度下降方向，也就是通过优化损失函数（Loss Function）来生成这些模型。

## 二、非监督学习

非监督学习算法，典型的就是聚类算法。聚类算法就是将数据自动聚类成几个类别，相似度大的聚在一起，主要用来做数据的划分。

### （一）谱聚类

谱聚类算法建立在谱图理论基础上，相比传统的聚类算法，其优点是能够在任意形状的样本空间上聚类且收敛全局最优解。谱聚类算法首先根据给定的样本数据集定义一个描述成对数据点相似度的亲和矩阵，然后计算矩阵的特征值和特征向量，最后选择合适的特征向量聚类不同的数据点。

该算法将数据集中的每个对象看作图的顶点 V，再将顶点间的相似度量化作为相应顶点连接边 E 的权值，它这样就会得到一个基于相似度的无向加权图 G(V, E)，于是传统聚类问题就可以转化为图的划分问题。因此，基于图论的最优划分准则就是使划分后的子图内部相似度最大，子图之间的相似度最小。

## （二）AP 聚类

AP 聚类于 2007 年首次提出。该算法无须事先定义类数，而是在迭代过程中不断搜索合适的聚类中心，自动从数据点间识别类中心的位置及个数，使所有的数据点到最近的类代表点的相似度之和最大。算法开始时把所有的数据点均视作类中心，通过数据点间的"信息传递"来实现聚类过程。

## （三）K 均值聚类

K 均值聚类（K-Means Clustering，KMC）是一种迭代求解的聚类分析算法。其步骤是，预先将数据分为 K 组，然后随机选取 K 个对象作为初始的聚类中心，最后计算每个对象与各个种子聚类中心之间的距离，把每个对象分配给距离它最近的聚类中心。分配给它们的对象以及聚类中心就代表一个聚类。每分配一个样本，聚类的聚类中心就会根据聚类中现有的对象被重新计算。这个过程被不断重复直到满足某个终止条件。终止条件可以是没有（或最小数目）对象被重新分配给不同的聚类，也没有（或最小数目）聚类中心再发生变化，且误差平方和局面小。

### （四）层次聚类

层次聚类（Hierarchical Clustering）是通过计算不同类别数据点间的相似度来创建一棵有层次的嵌套聚类树，不同类别的原始数据点是树的最低层，树的顶层是一个聚类的根节点。

层次聚类算法分为两类：自上而下和自下而上。自下而上的算法在一开始就将每个数据点视为一个单一的聚类，然后依次合并类，直到所有类合并成一个包含所有数据点的单一聚类。

### （五）DBSCAN 聚类

DBSCAN（Density-Based Spatial Clustering of Applications with Noise）聚类是一个相当有代表性的基于密度的聚类算法。与层次和划分聚类方法不同，它将"簇"定义为密度相连的点的最大集合，它能把具有足够高密度的区域划分为簇，还可在噪声的空间数据库中发现任意形状的聚类。

### （六）主成分分析

主成分分析（Principal Component Analysis，PCA）是一种基于变量协方差矩阵对数据进行压缩降维，是去噪的有效方法。

### （七）t 分布式随机邻域嵌入

t 分布式随机邻域嵌入（t-distributed Stochastic Neighbor Embedding，t-SNE）是一种非线性降维算法，将多维数据映射到适合观察的数个维度，多用于挖掘高维数据。

## （八）奇异值分解

奇异值分解（Singular Value Decomposition，SVD）是在机器学习领域广泛应用的算法，可以用于降维算法中的特征分解，还可以用于推荐系统，以及自然语言处理等领域。奇异值分解是很多机器学习算法的基石。

# 三、深度学习

深度学习属于机器学习的一种，它的目标同样是让机器具有智能。深度学习与传统的机器学习算法不同，它是通过神经网络来实现的，它以人工神经网络为架构，可以做计算机视觉、自然语言处理、多模态等。深度学习算法同时包含监督学习和非监督学习。

## （一）卷积神经网络

卷积神经网络（CNN）是采用监督学习方式训练的一种面向两维形状不变性识别的特定多层感知机，是深度学习的代表算法之一，也是一类包含卷积计算且具有深度结构的前馈神经网络。CNN具有表征学习能力，能够按其阶层结构对输入信息进行平移不变分类，也就被称为"平移不变人工神经网络"。

自20世纪80至90年代，人们便开始研究卷积神经网络，最好出现的卷积神经网络是时间延迟网络和LeNet-5。进入21世纪后，随着深度学习理论的提出和数值计算设备的更新换代，卷积神经网络得到了快速发展，并被应用于自然语言处理、计算机视觉等领域。

卷积神经网络可进行监督学习和非监督学习，可仿造生物的视知觉机制构建。卷积神经网络隐含层内的卷积核参数共享与层间连接的稀疏性，使得卷积神经网络能够以较小的计算量对格点化特征，比如音频和像素进行学习，有稳定的效果并且对数据没有额外的特征工程要求。

## （二）循环神经网络

循环神经网络（RNN）是一类特殊的神经网络，其主要应用于序列数据的处理，如语音识别、自然语言处理、股票预测等领域。与传统的前馈神经网络不同，RNN 具有反馈机制，可以保存过去的状态，并将其作为当前状态的输入，从而更好地对序列数据进行处理。

在 RNN 中，每个时间步都有一个隐藏状态，它被用于存储序列中之前所有时间步的信息，并影响当前时间步的输出。每个时间步都有一个相同的权重矩阵，用于对输入和隐藏状态进行线性变换。此外，RNN 还包括一个激活函数，用于将线性变换的结果转换为非线性的输出。

RNN 的训练过程可以通过反向传播算法实现，其中误差从后往前逐个时间步传播，并累积到各个时间步的权重矩阵中。由于 RNN 的反向传播涉及梯度消失和梯度爆炸的问题，因此在实际应用中，常常采用 LSTM 或 GRU 等经过改进的 RNN 模型来提高训练效果。

总之，循环神经网络是一种能够处理序列数据的神经网络，其中的隐藏状态具有记忆功能，可以帮助网络更好地理解序列数据的上下文信息。

## （三）深度信念网络

深度信念网络（DBN）是一种基于非监督学习的深度神经网络。它由多个堆叠的受限玻尔兹曼机（Restricted Boltzmann Machine，RBM）组成。DBN 可以用于分类、降维和生成模型等任务。

在 DBN 中，每个 RBM 都由可见层和隐藏层组成。每层之间完全连通，同一层之间没有连接。通过逐层训练 RBM，可以得到多个特征提取器，并且每个特征提取器都可以用于下一层的输入。最后，将所有的特征提取器连接起来，构成一个具有极强表达能力的深度神经网络。

DBN 的训练是基于贪心算法的，即逐层预训练。在预训练阶段，每层 RBM 都被视为一个独立的模型，使用无标签数据进行训练。在每次预训练中，当前层的输出被用作下一层的输入。在预训练完成后，通常还需要对整个 DBN 进行微调，以进一步提高其性能。

DBN 在图像、语音识别、自然语言处理等领域中取得了很好的效果，并且在计算机视觉和自然语言处理等领域中已经成为重要技术之一。

### （四）生成式对抗网络

生产式对抗网络（GAN）是一种目前非常流行的深度学习模型，由两个神经网络——生成器和判别器组成。生成器会输入一个随机噪声向量，并输出一个与训练数据类似的虚假样本；而判别器则用于区分真实样本和虚假样本。

GAN 的核心思想是生成器和判别器在训练过程中相互博弈。生成器需要不断优化自己的生成能力，以欺骗判别器，让其无法区分真实和虚假样本；而判别器则需要不断调整自己的判别能力，以提高对真实和虚假样本的区分性能。最终，生成器会生成越来越逼真的虚假样本，而判别器也会变得越来越难以区分真实和虚假样本。

GAN 被广泛应用于图像生成、视频生成、语音合成等多个领域，并且已经出现了很多基于 GAN 的新型应用，如 GAN 的变体——条件 GAN，用于生成特定类型的图像。

### （五）残差神经网络

残差神经网络（ResNet）是由微软亚洲研究院提出的一种用于训练深

层神经网络的方法。在传统的神经网络中，增加网络的深度会导致梯度消失和梯度爆炸问题，使得网络的性能难以进一步提高。而 ResNet 则通过引入残差块（Residual Block），在保证信息流向前传递的同时避免了这些问题。

在残差块中，输入的特征图先通过一系列卷积、归一化和非线性激活函数等计算，然后与原始的输入进行相加得到输出。这种设计使网络可以学习到残差信息，即学习到输入和输出之间的差异，而不是直接学习输入和输出之间的映射关系。因此，ResNet 可以训练比较深的网络，同时具有更好的性能和更少的参数。

ResNet 在多个视觉任务（如图像分类、目标检测和分割等）中均取得了优异的效果，并被广泛应用于各种实际场景中。

## （六）长短时记忆网络

长短时记忆网络（LSTM）是一种比较特殊的循环神经网络，它通过引入门控机制来解决传统 RNN 中梯度消失和梯度爆炸的问题，从而更好地处理长序列数据。LSTM 中的每个单元都有一个输出和一个状态，其中状态被设计为可以保留并传递重要信息，同时抑制不重要的信息。每个 LSTM 单元通过输入门、遗忘门和输出门三个门控制状态的更新和输出的计算。其中，输入门用于控制新信息的输入，遗忘门用于控制旧信息的保留或遗忘，输出门用于控制状态的输出。同时，LSTM 还包括一个记忆细胞，用于存储之前的状态，并在需要时更新状态。

对于 LSTM 的训练，通常采用反向传播算法，但由于 LSTM 具有门控机制和长期记忆功能，因此其训练过程更加复杂。LSTM 在自然语言处理、语音识别等领域得到了广泛的应用，成为处理序列数据的重要工具之一。

### (七)多层感知机

多层感知机（MLP）是一种比较常见的前馈人工神经网络，由多个神经元组成多个隐藏层和一个输出层。每个神经元接收来自上一层的输入，通过非线性函数进行加权计算，再将结果传递到下一层。最终输出层会将所有隐藏层的结果加权并计算出最终输出。

MLP 通常用于分类和回归问题，利用反向传播算法进行训练。在训练期间，模型会根据样本数据不断调整各层之间的权重和偏置，使得模型能够逐渐适应训练集的数据规律并达到更好的预测效果。

虽然 MLP 在一些任务上的表现十分优秀，但是在实际使用时仍需要注意过拟合等问题。因此，研究者们也在不断地对其进行改进和优化，如引入正则化和 Dropout 等技巧，以提升其性能和泛化能力。

## 四、强化学习

强化学习（Reinforcement Learning，RL）是属于机器学习方法的一种，又称再励学习、评价学习或增强学习，是智能体以"试错"的方式进行学习。RL 通过与环境进行交互获得的奖赏指导行为，其目标是使智能体获得最大的奖赏。RL 不同于连接主义学习中的监督学习，主要表现在强化信号上。RL 中由环境提供的强化信号是对产生动作的好坏做一种评价，而不是告诉强化学习系统（RLS）如何去产生正确的动作。由于 RLS 外部环境提供的信息很少，必须靠自身的经历进行学习。通过这种 RL 方式，RLS 在行动—评价的环境中获得知识，改进行动方案以适应环境。常见 RL 模型是标准的马尔可夫决策过程（MDP）。一些复杂的强化学习算法在一定程度上具备解决复杂问题的通用智能，可以在围棋和电子游戏中达到人类水平。

## （一）Q-learning

Q-learning算法是一种用于强化学习的经典算法，能够使智能体在与环境交互的过程中逐渐学习到合适的动作策略。它基于Bellman方程和贝尔曼最优性原理的思想，通过不断地更新动作–价值函数（Q函数）来实现对最优策略的学习。

Q-learning算法使用了一个Q表来记录在某个状态下采取某个动作所获得的期望回报值。在每一步的决策中，智能体选择当前状态中具有最高Q值的动作，然后使用环境反馈的奖励信号来更新Q表中相应的值。这样，随着不断地与环境交互，Q表中存储的Q函数会不断地逼近真实的最优动作–价值函数。

Q-learning算法的优势在于无须知道环境的具体模型，即可在数值上求解最优策略，实际应用广泛，如机器人控制、游戏玩法等。

## （二）Deep Q-Network

DQN（Deep Q-Network）算法是一种深度强化学习算法，它将Q-learning和深度神经网络相结合，能够在不需要先验知识的情况下直接从原始像素数据中学习控制策略。DQN算法的主要思想是使用深度神经网络来逼近Q值函数，在每个时间步上根据当前状态选择动作，并获得奖励，同时更新Q值函数。通过不断迭代更新Q值函数，最终得到最优的控制策略。

DQN算法的一个重要创新是"经验回放"机制，即将之前的经验存储下来，随机抽取一部分进行训练，以增加数据的利用效率和训练稳定性。另外，DQN算法还引入了"目标网络"，用于解决深度神经网络优化过程中出现的问题。DQN算法已经被广泛应用于机器人控制、游戏AI等领域，并取得了很好的效果。

### （三）SARSA

SARSA（State-Action-Reward-State-Action）是一种经典的强化学习算法，它是基于 Q-learning 算法的思想，并且采用的也是状态—动作—回报—下一个状态—下一个动作的结构。与 Q-learning 不同的是，SARSA 算法在更新过程中使用当前策略下的下一个动作的 Q 值来更新当前状态的 Q 值，因此被称为"状态—动作—回报—下一个状态—下一个动作"算法。

SARSA 算法通过不断更新状态—动作价值函数来实现控制策略的优化。在每个时间步上，智能体将基于其当前状态选择一个动作，并观察到环境的反馈奖励。然后，它将基于当前策略和下一状态的 Q 值来更新状态-动作价值函数，并使用此函数来选择下一个动作。

SARSA 算法的应用范围非常广泛，如游戏 AI、机器人控制等领域。它是一种简单而有效的强化学习算法，易于理解和实现。

### （四）TRPO

TRPO（Trust Region Policy Optimization）是一种基于策略优化的强化学习算法。与值函数方法不同，策略优化算法直接优化策略函数，以及策略函数的参数。TRPO 算法通过限制每次更新的策略改变幅度，保证每个更新都是单调的，从而提高收敛速度。

TRPO 算法通过在策略空间中定义一个可信域（Trust Region），并在该可信域内进行策略搜索，来确保每次更新后，新的策略都比旧的策略更优。这种方式避免了在参数空间中过度调整参数，引起过拟合的问题。同时，为了使策略能够在可信域内充分探索，TRPO 使用线性搜索等方法，对距离当前策略最优的目标策略进行逐步逼近。TRPO 还通过确定优化目标时使用的 KL 散度的阈值，加强了约束条件，使得学习结果更加鲁棒。

TRPO 算法通过在策略空间内进行约束优化，提高了强化学习的效率和稳定性，同时也能够应对高维、连续状态空间的问题。

## （五）A3C

A3C（Asynchronous Advantage Actor-Critic）是一种基于策略梯度的深度强化学习算法，在 DRL 领域中备受关注。

A3C 算法主要包括两个组成部分：Actor 和 Critic。Actor 负责选择动作，Critic 负责评估价值函数，并给出相应的奖励。A3C 算法在策略梯度方法基础上，引入了 Advantage 函数，用于解决策略梯度方法中难以训练的问题。Advantage 函数可以理解为某一个状态下某一个动作的优越性程度。

A3C 算法采用异步更新策略，即多个智能体同时使用不同的副本进行环境交互，每个智能体都有自己独立的 Actor 和 Critic 网络，只有当一个智能体完成了一次交互后，才会更新全局的 Actor 和 Critic 网络。这种异步更新策略显著提高了算法的训练速度和效率，适用于需要大量环境交互的任务。A3C 算法已经在很多领域得到了广泛应用，如围棋、电子游戏等。

# 第五节

# AIGC 发展史中的几个重要模型解构

自 2018 年 OpenAI 发布 GPT-1 以来，全球科技巨头和相关企业相继发布多种生成式 AI 预训练大模型，模型的参数数量明显增加，应用场景也更加广泛（图 2-5）。未来的人工智能或将成为最先的进生产力工具，让人们获益。

| 模型名称 | 模型性质 | 开发机构 | 开源情况 | 应用领域 |
|---|---|---|---|---|
| 孟子大模型 | 多模态 | 澜舟科技 langboat | 已开源 | 金融、营销、文化创意 |
| 超拟人大模型 | 纯文字 | [illegible] | | 精神健康的数字诊疗服务 |
| Glyce | 纯文字 | SHANNON AI | | |
| 元语 AI（ChatYuan） | 纯文字 | 元语智能 | | 内容创作、翻译 |
| RFKL 范式 | 纯文字 | YOO | | 内容创作 |
| 伯乐 Bole 模型 | 纯文字 | 必优科技 | | |
| GLM 系列模型 | 多模态 | [illegible] | ChatGLM-6B 开源 | 内容创作 |
| 通义大模型（M6） | 多模态 | Alibaba | 开源 | 电商<br>智能制造<br>金融 |
| veGiantModel | 多模态 | [illegible] | 开源 | |
| 盘古大模型：<br>NLP 大模型、CV 大模型、多模态大模型、科学计算大模型、语音大模型、气象大模型 | 多模态 纯文字<br>纯图像 纯音频 | HUAWEI | | 智能营销<br>智能舆情<br>智能巡检<br>智慧物流 |
| OmModel 多模态预训练大模型 | 跨模态（语言和视觉模态理解） | LINKER联汇 ONE LINKER ONE WORLD | | |
| 曹植 GPT 大语言模型 | 文本 | 达观数据 | | 金融机构报告写作 |
| 盘古 NLP 大模型 | 文字 | [illegible] HUAWEI | | |
| Transformer-XL 端到端基础模型 | 音频 | [illegible] G | | |
| 昆仑天工全系列 AIGC 算法与模型 | 跨模态（文本、图像、音频、编程） | KUNLUN | 已开源 | |
| 自研垂类大模型 | 跨模态 | inspirai 启元世界 | | |
| Minimax 基础大模型 | 跨模态（文本、语音、视觉） | [illegible] | | |
| RODIN 扩散模型 | 纯图像 | Research | | 3D 建模 |
| BEIT-3 多模式基础模型 | 跨模态 | Research | | |
| Kosmos-1 | 文本 | Research | | |

| 模型名称 | 模型性质 | 开发机构 | 开源情况 | 应用领域 |
|---|---|---|---|---|
| 文心大模型 | 跨模态 | Bai百度 | | |
| 二郎神 | 文本 | idea | 已开源 | |
| 太乙 | 跨模态 | idea | 已开源 | AI 绘画 |
| 燃灯 | 文本 | idea | 已开源 | |
| 闻仲 | 文本 | idea | 已开源 | |
| 余元 | 领域? | idea | 已开源 | |
| 周文王 | 文本 | [illegible] idea | 已开源 | |
| 悟道 2.0 | | [illegible] 智源研究院 | | |
| Flageval | 跨模态 | 智源研究院 | | |
| 九歌诗歌自动生成模型 | 文本 | [illegible] | 已开源 | 作诗 |
| ChatGLM | 文本 | [illegible] | 已开源 | |
| MOSS | 文本 | [illegible] | | |
| 紫东太初 | 跨模态 | [illegible] | 已开源 | |
| 鹏程·盘古 | 文本 | HUAWEI [M] | | |
| 鹏程·大圣 | 图像（视觉） | [M] | | |
| 混元 AI 大模型 | 跨模态 | Tencent 腾讯 | | |
| 言犀大型语言模型 | 文本 | 京东 | | |
| ChatJD | 跨模态 | 京东 | | 内容生成、人机对话、用户意图理解、信息抽取、情感分类，涵盖零售和金融行业复用程度最高的应用场景 |
| 源 1.0 | 纯文字 | inspur 浪潮 | 开源 | 客服机器人、舆情分析、智能内容处理、虚拟数字人等 AI 应用 |
| 书生（INTERN）2.5 | 多模态 | 商汤 | 开源 | 自动驾驶、机器人；文本创作 |
| 八卦炉（BAGUALU） | 多模态 | [illegible] 達摩院 | | |

图 2-5　中国 AIGC 大模型一览图

（图片来源：量子位）

# 一、基础模型

表 2-1 简单列举了一些主流的生成模型,接下来将对其中一些做更为详细的介绍。

表 2-1 主流生成模型一览表

| 模型名称 | 提出年份 | 模型描述 |
|---|---|---|
| 变分自动编码(VAE) | 2014 年 | 该模型可以从隐变量空间的概率分布中学习潜在属性并构造新的元素。基于变分下界约束得到的编码器 Encoder 和解码器 Decoder。 |
| 生成对抗网络(GAN) | 2014 年 | 一般由一个生成器(生成网络)和一个判别器(判别网络)组成。生成器的作用是,通过学习训练集数据的特征,在判别器的指导下,将随机噪声分布尽量拟合为训练数据的真实分布,从而生成具有训练集特征的相似数据。 |
| 流模型(Flow-based models) | 2015 年 | 学习一个非线性双射转换,将训练数据映射到另一个空间,在该空间中,分布是可以因子化的,整个模型架构依靠直接最大化 log-likelihood 来完成。 |
| 扩散模型(Diffusion Model) | 2015 年 | 扩散模型有两个过程,分别为扩散过程和逆扩散过程。在前向扩散阶段对图像逐步施加噪声,直至图像被破坏变成完全的高斯噪声,然后在逆向阶段学习从高斯噪声还原为原始图像的过程。 |
| Transformer 模型 | 2017 年 | 一种基于自注意力机制的神经网络模型,最初用来完成不同语言之间的文本翻译任务,通过跟踪序列数据中的关系来学习上下文并因此学习含义。该模型应用了一组不断发展的数学技术,称为注意力或自我注意力,以检测甚至是系列中遥远的数据元素相互影响和相互依赖的微妙方式。 |
| 神经辐射场(Neural Radiance Field,NeRF) | 2020 年 | 它提出了一种从一组输入图像中优化连续 5D 神经辐射场的表示(任何连续位置的体积密度和视角相关颜色)的方法,要解决的问题就是给定一些拍摄的图,如何生成新的视角下的图 |
| CLIP 模型(Contrastive Language-Image Pre-Training) | 2021 年 | 该模型可以进行自然语言理解和计算机视觉分析,使用已经标记好的"文字—图像"训练数据。对文字进行模型训练的同时对另一个模型进行训练,不断调整两个模型的内部参数,使得模型分别输出的文字特征和图像特征值并确认匹配。 |

(资料参考:腾讯研究院、国信证券)

## （一）变分自编码

提出时间：2014 年；应用场景：图像生成、语言合成。

变分自编码器（Variational Autoencoder，VAE）是深度生成模型中的一种，由 Kingma 等人在 2014 年提出，与传统的自编码器通过数值方式描述潜空间不同，它以概率方式对潜在空间进行观察，在数据生成方面应用价值较高。

VAE 分为两部分，编码器与解码器。编码器将原始高维输入数据转换为潜在空间的概率分布描述；解码器从采样的数据进行重建生成新数据。

假设有一张人脸图片，通过解码器生成了多种特征，这些特征可以有"微笑""肤色""性别""胡须""眼镜""头发颜色"。传统的自编码器将输入图像潜在特征编码为具体图像，比如，微笑 = 0.5，肤色 = 0.8 等，得到这些数值后通过解码器解码得到与输入接近的图像。也就是说该张人脸的信息已经被存储至网络中，我们输入此人脸，就会输出一张与该人脸相似的固定图像。

我们的目标是生成更多与输入近似的图像。因此，我们将每个特征都用概率分布来表示，假设"微笑"的取值范围为 0—5，"肤色"的取值范围为 0—10，我们在此范围内进行数值采样可得到生成图像的潜在特征表示，同时，通过解码器生成的潜在特征解码得到生成图像。

## （二）生成对抗网络

提出时间：2014 年；应用场景：图像生成、语言合成。

生成对抗网络（GAN）是早期最著名的生成模型。GAN 使用零和博弈策略学习，在图像生成中应用广泛。以 GAN 为基础产生了多种变体，如 DCGAN、StyleGAN、CycleGAN 等。

GAN 包含两个部分。一是生成器。它可以学习生成合理的数据。对于图像生成来说是给定一个向量，生成一张图片。其生成的数据作为判别器的负样本。二是判别器。判别输入是生成数据还是真实数据。网络输出越接近于 0，生成数据的可能性越大；反之，真实数据的可能性越大。

我们希望通过 GAN 生成一些手写体来以假乱真。我们对生成器与判别器进行了定义。

生成器：图中蓝色部分网络结构，其输入为一组向量，可以表征数字编号、字体、粗细、潦草程度等。在这里使用特定分布随机生成。

判别器：在训练阶段，利用真实数据与生成数据训练二分类模型，输出概率为 0—1，越接近 1，输入为真实数据可能性越大。

生成器与判别器相互对立。在不断迭代训练中，双方能力不断加强，最终的理想结果是生成器生成的数据，判别器无法判别是真是假。

以生成对抗网络为基础产生的应用包括图像超分、人脸替换、卡通头像生成等。

### （三）扩散模型

提出时间：2015 年；应用场景：图像生成。

扩散是受到非平衡热力学的启发，通过定义一个扩散步骤的马尔科夫链，并逐渐向数据中添加噪声，然后学习逆扩散过程，最后从噪声中构建出所需的样本。扩散模型（Diffusion Model）的最初设计是用于去除图像中的噪声。随着降噪系统的训练时间越来越长且越来越好，以纯噪声作为唯一输入，生成逼真的图片。

一个标准的扩散模型分为两个过程：前向过程与反向过程。在前向扩散阶段，图像被逐渐引入的噪声污染，直到图像成为完全随机噪声。在反向过程中，利用一系列马尔可夫链在每个时间步逐步去除预测噪声，从而从高斯噪声中恢复数据(图 2-6)。

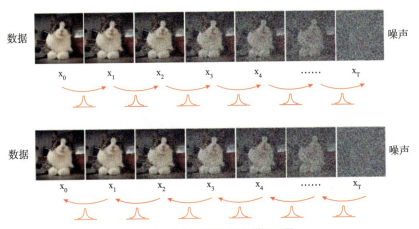

图 2-6 前向扩散与反向扩散原理图

(上图为前向扩散过程,向原图中逐步加入噪声,直到图像成为完全随机噪声;下图为反向降噪过程,在每个时间步逐步去除噪声,从而从高斯噪声中恢复源数据)

扩散模型的工作原理是通过添加噪声来破坏训练数据,然后通过逆转这个噪声过程来学习数据恢复。换句话说,扩散模型可以从噪声中生成连贯的图像。

另外,在扩散模型的基础上产生了多种令人印象深刻的应用,比如:图像超分、图像上色、文本生成图片、全景图像生成等。

图 2-7 就是全景图像的一个例子;中间图像作为输入,基于扩散模型,生成左右视角两张图,输入图像与生成图像共同拼接成一张全景图像。

图 2-7 由扩散模型生成的全景图像

在扩散模型的基础上,各公司与研究机构开发出的代表产品如下。

1. DALL·E 2

DALL·E 2 是 2022 年 4 月由美国 OpenAI 公司公布的,并在 2022 年 9 月 28 日,在 OpenAI 网站向公众开放,提供数量有限的免费图像和额外的购买图像服务(图 2-8)。

原始图像　　　　　　　　　生成图像

图 2-8　DALL·E 2 生成变种图像

2. Imagen

Imagen 是 2022 年 5 月谷歌发布的文本到图像的扩散模型,该模型目前不对外开放。用户可通过输入描述性文本,生成图文匹配的图像。如图 2-9,通过提示语"一只可爱的手工编织考拉,穿着写着'CVPR'的毛衣"模型生成了考拉图像,考拉采用手工编织,毛衣上写着 CVPR,可以看出模型理解了提示语,并通过扩散模型生成了提示语描述图像。

3. Stable Diffusion

2022 年 8 月,Stability AI 发布了 Stable Diffusion,这是一种类似于 DALL·E 2 与 Imagen 的开源 Diffusion 模型,代码与模型权重均向公众开放。

图 2-10 是通过提示语"郊区街区一栋房子的照片,灯光明亮的超现实主义艺术,高度细致 8K"生成的图像,整体风格与内容契合度高,AI 作画质量较高。

图 2-9　Imagen 通过提示语生成的图像　　图 2-10　Stable Diffusion 通过提示语生成的图像

### （四）Transformer

提出时间：2017 年；应用场景：语言模型。

2017 年由谷歌提出，采用注意力机制（Attention）根据输入数据重要性的不同而分配不同权重，其并行化处理的优势能够使其进行更大的数据集训练，加速了 GPT 等预训练大模型的发展。最初用来完成不同语言之间的翻译。主体包括 Encoder 与 Decoder 分别对源语言进行编码，并将编码信息转换为目标语言文本。

采用 Transformer 作为基础模型，发展出了 BERT、LaMDA、PaLM 以及 GPT 系列。人工智能开始进入大模型参数的预训练模型时代。

### （五）Vision Transformer（ViT）

提出时间：2020 年；应用场景：视觉模型。

2020 年由谷歌团队提出，将 Transformer 应用至图像分类任务，此后 Transformer 开始在 CV 领域大放异彩。ViT 将图片分为 14×14 的 patch，并对每个 patch 进行线性变换得到固定长度的向量送入 Transformer，后续与标准的 Transformer 处理方式相同。

以 ViT 为基础衍生出了多种优秀模型，如 SwinTransformer、ViTAE Transformer 等。ViT 通过将人类先验经验知识引入网络结构设计，获得了更快的收敛速度、更低的计算代价、更多的特征尺度、更强的泛化能力，能够更好地学习和编码数据中蕴含的知识，正在成为视觉领域的基础网络架构。以 ViT 为代表的视觉大模型赋予了 AI 感知、理解视觉数据的能力，助力 AIGC 发展。

## 二、预训练大模型

虽然过去各种模型层出不穷，但是生成的内容偏简单且质量不高，远不能满足现实场景中灵活多变以高质量内容生成的需求。预训练大模型的出现使 AIGC 发生质变，诸多问题得以解决。大模型在 CV/NLP/ 多模态领域成果颇丰，诸如我们熟知的聊天对话模型 ChatGPT，便是基于 GPT-3.5 大模型发展而来的。

表 2-2　主流 AIGC 训练模型一览表

| 公司 | 预训练模型 | 应用 | 参数量（亿） | 领域 |
| --- | --- | --- | --- | --- |
| 谷歌 | BERT | 语言理解与生成 | 4 810 | NLP |
| | LaMDA | 对话系统 | – | NLP |
| | PaLM | 语言理解与生成、推理、代码生成 | 5 400 | NLP |
| | Imagen | 语言理解与图像生成 | 110 | 多模态 |
| | Parti | 语言理解与图像生成 | 200 | 多模态 |
| 微软 | Florence | 视觉识别 | 6.4 | CV |
| | Turing-NLG | 语言理解、生成 | 170 | NLP |
| Facebook（Meta） | OPT-175B | 语言模型 | 1 750 | NLP |
| | M2M-100 | 100 种语言互译 | 150 | NLP |
| DeepMind | Gato | 多面手的智能体 | 12 | 多模态 |
| | Gopher | 语言理解与生成 | 2 800 | NLP |
| | AlphaCode | 代码生成 | 414 | NLP |

续表

| 公司 | 预训练模型 | 应用 | 参数量（亿） | 领域 |
|---|---|---|---|---|
| OpenAI | GPT3 | 语言理解与生成、推理等 | 1 750 | NLP |
|  | CLIP&DALL-E | 图像生成、跨模态检索 | 120 | 多模态 |
|  | Codex | 代码生成 | 120 | NLP |
|  | ChatGPT | 语言理解与生成、推理等 | - | NLP |
| 英伟达 | Megatron-Turing NLG | 语言理解与生成、推理 | 5 300 | NLP |
| Stability AI | Stable Diffusion | 语言理解与图像生成 | - | 多模态 |

（资料参考：腾讯研究院、国信证券）

## （一）计算机视觉（CV）

Florence 是微软在 2021 年 11 月提出的视觉基础模型。Florence 采用双塔 Transformer 结构。文本采用 12 层 Transformer，视觉采用 SwinTransformer。通过来自互联网的 9 亿个图文对，采用 Unified Contrasive Learning 机制将图文映射到相同空间中。其可处理的下游任务包括图文检索、图像分类、目标检测、视觉问答以及动作识别。

## （二）自然语言处理（NLP）

LaMDA 是谷歌在 2021 年发布的大规模自然语言对话模型。LaMDA 的训练过程分为预训练与微调两步。在预训练阶段，谷歌从公共数据中收集了 1.56T 数据集，feed 给 LaMDA，让其对自然语言有初步认识。

到这一步通过输入提示词能够预测上下文，但是这种回答往往不够准确，需要二次调优。谷歌的做法是让模型根据提问输出多个回答，将这些回答输入分类器中，分析输出回答结果的安全性（Safety）、敏感性（Sensible）、专业性（Specific）以及有趣性（Interesting）。根据这些指标进行综合评价，将评价从高分到低分进行排列，从中挑选出得分最高的回答作为本次提问的答案。

ChatGPT 是美国 OpenAI 公司在 2022 年 11 月发布的智能对话模型。截至目前，ChatGPT 未公开论文等技术资料。大多数的技术原理分析是基于 InstructGPT 分析。ChatGPT 与 GPT-3 等对话模型不同的是，ChatGPT 引入了人类反馈强化学习（Human Feedback Reforcement Learning，HFRL）。

ChatGPT 与强化学习。强化学习策略在 AlphaGo 中已经展现出其强大学习能力。简单来说，ChatGPT 通过 HFRL 来学习什么是好的回答，而不是通过有监督的问题—答案式的训练直接给出结果。通过 HFRL，ChatGPT 能够模仿人类的思维方式，回答的问题更符合人类对话。

ChatGPT 原理。举个简单的例子进行说明，公司员工收到领导安排任务，需完成一项工作汇报的 PPT。当员工完成工作 PPT 制作时，去找领导汇报，领导看后认为不合格，但是没有清楚地指出问题。员工在收到反馈后，不断思考，从领导的思维方式出发，重新修改 PPT，提交领导查看。通过以上多轮反馈修改后，员工在 PPT 制作上会更符合领导思维方式。而如果领导在第一次查看时，直接告诉员工哪里有问题，该怎样修改。那么，下一次员工所做的 PPT 很大概率还是不符合要求，因为没有反馈思考，没有 HFRL，自然不会做出符合要求的工作。ChatGPT 亦是如此。

ChatGPT 能够回答出好的问题与它的"领导"所秉持的价值观有很大关系。因此，你的"点踩"可能会影响 ChatGPT 的回答。ChatGPT 主要有以下几个特点。

一是主动承认错误：若用户指出其错误，模型会听取，并优化答案。

二是敢于质疑：对用户提出的问题，如存在常识性错误，ChatGPT 会指出提问中的错误。如提出"哥伦布 2015 年来到美国时的情景"，ChatGPT 会指出，哥伦布不属于这一时代，并调整输出，给出准确答案。

三是承认无知：对于非常专业的问题或超出安全性范围，如果 ChatGPT 不清楚答案，会主动承认无知，而不会一本正经地"胡说八道"。

四是支持连续多轮对话：ChatGPT 能够记住先前对话内容，并展开多轮自然流畅对话。

## （三）多模态

多模态（MM）模型是一种能够处理多种形式数据（如文本、图像、语音等）的深度学习模型，通过将不同形式的数据进行联合处理和融合，从而实现更高级别的任务。多模态模型最早由美国斯坦福大学计算机科学家 Fei-Fei Li 提出并应用于图像识别领域，之后逐渐发展成为一个独立的研究方向。下面分别介绍几家国内外主流企业或机构的多模态大模型。

谷歌 CLIP：由谷歌提出的多模态模型，可以实现图像和文本之间的互相理解。该模型采用了 Transformer 网络结构，能够对图片和文本进行联合编码，从而实现跨模态信息的交互学习。CLIP 模型在图像分类方面表现出色，且在多个图像分类基准测试中的表现都超过了人类专业人士。

Facebook DETR：由 Facebook（Meta）提出的多模态模型，可以同时检测物体并将其分割出来。该模型使用 Transformer 网络结构和注意力机制，能够在单个前向传递中完成检测和分割任务。DETR 模型在目标检测方面优于其他模型，但在复杂场景下的精度有待进一步提高。

OpenAI DALL·E：由 OpenAI 提出的多模态模型，可以根据自然语言描述生成相应的图片。该模型结合了 GPT-3 和 GAN 等技术，能够在日常生活场景中生成非常逼真的图像。DALL·E 模型在自然语言生成和图像生成方面表现出众，但需要消耗大量计算资源和时间。

百度 ERNIE-M：百度提出的基于多模态预训练的语言理解模型，可以同时处理文本、图像和视频等多种形式的数据。该模型通过跨模态任务学习和知识蒸馏等方法，能够实现更好的跨模态信息融合和表示学习。

ERNIE-M 模型在各类中文自然语言处理任务中表现突出。

腾讯 VLP：腾讯提出的基于视觉语言预训练的多模态模型，可以实现图像和文本之间的联合学习和表示学习。该模型采用了一系列自监督学习任务和预训练策略，能够在各类视觉语言任务中取得优秀结果。VLP 模型具有良好的通用性和可扩展性，可以应用于多种自然语言处理和图像处理场景。

第三章

# AIGC 的产业与模式

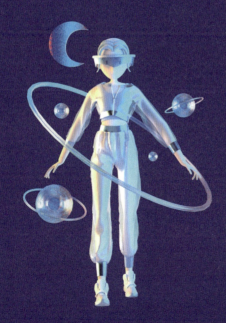

## 第一节

# PGC、UGC、AIUGC 和 AIGC

### （一）专业生成内容（PGC）

PGC（Professionally Generated Content）起源于 20 世纪 90 年代，随着互联网的普及和传媒产业的不断发展，专业生成内容逐渐成为主流。PGC 是由专业团队或个人创建的内容，具备较高的质量和原创性。这类内容包括新闻报道、影视剧、电视节目、纪录片等，以及知名网站、博客、杂志等。随着内容消费升级，PGC 在市场份额上占据了相对重要的地位，但在未来发展中仍面临着诸多挑战，如内容生产成本高、更新速度相对较慢等。

### （二）用户生成内容（UGC）

UGC（User Generated Content）起源于 21 世纪初，随着 Web 2.0 时代的到来，网络技术的不断发展使得互联网用户由被动接收信息转向主动参与内容生产。UGC 是指用户通过网络平台自主创作和分享的内容，例如社交媒体、评论、视频等。YouTube、Facebook（Meta）、微博、抖音等平台的兴起为 UGC 提供了广泛的传播渠道，使其迅速发展壮大。虽然 UGC 的质量参差不齐，但却能充分满足用户的个性化需求。在未来发展中，UGC 将继续保持较高的市场占比，但仍面临诸如版权归属、内容审查等问题。

## （三）人工智能辅助用户生成内容（AIUGC）

AIUGC（AI-Users Generated Content）是随着人工智能技术的发展而崛起的一种新型内容生成模式，起始于 21 世纪 10 年代。AIUGC 借助人工智能技术生成用户所需的内容，如生成文章、图片、视频等。这种模式的优势在于节省人力成本、提高生产效率，同时兼顾原创性和质量。AIUGC 市场还处于相对初级阶段，但已经开始对 PGC 和 UGC 产生影响。虽然目前仍面临诸如内容多样性不足、技术瓶颈等挑战，但随着技术的进步，AIUGC 有望逐渐占据一定的市场份额。

## （四）人工智能生成内容（AIGC）

AIGC（AI-Generated Content）是人工智能技术在内容生成领域的最新发展，它不仅能生成用户所需内容，还能独立完成内容的创作、审核、发布等全流程。AIGC 的优势在于其自动化程度高，可以满足大规模、个性化的内容需求，降低生产成本。随着 5G、云计算等技术的成熟，AIGC 的应用场景将不断拓展，覆盖新闻、娱乐、教育等多个领域。然而，AIGC 同样面临着伦理、法律等方面的挑战。

AIGC 未来发展趋势主要体现在以下几点。

1. PGC 将继续保持重要地位，但市场份额可能会有所下降。随着互联网用户对内容质量要求的提高，PGC 将不断优化，以满足高端市场的需求。

2. UGC 市场占比将保持稳定，但在版权、内容审核等方面将受到更严格的监管。UGC 平台将更加关注内容质量，同时优化推荐算法，为用户提供更加精准的内容。

3. AIUGC 和 AIGC 市场占比将逐步上升。随着人工智能技术的发展，

AIUGC和AIGC将不断优化，提供更高质量、更多样化的内容。同时，它们还将在新闻、娱乐、教育等领域找到更多应用场景。

4. 各类内容生成模式将互相融合、协同发展。未来，PGC、UGC、AIUGC、AIGC将在各自领域深度发展，同时相互融合、协同创新，形成一个多元化、多层次的内容生态体系。例如，PGC和UGC可以借助AI技术提高内容创作效率和质量，而AIUGC和AIGC也可以从PGC和UGC中汲取灵感，提升生成内容的多样性和真实感。

5. 隐私、版权、伦理等方面的法律法规将不断完善。随着AI技术在内容生成领域的深入应用，相关法律法规也将逐步跟上技术发展的步伐。未来，对于隐私、版权、伦理等方面的问题，将有更为严格的规范和指导原则，以保障行业的健康发展。

6. 个性化与集体化需求将并存。在未来的内容市场中，个性化需求将得到更好的满足，用户可以根据自己的兴趣和需求，获取到更加精准的内容推荐。同时，集体化内容（如热点新闻、热门影视剧等）仍将扮演重要角色，满足人们在共同话题上的交流需求。

7. 技术创新将持续推动内容生成模式的发展。随着5G、云计算、边缘计算、物联网等新技术的快速发展，内容生成模式将不断迭代更新，产生更多创新型应用。这些技术将极大地拓宽内容生成领域的边界，推动内容行业向更加智能、高效、个性化的方向发展。

PGC、UGC、AIUGC和AIGC四种内容生成模式各自具有不同的特点和优势，在内容市场中各占一席之地。随着技术的不断发展，这四种模式将互相融合、协同发展，共同构建多元化、多层次的内容生态体系。未来的内容市场将呈现出更加丰富、多样的态势，满足不同用户的个性化需求，推动整个行业的持续创新和繁荣发展。

作为GPT-4，四种内容生成模式的市场占比在2030年左右可能会显现出来。

1. PGC：专业生成内容仍将保持一定的市场地位，但随着其他内容生成模式的发展，市场占比可能会有所下降。预计 PGC 在 2030 年的市场占比约为 25%。

2. UGC：用户生成内容将继续保持稳定的市场占比，但面临版权、内容审核等方面的挑战。预计 UGC 在 2030 年的市场占比约为 35%。

3. AIUGC：人工智能用户生成内容市场占比将逐步上升，随着技术的进步，AIUGC 将在新闻、娱乐、教育等领域找到更多应用场景。预计 AIUGC 在 2030 年的市场占比约为 25%。

4. AIGC：人工智能生成内容市场占比将快速增长，尤其是随着 5G、云计算等技术的普及，AIGC 将在各个领域得到广泛应用。预计 AIGC 在 2030 年的市场占比约为 15%。

需要注意的是，这些预测仅为一种可能的发展趋势，并不能完全确定 2030 年的确切市场占比。实际情况可能会因技术、法规、市场需求等多种因素的变化而有所调整。

## 第二节

## AIGC 的产业链及产业生态图谱

AIGC 技术是近年来迅速发展的一个领域,它通过人工智能算法自动生成文本、图片、音频、视频等多种类型的内容。AIGC 产业链包括多个环节,涉及众多企业和组织。本章将详细分析 AIGC 产业链的构成、产业生态以及发展现状。

### 一、AIGC 产业链构成

AIGC 产业链可以分为以下几个主要环节。

#### (一)基础技术研究

这一环节主要包括人工智能算法的研究、开发和优化,涉及深度学习、自然语言处理、计算机视觉等多个领域。主要参与者包括高校、研究机构以及一些大型企业的研发部门。

#### (二)平台及框架开发

在基础技术研究的基础上,开发者会构建 AIGC 平台和框架,使其具备生成各类内容的能力。这些平台和框架通常以 API、SDK 或者云服务的形式提供给客户，以满足各种商业应用场景的需求。主要参与者包括人工智能公司、互联网企业以及创业公司。

（三）定制化应用开发

为满足特定行业或企业的需求，AIGC 技术提供商会开发定制化的解决方案。这些解决方案通常针对特定业务场景，如新闻撰写、广告创意、社交媒体管理等。主要参与者包括 AIGC 技术提供商、软件开发公司以及专业服务机构。

（四）集成与部署

客户将 AIGC 技术集成到现有的产品或服务中，实现自动化内容生成。这一环节涉及软硬件集成、系统测试、数据迁移等工作。主要参与者包括企业 IT 部门、系统集成商以及第三方技术服务提供商。

（五）市场运营与商业推广

AIGC 技术提供商需要通过各种渠道推广自己的产品和服务，吸引更多的客户和合作伙伴。这包括市场调研、品牌宣传、广告投放、销售渠道建设等工作。主要参与者包括市场营销公司、广告代理商、渠道分销商以及人工智能咨询机构等。

（六）服务和支持

AIGC 技术提供商需要提供技术支持、客户服务、培训等服务，以帮助客户更好地理解和应用 AIGC 技术。主要参与者包括技术支持团队、客户服务部门、培训机构等。

以上各环节的紧密配合，构成了完整的AIGC产业链，实现了从技术研发到市场推广的全过程。各个环节之间相互依存，缺一不可，形成了一个紧密联系、共同发展的生态系统。

## 二、AIGC技术体系的产业链

AIGC技术体系的产业链由AI开源层、AI平台层、AI训练层和AIGC模型层组成。这个产业链主要由大型云计算企业共同构建而成，下面我们来了解一下这些企业以及它们在各自生态中的作用。

### （一）AI开源层

它由一些知名的、开源的、分布式的AI深度学习框架软件组成，如TensorFlow、PaddlePaddle、PyTorch等。这些AI深度学习框架软件免费、开源，被广泛地应用于AI技术产品和服务的开发。其中，TensorFlow由谷歌公司推出，PaddlePaddle由百度公司推出，PyTorch由Facebook（Meta）公司推出，SageMaker由Amazon公司推出，MindSpore由华为公司推出，Alink由阿里公司推出，Angel由腾讯公司推出，Klever由字节跳动公司推出。这些软件提供了完整的AI算法库和框架，为AI技术的开发和应用提供了强有力的支持。

### （二）AI平台层

它由一些公有云、私有云、混合云企业提供的AI开放平台组成，如百度AI、阿里云AI、腾讯云等。这些企业提供了完整的AI技术体系，包括图像识别、语音识别、自然语言处理、机器学习等方面。这些平台可以让开发者无须购置昂贵的硬件设备即可使用一系列AI技术，将AI技术带给更多的用户和用户群体。百度 AI 提供了智能交互、人脸识别等服务，阿里云提供了深度学习、自然语言处理等服务，腾讯云提供了人工智能开发、大数据分析等服务。

### （三）AI 训练层

它由一些云计算公司为 AI 模型提供机器学习、深度学习、强化学习的分布式训练服务，如微软的 AzureML、百度云 BML、阿里云 PAI、腾讯云 TI、谷歌 VertexAI、Facebook（Meta）MyoSuite、苹果 CoreML、华为云 ModelArts、京东云 KuAI、金山云 KML 等。这些企业专注于自然语言处理、人脸识别、图像处理等领域的 AI 模型训练提供分布式算力服务。这些企业需要大量的数据集作为训练样本，在此基础上进行深度神经网络的训练和优化。

### （四）AIGC 模型层

它由一些大企业提供的 AIGC 应用模型组成，如 OpenAI GPT、微软 BEiT、百度 Ernie、腾讯 HunYuan、Facebook（Meta）LlaMa、谷歌 BERT、华为盘古、阿里通义、智源悟道等。这些企业通过大量的数据集和深度算法的优化，研发出了各种 AIGC 技术模型，如语音识别模型、图像识别模型、自然语言处理模型等。

## 三、AIGC 产业生态构成

AIGC 产业生态包括人工智能技术公司、应用场景提供商、应用开发者、内容创作机构、媒体公司、广告公司、社交媒体平台、电商平台、数字营销公司等各种参与者。这些参与者在 AIGC 产业生态中扮演着不同的角色，相互合作、竞争、协同，推动整个产业链的发展（图3-1）。

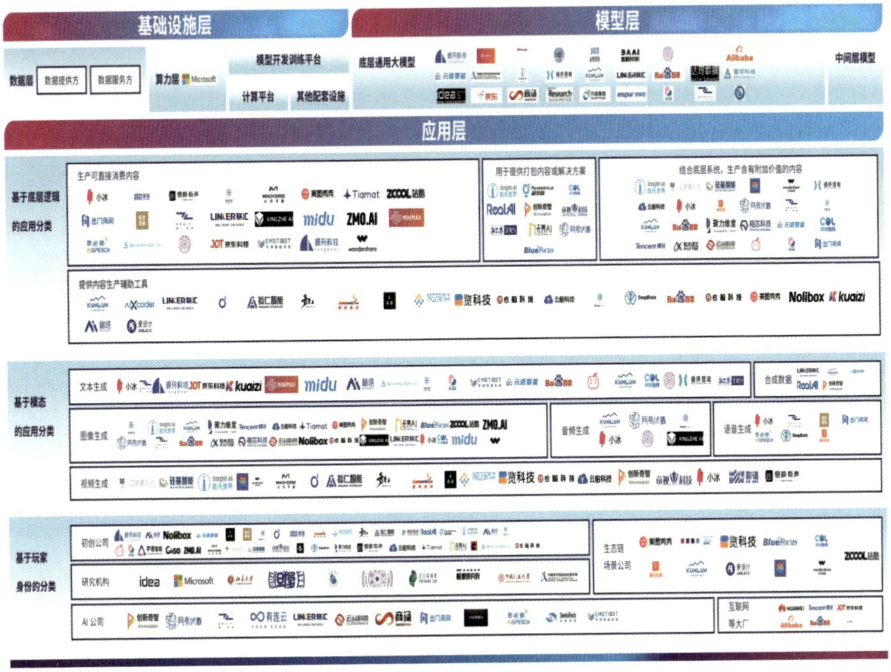

图 3-1 中国 AIGC 产业全景图

（图片来源：量子位）

## （一）人工智能技术公司

人工智能技术公司是 AIGC 产业的核心力量，主要负责人工智能算法的研究、开发和优化。这些公司包括谷歌、微软、IBM、百度、腾讯等大型企业，以及一些创业公司如 OpenAI、DeepMind 等。这些公司的人工智能技术在 AIGC 产业中扮演着基础性的角色，为 AIGC 产业提供了技术支撑。

## （二）应用场景提供商

应用场景提供商是 AIGC 产业生态中的重要组成部分，主要针对特定行业或企业需求，开发定制化的解决方案。这些提供商包括知名企业如

SAS、IBM、SAP，以及一些创业公司如 Narrative Science、Yseop 等。应用场景提供商通过提供定制化的解决方案，帮助企业将 AIGC 技术应用于实际业务场景中。

## （三）应用开发者

应用开发者是将 AIGC 技术应用到具体应用场景中的重要参与者。这些开发者包括独立开发者、软件开发公司以及 IT 部门。应用开发者通过将 AIGC 技术嵌入现有的产品或服务中，实现自动化内容生成，提高工作效率和内容质量。应用开发者可以直接与 AIGC 技术提供商合作，也可以通过第三方平台进行开发和部署。

## （四）内容创作机构

内容创作机构是 AIGC 产业生态中的另一个重要组成部分。这些机构包括新闻机构、出版社、广告公司等，通过 AIGC 技术自动生成大量内容，提高创作效率和创作质量。内容创作机构可以直接与 AIGC 技术提供商合作，也可以通过第三方平台进行创作和发布。

## （五）媒体公司

媒体公司是 AIGC 产业生态中的另一个重要参与者。这些公司包括传统媒体公司、数字媒体公司等，通过 AIGC 技术自动生成新闻、报道、评论等内容，提高内容生产效率和质量。媒体公司可以通过 AIGC 技术提供商或第三方平台进行创作和发布。

## （六）广告公司

广告公司是 AIGC 产业生态中的重要组成部分。这些公司利用 AIGC

技术生成创意、设计广告等，提高广告创作效率和效果。广告公司可以直接与 AIGC 技术提供商合作，也可以通过第三方平台进行创作和发布。

### （七）社交媒体平台

社交媒体平台是 AIGC 产业生态中的重要参与者，如 Facebook（Meta）、Twitter、微信、微博等。这些平台通过 AIGC 技术生成内容，提高用户活跃度和内容质量。社交媒体平台通过广告等方式实现商业化运营。

### （八）电商平台

电商平台是 AIGC 产业生态中的另一个重要参与者。这些平台通过 AIGC 技术生成商品描述、评论等内容，提高销售效率和用户体验。电商平台通过广告、销售分成等方式实现商业化运营。

### （九）数字营销公司

数字营销公司是 AIGC 产业生态中的另一个重要参与者。这些公司通过 AIGC 技术生成广告、优化搜索引擎排名等，提高数字营销效果。数字营销公司通过服务费、销售分成等方式实现商业化运营。

## 四、AIGC 产业生态发展现状

目前，AIGC 产业生态正在不断发展壮大，产业链的各个环节都呈现出快速增长的趋势。根据市场调研机构 Grand View Research 的报告，全球 AIGC 市场规模从 2019 年的 22.6 亿美元预计将增长到 2027 年的 265.8 亿美元，年复合增长率高达 34.8%。以下是 AIGC 产业链各环节的发展现状。

### (一)基础技术研究

基础技术研究是 AIGC 产业链的基础,目前全球有大量的高校和研究机构在这一领域进行研究。此外,人工智能技术公司也在积极投入研发资源,提升算法性能和应用场景。

### (二)平台及框架开发

目前,全球已有众多 AIGC 技术提供商,包括 OpenAI、GPT-3、Hugging Face 等知名企业和创业公司。这些技术提供商提供了各种类型的 AIGC 技术,如自然语言处理、计算机视觉、音频生成等,以满足不同场景的需求。

### (三)定制化应用开发

定制化应用开发正在成为 AIGC 产业链中的新兴领域。知名企业如 IBM、SAS 等已经推出了各种定制化的解决方案,以帮助企业将 AIGC 技术应用到实际场景中。

### (四)集成与部署

随着 AIGC 技术的不断成熟,集成和部署环节越来越受到关注。目前,一些知名的 IT 服务商和系统集成商已经开始提供 AIGC 技术的集成和部署服务,以帮助客户更好地应用 AIGC 技术。

### (五)市场运营与商业推广

市场运营与商业推广环节是 AIGC 产业链中的重要一环。目前,一些知名的市场营销公司、广告代理商、咨询机构等已经开始专注于 AIGC 产业的推广和营销工作,帮助技术提供商更好地将产品和服务推向市场。

## （六）服务和支持

随着 AIGC 技术的普及，技术支持和服务环节越来越重要。目前，一些知名的技术支持团队、客户服务部门以及培训机构已经开始为企业和个人提供技术支持、培训和咨询等服务。

总的来说，AIGC 产业链的各个环节都呈现出快速发展的趋势，产业生态也在不断完善和壮大。随着技术不断进步，未来 AIGC 产业将会面临一些机遇和挑战。

1. 技术不断进步，带来更多商业机会。随着技术的不断进步，AIGC 产业链的各个环节将会面临更多的商业机会。技术提供商可以通过不断提升技术性能和应用场景，吸引更多的客户和合作伙伴。应用开发者可以将 AIGC 技术应用于更多的应用场景中，提高自己的竞争力。

2. 应用场景越来越广泛，带来更多挑战。AIGC 技术在各个行业和领域中的应用越来越广泛，但是每个行业和领域的特点不同，需要针对性地进行解决方案的开发和应用。因此，应用场景的多样性和复杂性将是 AIGC 产业链的一个重要挑战。

3. 数据安全和隐私保护问题引发关注。随着 AIGC 技术的应用，数据安全和隐私保护问题也越来越引发人们的关注。一方面，AIGC 技术需要依赖大量的数据进行训练和优化，但是这些数据可能涉及个人隐私和商业机密等问题；另一方面，AIGC 技术本身也可能带来一些安全隐患，如钓鱼攻击、网络诈骗等。

4. 人才短缺成为制约因素。随着 AIGC 技术的快速发展，人才需求也越来越大，但是 AIGC 领域的人才供给相对不足。人工智能技术的研发和应用需要具备深厚的数学、统计和计算机技术等多方面知识，因此需要拥有高素质的专业人才。企业需要通过多种渠道招聘和培养人才以满足产业链发展的需求。

总的来说，AIGC 产业链的发展面临着机遇和挑战。企业需要关注市场动态，不断创新和提升技术应用能力，以满足客户和市场的需求。同时，也需要积极应对相关挑战，保障技术安全和用户隐私，加强人才培养和引进，以推动整个产业链的健康发展。

## 第三节

## AIGC产业发展国内外对比解析

在AIGC的全球生态中,美国处于上游,是大部分优秀算法和模型,以及突破性技术和产品的发源地,也拥有全球数量最多、质量最优的头部公司。中国拥有仅次于美国的完整AIGC产业链。此外,中国在国际上人工智能学术论文的数量方面也仅次于美国,在某些细分领域中具有领先优势,但论文的引用率和质量总体上仍有不小的差距。总体而言,中国拥有庞大的市场以及数量众多的AIGC应用层创新企业,有望在AIGC应用创新方面取得类似于中国在移动互联网方面的产业优势,同时在平台层和算法模型层也有望出现越来越多的中国优秀企业。

### 一、AIGC国内外产业发展分析

纵观AIGC的发展历程,重要的推动性模型都产自国外。但是,随着ChatGPT所代表的第三阶段AIGC产业发展期,中国也在不断地打造着自己的AIGC模型。

据了解,目前中国的AIGC模型数量在全世界增长速度最快。中国有四家机构位于全世界前十的模型开发机构榜单上,分别是北京智源研究院、清华大学、百度和阿里巴巴研究院（表3-1）。

表3-1 AIGC模型十大开发机构

| 机构名称 | 数量 |
| --- | --- |
| 谷歌 | 23 |
| Meta | 16 |
| OpenAI | 12 |
| 北京智源研究院（中国） | 9 |
| 清华大学（中国） | 9 |
| 微软 | 8 |
| 百度（中国） | 7 |
| 阿里巴巴研究院（中国） | 7 |
| DeepMind | 6 |
| AI2 | 2 |

从某种角度来说，中国企业的AIGC技术受益于全球的开源运动，不过近几年，中国企业在软件开源方面的贡献占比正在不断扩大（图3-2）。中国企业凭借着优秀的学习能力和创新能力，对国外多种AIGC应用加以复刻和创新，打造出了一些可圈可点的AIGC产品。

图3-2 预训练语言模型参数量

（红色为中国开发者）

## 二、AIGC 国内外企业发展对比

在国外，自 OpneAI 推出 ChatGPT 后，微软推出 AI 驱动的新版必应和 Edge，谷歌、苹果等国际 IT 巨头加码布局 AIGC 领域，商业化进程持续加速。同时，近期硅谷的众多一线 VC 们已开始将目光瞄准 AI 初创公司。2023 年有两家独角兽 Stability AI 和 Jasper 均获得了超过一亿美元的融资，估值突破十亿美元（图 3-3）。

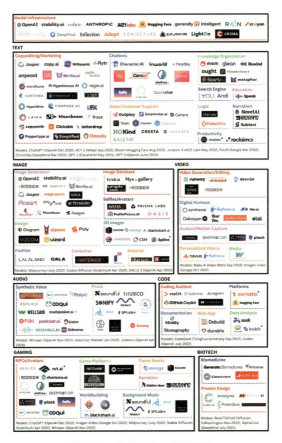

图 3-3　全球 AIGC 市场地图

（图片来源：Leonis Capital 公司的行业研究报告）

国外AIGC产业在很多垂直领域非常热。比如，已有数十家创业公司开发文案编辑和市场营销领域的文字生成类产品。图像生成类的产品在Stable Diffusion和DALL·E 2出现之后也迅速升温。

目前，中国的AIGC产业大多还是一片蓝海。百度、腾讯优图、阿里巴巴、快手、字节跳动、网易、商汤、美图等都在AIGC领域有所布局，一批新锐创业企业也纷纷杀入竞争（图3-4）。

图3-4　中国AIGC市场地图

（图片来源：Leonis Capital公司的行业研究报告）

## 三、AIGC国内外市场需求对比

而对于AIGC国内外市场需求方面，两者都有巨大的潜力和空间。但是，国外在AIGC市场培育方面还是有一定的基础和底蕴，如拥有更多的创新型企业、更大的市场规模、更成熟的消费者习惯等。国内在AIGC用户圈的培养上也在持续深入，致力于打造更多的AIGC开源技术社区，如

Gitee 社区等。良好的生态圈和国产自主研发的架构都是中国 AIGC 产业必不可少的要素。

另外，与美国现阶段以横向 SaaS 模式为主不同，中国 AIGC 的 SaaS 很多采取纵向的发展模式。这种模式的特点在于，聚焦于特定的应用领域，比如电商、短视频、金融，而不是追求产品的通用化。这种发展模式弥补了中国在模型通用能力上的不足，也充分利用了在垂直领域积累的大量的专业数据。

在文字生成领域，中国高质量的数据集少，市场营销以视频形式为主。企业不愿意在软件上花钱，这就意味着类似于美国的 Jasper.ai 和 copy.ai 这样的文字生成的通用 SaaS，在中国就很难获得较大的 2B 市场。

总之，AIGC 产业无论在国外还是国内都是处于起步阶段，技术无国界、创新无边界。只有保持开放的心态、不断用更好的技术和产品为市场和客户创造价值才是企业的可持续发展之路。

## 第四节

# AIGC 国内外先行企业的定位与布局

AIGC 涉及文本、音频、图像等多个领域。语音合成类已经有科大讯飞、百度语音、阿里云等企业布局，主要致力于将文字转换为自然流畅的语音。文本生成类有 OpenAI、微软等企业布局，主要研究文本的自动创作和摘要生成。图像处理类有 DeepMind、英伟达等企业布局，研究如何使用 AI 技术来生成独特的图像和视觉效果。在千行百业，很多公司都在利用 AI 大模型提供 AIGC 产业和服务，推动 AIGC 产业的发展。

## 一、国外企业

### （一）OpenAI

OpenAI 是一家总部位于美国的人工智能研究公司，致力于开发人工智能相关技术，并在人工智能生成内容领域取得了卓越成就。OpenAI 研发的 GPT-4 已经刷新了文本生成的极限，可以生成高质量的新闻、博客、小说等大量文本。

## （二）IBM Watson

IBM Watson 是 IBM 推出的人工智能平台，该平台为用户提供了丰富的人工智能技术解决方案，包括生成内容等领域。在生成内容方面，IBM Watson 主要应用于自然语言生成和虚拟助手等领域。

## （三）英伟达

英伟达一家总部位于美国的半导体公司，其 StyleGAN 用于生成高分辨率逼真的图像，应用于虚拟现实、游戏等领域。

## （四）谷歌

谷歌是一家总部位于美国的互联网科技公司，其研发的 AutoML Zero 可用于自动化生成机器学习代码；谷歌也推出了一款人物换脸软件——MugLife，在社交媒体上广受欢迎。

## （五）微软

微软是一家总部位于美国的跨国科技公司，其研发的 AI 写作伙伴 GPT-3 可用于生成文章、小说、诗歌等文本内容。

## （六）DeepMind

DeepMind 是一家总部位于英国的人工智能公司，其 AlphaGo 和 AlphaFold 均采用了 AIGC 技术，可用于计算机围棋和蛋白质结构预测等领域。

## （七）Adobe

Adobe 是一家总部位于美国的跨国软件公司，其研发的人工智能插件

Sensenet 可用于合成人工头像、虚拟场景等领域。

### （八）Unity Technologies

Unity Technologies 是一家总部位于美国的游戏开发公司，其生成内容技术可用于生成虚拟角色、场景等。

### （九）Salesforce

Salesforce 是一家总部位于美国的客户关系管理软件公司，其研发的 Einstein 语言模型可用于推荐和预测等领域。

### （十）Zepplin

Zepplin 是一家总部位于美国的数据科学平台公司，其研发的 Notebook Studio 可用于生成数据分析文档。

### （十一）O'Reilly Media

O'Reilly Media 是一家总部位于美国的技术出版社，其研发的 GANs in Action 书籍可用于学习 GAN（生成对抗网络）技术。

### （十二）Hugging Face

Hugging Face 是一家总部位于美国的人工智能初创公司，其 Transformer 架构可用于自然语言生成等领域。

### （十三）Grammarly

Grammarly 是一家总部位于美国的语法检查公司，其研发的 AI 写作助手可用于生成文章、电子邮件等文本内容。

## （十四）Appen

Appen 是一家总部位于澳大利亚的人工智能公司，其研发的自然语言生成技术可用于虚拟助手、聊天机器人等领域。

## （十五）Axle AI

Axle AI 是一家总部位于美国的人工智能初创公司，其研发的视频标注工具可用于生成训练数据集。

## （十六）Skim Technologies

Skim Technologies 是一家总部位于英国的人工智能初创公司，其研发的文本摘要技术可用于生成新闻摘要。

## （十七）Luminoso

Luminoso 是一家总部位于美国的人工智能初创公司，其研发的自然语言生成技术可用于问答系统、聊天机器人等领域。

## （十八）Vicarious

Vicarious 是一家总部位于美国的人工智能初创公司，其研发的 AI 生成技术可用于虚拟助手、自然语言处理等领域。

## （十九）Blackbird.ai

Blackbird.ai 是一家总部位于美国的人工智能初创公司，其研发的 AI 揭示技术可用于消费者洞察、声誉分析等领域。

## （二十）Wefunder

Wefunder 是一家总部位于美国的股权众筹平台，其研发的 AI 生成技术可用于自动生成商业计划书等文档。

## （二十一）Cognitivescale

Cognitivescale 是一家总部位于美国的人工智能初创公司，其研发的 Augmented Intelligence 技术可用于虚拟助手、自然语言生成等领域。

# 二、国内企业

在国内市场，腾讯、阿里、字节、百度等国内巨头也早有布局。不仅如此，不少国内上市公司也逐步涉足这一领域，如商汤科技、视觉中国、昆仑万维、科大讯飞、万兴科技等，下面将简单介绍其中一些企业。

## （一）今日头条

今日头条是一家优秀的新闻资讯平台，其产品包括智能推荐、短视频等。公司利用 AI 技术提高了资讯推荐的准确性和效率。

## （二）中国移动

中国移动是中国最大的电信运营商之一，其产品包括移动通信、宽带等。公司利用 AI 技术提高了服务质量和效率。

## （三）腾讯

腾讯旗下的 AI Lab 致力于各种人工智能技术的研究和应用，其中包括自然语言处理、机器学习、计算机视觉等。其产品包括智能客服、智能广告、智能翻译等。

### (四) 阿里巴巴

阿里巴巴旗下的 AI Labs 致力于推动机器学习和自然语言处理的创新。其产品包括智能客服、智能营销、智能供应链等。

### (五) 百度

百度的核心业务之一是人工智能,其产品包括自然语言处理、图像识别、机器翻译等。此外,百度还拥有智能家居、自动驾驶等领域的技术。

### (六) 京东

京东致力于在人工智能、大数据、物联网等领域进行创新和应用,其产品包括智能客服、智能营销、智能配送等。

### (七) 海康威视

海康威视是一家视频监控解决方案提供商,其产品包括视频监控、智能交通等。其利用 AI 技术提高视频监控的效率和精度。

### (八) 大疆无人机

大疆无人机是一家专注于无人机制造的公司,其产品包括消费级无人机、工业级无人机等。公司利用 AI 技术提高了其无人机的稳定性和飞行效率。

### (九) 科大讯飞

科大讯飞是一家专注于自然语言处理技术研究的公司,其产品包括语音识别、机器翻译、知识图谱等。

### （十）紫光集团

紫光集团旗下的公司中有一家名为紫光云图，该公司致力于 AI 算法和大数据技术的研发与应用。其产品包括文本生成、情感分析、机器翻译等。

### （十一）商汤科技

商汤科技是一家 AI 芯片设计公司，致力于研发深度学习处理器和实现 AI 在各个领域的应用。其产品包括人脸识别、图像识别、自然语言处理等。

### （十二）旷视科技

旷视科技是一家计算机视觉公司，其核心技术包括面部识别、物体检测、场景识别等。其产品包括安防监控、智能家居、自动驾驶等。

### （十三）大华股份

大华股份是一家专注于视频监控领域的公司，其产品包括视频监控系统、智能交通管理系统等。近年来，大华股份开始使用 AI 技术来提高视频监控的效率和精度。

### （十四）云从科技

云从科技是一家专注于人脸识别技术的公司，其产品包括智能门禁、智能考勤、智能车牌识别等。其技术也应用于安防、金融等领域。

### （十五）深兰科技

深兰科技是一家以人工智能技术为核心的智能家居公司，其产品包括智能锁、智能照明、智能家电等。

### （十六）小 i 机器人

小 i 机器人是一家致力于人工智能语音技术研究的公司，其产品包括智能语音助手、智能音箱等。

### （十七）中科院计算所

中科院计算所是中国人工智能领域的重要研究机构之一。其研究涵盖了机器学习、自然语言处理、计算机视觉等领域。

### （十八）云天励飞

云天励飞是一家专注于飞行控制技术的公司，其产品包括民用飞行控制系统、军用飞行控制系统等。公司利用 AI 技术提高了其飞行控制系统的精度和效率。

### （十九）亚信科技

亚信科技是一家提供综合信息技术服务的公司，其产品包括数字化转型、智能制造等。公司利用 AI 技术提高企业管理的效率和精度。

### （二十）盈峰环境

盈峰环境是一家专注于环保领域的公司，其产品包括空气治理、水处理等。公司利用 AI 技术提高环保治理的效率和精度。

### （二十一）吉比特

吉比特是一家提供教育信息化解决方案的公司，其产品包括智慧校园、在线教育等。公司利用 AI 技术提高了教育管理的效率和精度。

### （二十二）飞翼智能

飞翼智能是一家专注于机器人技术的公司，其产品包括智能机器人、智能制造等。公司利用 AI 技术提高了机器人的精度和效率。

### （二十三）链家

链家是中国最大的房地产中介公司之一，其服务包括房产买卖、租赁等。公司利用 AI 技术提高了房屋估价的精度和效率。

### （二十四）嘉楠耘智

嘉楠耘智是一家以人工智能芯片为核心的公司，其产品包括 AI 处理器、AI 算法库等。公司致力于将人工智能技术应用于各个领域，例如智能家居、医疗健康、智能交通等。

图 3-5　中国 AIGC 最值得关注的 50 家 AIGC 机构

（图片来源：量子位）

基于产品进展（产品发布、产品功能、使用体验等）、技术实力（相关专利、技术自研、研发团队等）、落地变现（场景落地、获客进展、营收能力、代表案例等）和其他因素，量子位智库评选了中国最值得关注的 50 家 AIGC 机构，如前页图 3-5 所示，供读者参考。

## 第五节

# AIGC 对企业内部价值链的影响与变革

AIGC 正在改变企业的内部价值链，从而提高效率、降低成本、优化客户体验并推动创新。本章将分析 AIGC 如何影响企业内部价值链的各个环节，并为企业带来变革。

（一）研发与创新

随着 AIGC 技术的发展，企业在研发与创新过程中可以利用其强大的数据分析和预测能力，更有效地洞察市场趋势和消费者需求。AIGC 可以协助企业优化产品设计、提高产品质量和加速研发周期，从而增强企业的竞争力。

（二）采购与供应链管理

AIGC 在供应链管理方面具有巨大的潜力，它可以通过智能分析和预测市场需求、原材料价格波动等因素，帮助企业做出更明智的采购决策和优化库存管理。此外，AIGC 还能协助企业实现供应商评估、风险管理和供应链透明化，进一步降低成本、提高效率和减少供应链中断风险。

## （三）生产与制造

在生产与制造环节，AIGC 可以通过对生产过程的实时监控和数据分析，提高生产效率、降低废品率并减少能源消耗。同时，AIGC 还可以协助企业实现智能调度、自动化生产和智能设备维护，从而降低人力成本、提高生产质量和缩短生产周期。

## （四）销售与市场营销

AIGC 在销售与市场营销环节发挥着至关重要的作用。通过对大量客户数据的分析和挖掘，AIGC 可以帮助企业更准确地定位目标客户、优化营销策略和提高投资回报率。同时，AIGC 还可以为企业生成个性化的广告和推荐内容，提升客户体验并增加客户黏性。

## （五）客户服务与支持

AIGC 可以大幅改善企业的客户服务与支持体系。借助 AIGC 生成的智能客服机器人，企业能够 24 小时提供在线支持，快速响应客户需求并解决问题。此外，AIGC 还能通过对客户互动数据的分析，提供个性化的客户支持方案和产品建议，从而提高客户满意度和忠诚度。

## （六）人力资源管理

AIGC 可以协助企业优化人力资源管理流程，例如通过智能筛选简历、预约面试和评估员工绩效等。此外，AIGC 还可以为员工提供个性化的培训和发展计划，提高员工的技能水平和绩效，从而为企业创造更大价值。

## （七）决策与战略规划

AIGC 在决策与战略规划方面具有很高的价值。通过对大量内外部数据的分析和预测，AIGC 可以帮助企业识别市场机会、分析竞争态势、评估风险和确定投资方向。此外，AIGC 还能协助企业进行战略规划和目标设定，提高决策的准确性和有效性。

## （八）信息技术与数据管理

AIGC 在信息技术与数据管理方面发挥着重要作用。通过对企业内部数据的实时监控、清洗和分析，AIGC 可以帮助企业发现潜在问题、优化业务流程并实现数据驱动的决策。同时，AIGC 还可以协助企业建立数据安全和隐私保护机制，降低数据泄露风险。

综上所述，AIGC 对企业内部价值链的影响和变革主要体现在以下几个方面。

## （一）提高研发与创新能力

借助 AIGC 的数据分析和预测能力，企业能够更有效地洞察市场趋势和消费者需求，加速产品研发周期并提高产品质量。

## （二）优化采购与供应链管理

AIGC 可以帮助企业实现更明智的采购决策、库存优化和供应商评估，降低成本和风险。

### (三)提高生产与制造效率

通过实时监控和数据分析,AIGC 有助于提高生产效率、降低废品率,并实现智能调度和自动化生产。

### (四)改进销售与市场营销策略

AIGC 可以帮助企业更准确地定位目标客户、优化营销策略、生成个性化广告内容,并提高投资回报率。

### (五)改善客户服务与支持体系

AIGC 可以提供 24 小时的在线客服支持,个性化客户支持方案和产品建议,提高客户满意度和忠诚度。

### (六)优化人力资源管理

AIGC 在招聘、培训和绩效评估方面具有很高的价值,有助于提高员工的技能水平和绩效。

### (七)提高决策与战略规划效果

AIGC 通过对大量数据的分析和预测,有助于企业识别市场机会、分析竞争态势、评估风险和确定投资方向,从而提高决策的准确性和有效性。

### (八)强化信息技术与数据管理

AIGC 可以帮助企业优化业务流程、实现数据驱动的决策,并建立数据安全和隐私保护机制。

总之，AIGC 作为一种创新的技术手段，正在深刻地影响和改变企业内部价值链的各个环节。企业应该积极拥抱 AIGC 技术，将其融入各个业务领域，以提高企业效率、降低成本、优化客户体验并推动创新。随着 AIGC 技术的不断发展和完善，我们有理由相信它将在未来为企业创造更大的价值，引领企业迈向新的高峰。

需要注意的是，虽然 AIGC 带来了诸多益处，但企业在应用该技术时也需关注潜在的风险和挑战。例如，过度依赖 AIGC 可能导致企业忽视人力资源的重要性；数据隐私和安全问题亦不容忽视。因此，在充分利用 AIGC 带来的机遇的同时，企业也应审慎评估其潜在风险，制定相应的应对策略，确保企业在发展的道路上更加稳健前行。

在实施 AIGC 时，企业需要注意以下几个关键点，以确保技术的有效应用和风险的最小化。

## （一）投资和培训

企业需要对 AIGC 技术进行投资，并为员工提供相应的培训和指导。这有助于确保技术的顺利实施，并提高员工的接受程度和使用效率。

## （二）制定合理的技术战略

企业应结合自身业务需求和发展目标，制定合适的 AIGC 技术战略。这包括在哪些业务环节应用 AIGC、如何应用以及如何评估效果等。

## （三）遵守法规和道德规范

企业在使用 AIGC 技术时，应遵守相关法律法规，尊重客户和员工的隐私权，并确保数据的安全性和合规性。

## （四）监控和评估

企业应对 AIGC 技术的应用效果进行定期监控和评估，以便及时发现问题、调整策略并不断优化技术应用。此外，企业还需关注 AIGC 技术的最新发展和行业趋势，以便及时调整战略并保持竞争优势。

## （五）人与机器的协同

企业需要找到人工智能和人力资源之间的平衡点。在充分利用 AIGC 技术的同时，企业仍需重视员工的创造力、情感智慧和人际交往能力，以实现人机协同的最大价值。

## （六）风险管理

企业应对潜在的技术风险和挑战进行充分评估，制定相应的应对策略和措施。这包括数据泄露风险、技术故障风险、法律责任风险等。

## （七）组织变革

AIGC 技术的应用往往伴随着企业组织结构和管理流程的变革。企业需要关注这些变革对员工和企业文化的影响，并采取措施确保变革过程的顺利进行。

## （八）持续创新

AIGC 技术不断发展，企业需保持敏锐的市场洞察能力，关注新技术和应用，努力在市场竞争中保持领先地位。此外，企业还需不断尝试新的商业模式、产品和服务，以提升自身的竞争力。

综上所述，AIGC 技术为企业内部价值链带来了重大影响和变革，同时也带来了潜在的风险和挑战。企业在积极拥抱和应用 AIGC 技术的同时，应关注这些风险和挑战，并采取相应的应对措施，以确保技术的有效应用和企业的可持续发展。未来，我们有理由相信，随着 AIGC 技术的不断发展和完善，它将为企业创造更多价值，推动企业实现更高效的运营、更优质的客户体验和更具竞争力的创新。作为企业，应抓住这一机遇，不断提升自身能力，以适应不断变化的市场环境和技术进步，为自身发展和客户满意度提供持久动力。

## 第六节

# AIGC 商业模式解析

AIGC 产业正在迅速发展,为各类企业和行业提供了丰富的商业应用场景。随着技术的不断演进,AIGC 产业涌现出多种商业模式,以满足不同客户需求和市场趋势。以下是对 AIGC 产业中一些主要商业模式的解析。

(一)以服务为基础的商业模式

在这种商业模式中,AIGC 平台提供商将人工智能生成内容技术作为一种服务(SaaS)提供给客户。客户可以根据需要订阅相应的服务,并根据使用情况支付费用。这种模式的优势在于低成本、易扩展和快速实施,同时降低了客户的技术门槛和维护成本。

(二)定制化解决方案

针对特定行业或客户需求,AIGC 平台提供商可开发定制化的解决方案。这些解决方案通常针对特定业务场景,如新闻撰写、广告创意、社交媒体管理等。定制化解决方案可以帮助客户更好地满足其特定需求,实现更高的投资回报率。然而,这种模式的开发成本高、实施时间长。

## （三）开放平台与API

在这个商业模式中，AIGC技术提供商将其核心技术以API的形式向第三方开发者开放。这样，开发者可以在自己的应用程序中轻松集成AIGC技术，从而实现更广泛的应用场景。技术提供商通常按照API调用次数或其他度量来收费。这种模式的优势在于可以快速扩大市场覆盖范围，并激发更多的创新应用。基于不同的内在逻辑，不同工具的功能和效果也不同，不同的需求可以借助不同的工具（图3-6）。

图3-6　国外典型AIGC工具的逻辑分类

## （四）许可证和合作伙伴关系

AIGC平台提供商可以通过许可证或合作伙伴关系将技术授权给第三方。第三方可以在自己的产品或服务中使用AIGC技术，从而为客户创造价值。这种商业模式有助于扩大AIGC技术的市场覆盖面，同时带来稳定的收入来源。

## （五）平台模式

在平台模式下，AIGC技术提供商构建一个生态系统，将内容生成者、开发者和用户连接在一起。平台提供商可以从中抽取佣金或收取服务费。此模式的优势在于创造了一个多方共赢的生态环境，促进了技术创新和市场竞争，同时为客户提供了更多选择。

（六）人工智能生成内容市场

AIGC 平台提供商可以创建一个线上市场，让用户购买或出售人工智能生成的内容。这种商业模式可以吸引更多的创作者和消费者参与，形成一个繁荣的内容市场。平台提供商可以从交易中抽取佣金，实现可持续的盈利。

（七）咨询与培训

AIGC 技术提供商还可以提供咨询和培训服务，帮助客户更好地理解和应用人工智能生成内容技术。这种商业模式不仅能带来咨询和培训收入，还有助于提高客户的满意度和忠诚度。

（八）开源与社区驱动模式

部分 AIGC 技术提供商选择采用开源模式，通过建立强大的开发者社区来推动技术创新和发展。这种商业模式依赖于社区成员的贡献，共同改进和扩展 AIGC 技术。虽然开源模式可能无法直接带来收入，但它有助于提高技术的知名度和影响力。此外，平台提供商可以通过提供附加服务（如企业支持、定制开发等）来实现商业盈利。

（九）数据驱动的商业模式

在这种商业模式中，AIGC 技术提供商通过分析和挖掘用户行为数据、内容生成数据等，为客户提供有针对性的建议和解决方案。例如，根据用户喜好和行为特征，为广告商提供定向广告策略。这种模式的优势在于强大的数据驱动能力可以帮助客户实现精准营销和提高投资回报率。

综上所述，AIGC 产业的商业模式多种多样，各具特点。不同的商业模式可以满足不同客户的需求，适应不同的市场环境和行业趋势。企业在选择合适的 AIGC 技术提供商时，需要充分了解各种商业模式的优缺点，以便找到最符合自身需求的模式。

值得注意的是，随着 AIGC 技术的不断发展，产业中的商业模式也可能发生变化。企业需要关注市场动态，密切关注新兴商业模式，以便及时调整自己的战略和资源投入。同时，企业还需关注潜在的法律、伦理和社会风险，确保在追求商业利益的同时，保障数据安全和用户隐私。

总之，AIGC 产业的快速发展为企业带来了巨大的市场机遇。企业应积极拥抱和应用 AIGC 技术，挖掘其潜在价值，并结合自身业务需求，选择最适合自己的商业模式，以实现可持续发展。未来，我们有理由相信，AIGC 技术将不断完善，推动产业的进一步发展和创新。企业通过不断探索和尝试各种商业模式，将能够更好地应对市场变化，提高竞争力和盈利能力，实现长期稳健的发展。

同时，我们也应关注 AIGC 技术对于内容创作者和传统行业的影响。随着人工智能生成内容技术的普及，传统的内容创作和传播方式可能面临重大挑战。企业和个人需要不断学习和适应新技术，发掘 AIGC 技术与传统行业的融合之道（图 3-7），以实现共同发展。

AIGC 产业的繁荣发展离不开政府、企业、研究机构和个人的共同努力。各方应共同推动技术创新，关注法律法规和伦理问题，为 AIGC 产业的可持续发展创造良好的环境。此外，对于潜在的就业和行业变革问题，各方应采取积极措施，提供培训和教育资源，帮助从业者适应新的技术环境和市场需求。

# 第三章 ● AIGC 的产业与模式

图 3-7　AIGC 与千行百业的结合

（资料参考：量子位、腾讯研究院、甲子智库）

未来，AIGC 技术将继续推动产业变革和创新，拓宽商业模式的边界。企业和个人需要保持敏锐的市场洞察能力，紧跟技术发展，不断调整和优化自己的商业策略。只有这样，才能在 AIGC 产业的竞争中立于不败之地，实现长期的成功与发展。

# 第七节

# AIGC 与元宇宙"13364"精髓认知结构

## 一、元宇宙"13364"精髓认知结构

### (一)什么是元宇宙

工业革命开始时,人们看到的只是蒸汽机和织布机。电气革命开始时,人们看到的只是电灯和电动机。信息革命开始时,人们看到的只是手摇电话和电子管。互联网革命开始时,人们看到的只是门户、搜索引擎和电子邮件。

2021年元宇宙元年开启时,人们看到的元宇宙是游戏,是 AR/ VR/ MR,是与现实世界平行的虚拟世界,随之而来的是社会各界对元宇宙"盲人摸象"式的解读,以及基于此的各种怀疑、质疑甚至批判。

纵观人类科技发展史,几乎每一次重大创新,主流社会前期往往都是扮演产道的角色,对其百般挤压、质疑,后期才会慢慢转变为新事物的使用者、受益者,进而成为主导性的普及力量。

近五年来,科技行业已发生了翻天覆地的变化,人类已经进入科技大爆发的时代。其中,最关键的是算力和人工智能这两大技术领域的一系列突破,相互叠加后带来了超指数级的增长,这相当于给了人类一个超级强

大的研究和发展工具。在这两股技术力量的复合推动下，多米诺骨牌正在倒下，并向 3D 引擎、数字生物学、药物研发、新材料、航空航天、高端制造、自动驾驶等各领域散开。元宇宙元年正是诞生于这样的大背景之下。

自 Roblox 游戏平台公司 2021 年 3 月成为元宇宙第一股以来，Facebook（Meta）、英伟达、微软、苹果、谷歌、高通、华为、鸿海、腾讯、阿里巴巴、百度、字节跳动等中外科技与互联网巨头纷纷宣布进军元宇宙。社会各界对元宇宙的认知开始慢慢地有所改变，人们认识到了元宇宙越来越多的可能性，意识到元宇宙对消费、工业、产业、政务、金融、经济、社会等各领域可能带来的一系列广泛而极其深远的变革和影响，包括本书将重点论述元宇宙对碳中和带来的全面赋能和价值。

元宇宙这个庞大体系若隐若现的过程，也是人们对其定义难成共识的过程，元宇宙到底是游戏、XR、技术，是技术的集成、产业、下一代互联网，还是下一代人类社会、人类文明、人类纪元？

既然达成共识如此不易，那我们先说说元宇宙不是什么。

目前，各界关于元宇宙的定义众说纷纭，有 Roblox 创始人提炼的 8 个特点、Beamable 创始人提出的元宇宙价值链 7 个层次、硅谷著名投资人马修·鲍尔（Matthew Ball）提出的 6 个特征、阿里 XR 实验室的 4 个层次、华为河图提出的 8 个要点等。

Roblox 的 CEO 大卫·巴斯祖奇（David Baszucki）说一款真正的元宇宙产品应该符合 8 个关键特征：身份、朋友、沉浸感、低延迟、多元化、随地、经济系统和文明。

Beamable 的创始人乔·拉多夫（Jon Radoff）从价值链的角度提出了构造元宇宙的 7 个层面，从低到高依次为基础设施、人机交互、去中心化、空间计算、创作者经济、发现和体验。

硅谷著名投资人马修·鲍尔总结出了 6 个特征：永续性、实时性、无准入限制、经济功能、可连接性、可创造性。

阿里巴巴达摩院 XR 实验室把元宇宙分成 4 层：L1（全息构建）、L2（全息仿真）、L3（虚实融合）、L4（虚实联动）。

华为河图把元宇宙分成 8 个层面：物理世界层、物理世界的数字印象层、语义层、地理信息层、数据层、通信层、内容层、用户内容层。

不同专家由于各自身份不同、出发点不同，所能接触和思考的元宇宙广度和深度不同，所以解构出的元宇宙也就不一样。

随着时间的推移和技术的进步，全球更多元宇宙创新和应用出现，人们对元宇宙定义的共识才会慢慢形成，这还需要数年的时间。

尽管在元宇宙这么早期的发展阶段给它下定义很困难，也不太科学严谨，但为了便于大家理解和近似把握元宇宙的精髓，我们对元宇宙做了一句话的定义和素描。经过一年多的广泛传播和交流，这个定义已经得到各界越来越普遍的认同。

"13364"中的"1"，就是如果只能用一句话来定义元宇宙，我们给元宇宙的定义是：数字化智能化高度发展下的数实融合的下一代人类社会。

元宇宙是下一代人类社会，不只是技术，也不只是产业。其特征是数实融合，即虚拟世界、数字世界和真实世界无处不在的充分融合，发展到一定程度后将难分数实。不管叫不叫"元宇宙"，它都是人类数字化、智能化高度发展的必然结果。正是由于支撑元宇宙的六大数字化、智能化技术领域近年来相继进入拐点，才有了元宇宙元年的质变开始。

## （二）元宇宙的三个世界

2021 年元宇宙引发了社会各界的关注，经常能看见不同名人、专家和媒体隔空辩论，吵得好不热闹。有意思的是，如果你仔细观察，常常会发现几方往往各说各话，争论的都不是同一个元宇宙，因为不同的人看到的是不同的元宇宙，摸到的是元宇宙这只"大象"的不同部位。

完整的元宇宙有三个世界，远不止被热议的虚拟世界。就像互联网远不止视频和游戏，更有"互联网+"和"+互联网"的广阔价值天地。元宇宙有着波澜壮阔的三个宏大世界，清晰认知本书所述的元宇宙的三个世界，大家就能很好地理解元宇宙不仅是人类向内探索精神世界的宏大舞台，更是帮助人类向外太空探索星辰大海的强大基地。有些声音批评元宇宙是人类文明的"内卷"，便是囿于元宇宙第一个世界的前半部分，未见全貌。

如果以一种通俗易懂的简单方式划分，元宇宙可以分成三个世界：数字原生的虚拟世界、数字孪生的极速版真实世界、数实融合的高能版现实世界。

在详细介绍这三个世界之前，我们先区分一下虚拟世界和数字世界。首先，虚拟世界是数字世界的子集。其次，虚拟世界是指完全虚构出来的数字世界，比如哈利·波特和漫威世界等。最后，数字世界是指用数字化方式呈现的世界，所以虚拟世界也是数字世界。数字孪生版的真实世界就不是虚拟世界而是数字世界了。

1. 第一个世界：数字原生的虚拟世界。数字原生的虚拟世界分为A、B两大部分。虚拟世界的A部分也就是《头号玩家》《黑客帝国》里面所描述的那个与现实物理世界平行、基本没有相交的世界。这是一个人类完全用想象力、创造力构建的纯数字化的虚拟世界。这个虚拟世界由浩如烟海的各种各样的子元宇宙构成，就像互联网上无穷无尽的应用程序。

这个虚拟世界可以包含无数高度逼真化、沉浸化，而且可以社交的《哈利·波特》《西游记》《理想国》《三体》《复仇者联盟》《天龙八部》《浮士德》《笑傲江湖》等所有人类的想象。以前人类很难用低成本的方式讲这些想象做成具有沉浸感的、互动化的作品。但在元宇宙时代，人们可以通过各种 UGC、AIGC 的强大引擎平台和工具，可以把自己的宏大想象快速、低成本又逼真地呈现在元宇宙里。这样的元宇宙虚拟世界的 A 部分，承载的是人类精神娱乐的想象，满足的是物理世界不可能满足的那些需求。

元宇宙虚拟世界除了 A 部分休闲娱乐想象之外，还有 B 部分：各种工业和产业层面的想象，这种想象被称为设计和仿真。比如，设计新的产品、武器、展厅、房地产、城市、景观规划等，将来都会是先在元宇宙虚拟世界里做出逼真的数字作品，并对这个数字作品进行各种物理世界的仿真和测试，如风吹雨打、极限破坏、灾害模拟等，这样能大大提高研发效率，降低研发成本，缩短研发周期。

也就是说，将来绝大部分产品，首先是在元宇宙的虚拟世界里做出来，然后才会传输到现实世界，通过 3D 打印或生产制造出来。

2. 第二个世界：数字孪生的极速版真实世界。数字孪生的极速版世界是把我们现在的物理现实世界，根据需要按不同颗粒度、仿真度、时间连续性等，复制到元宇宙的数字世界中。这种复制不只是简单的形状复制，更要实现所有物理特性的复制和仿真。

大家看到的各种逼真游戏，虽然是数字化的，但它们大都不需要符合物理世界的各种特性，比如游戏里的人走路、物品碎裂、武器攻击、风云雷电、山水田园等自然环境，都不需要遵守牛顿定律、电磁原理、宇宙法则，人物想怎么飞就怎么飞，物品想怎么动就怎么动。把现实世界复制孪生到元宇宙虚拟世界里，是一项极其浩大的工程，也是一个极其庞大的产业链，会创造无数就业机会。其中，数字孪生引擎、各种尺度的扫描与视频图像的 AI 识别和建模、各种各样的物联网传感器和相关技术，以及庞大的算力资源是这项浩大工程的技术保障。

完成现实世界的数字孪生之后，就真正实现了足不出"户"——尽知天下事、尽游天下景、尽交天下友，甚至尽品天下美味（通过嗅觉和味觉智能硬件）。

在这样的元宇宙数字孪生世界里，由于每个人和世间万物都被数字化了，相当于人不再受体重和肉身的拖累，可以像电子一样瞬间即达对应于物理现实世界中的任何一个"真实的"空间和对象。这极大提高了我们每个人在现实世界的工作与生活效率，人生被极大扩展。所以被称为真实世界的数字化极速版。

3. 第三个世界：数实融合的高能版现实世界。元宇宙第三个世界，就是前两个世界加持下的高能版现实世界。第一个数字原生的虚拟世界，是人进入虚拟世界休闲娱乐及工作；第二个数字孪生的极速版世界，是人进入数字化的真实世界里工作和生活；而这第三个世界，人人都变身成"肉身超人"，即肉身仍然在物理世界工作和生活，但由于XR眼镜等智能硬件的帮助，人被前两个世界的AI数字能力实时在线赋能，所以拥有了千里眼、顺风耳、最强大脑。XR眼镜里看到的一切人、物、场景，都将被各种各样的数字化信息所叠加和包裹。

如何理解？举例来说，你来到一个新楼盘打算买房子，当你进入小区大门时，戴上了AR智能眼镜，这时镜片屏幕上实时显示出这个小区的总面积、容积率、楼的数量、周边交通等信息。当你被销售人员带到一间样板房里，镜片屏幕实时显示出AI计算出的每个房间的实际面积、公摊面积、墙壁平整度、歪斜度、隐藏裂缝、涂料品牌、预期寿命、屋顶漏水概率等各项数据。甚至AI镜片还能显示这个销售说话的真实度。

这时你如果想看一下自己老房子里的家具搬到新房后的效果，只要语音告诉AR眼镜，瞬间就能呈现装满老家具的新房效果。这么满意的房子，如果你想让家人也感受一下，这时AR眼镜会立刻连线你的家人，他们的数字分身会瞬间来到现场。你带着他们仔细考察了每个房间，AR眼镜还帮你们模拟了从早到晚、春夏秋冬各时间段内新房里面的温度和光线变化，以及周边噪声的影响。在这样的元宇宙第三世界里，由于前两个世界的强大赋能，我们每个人在现实物理世界的能力倍增，工作与生活效率极大提升，与社会各界的沟通和协作半径被无限扩展。

元宇宙的这三个世界，相互支撑、互相赋能。第一虚拟世界为人类提供无限想象；第二孪生世界提供真实世界的数字化极速版本；第三高能版现实世界令每个肉身在物理世界里能力倍增，从而协助人类把物理世界建设得更好，进而为那两个世界的持续发展提供更坚实的基础。换句话说，元宇宙的这三个世界，既极大丰富了人类向内探索精神世界的自由度，又极大提升了人类在物理现实世界向外太空探索星辰大海的能力和效率。

### （三）元宇宙发展的三条主线

在元宇宙这一句话的定义与上述那么多不同定义的要素和结构之间，什么是元宇宙"纲举目张"中的"纲"？什么才是元宇宙发展的主线？

在系统解构元宇宙的各层面、各模块、各要素之后，我们提炼出以下三条元宇宙的发展主线。

第一条是交互发展主线，包括眼、耳、鼻、舌、身、意六个维度的技术和产品，提供沉浸化的 3D 全息交互。

第二条主线是各类引擎及智能工具和平台发展主线，包括游戏、数字孪生、工业设计与仿真、数字人、教育、服装等，完成从 PGC 到 UGC 再到 AIGC 的大发展，为元宇宙内容大爆发提供坚实而丰富的工具支撑。

第三条主线是基于区块链的经济与治理发展主线，包括 NFT、DeFi、波卡、预言机、数字金融、数字资产互操作性、分布式存储、各类 DAO 组织等。

正是这三条既能独立发展又会相互螺旋结合，从而引发巨大质变的发展主线，构成了元宇宙对人类社会及人类文明的极大变革力。

科学技术是生产力和生产关系变革的关键驱动力，也是社会与时代变革的关键驱动力，更是文明迭代与跃迁的关键驱动力。

1. 第一条主线：交互发展主线。

交互作为元宇宙发展的第一条主线，其发展将给人类的交流方式、生活方式、工作方式、城镇化等带来巨大的改变。

交互发展主线分狭义和广义，狭义的交互技术是指人与元宇宙之间的交互，不只是AR/VR/MR，而是完整涵盖眼、耳、鼻、舌、身、意的六个维度。广义的交互发展主线还包括物与元宇宙之间的交互，既有物如何联动元宇宙里的数字物、数字人和数字系统（通过新型物联网系统等），也有元宇宙里的虚拟世界如何影响和控制物理世界的物、事、人（包括新型复合多基质3D打印机等）。本节主要讲人与元宇宙的数字世界之间的交互。

基于AR/VR/MR和全息等方式的3D沉浸式交互，也是目前扎克·伯格、库克、阿里巴巴XR实验室负责人和华为河图负责人在谈论元宇宙时所涉及的主要内容。VR给人类提供了高沉浸感、高分辨率、高仿真度的视觉及沟通方式，虽然从技术和产品上来讲，达到肉眼无法分辨的颗粒度、刷新率、时延等还需要3—5年的时间，但已经不远了。中低成本、中低效果的6自由度消费级产品预计1年左右就将引爆市场，这主要得看几个大厂，尤其是苹果和Meta的进度。

如果说VR让人们沉浸在虚拟世界让人出世的话，那么AR/MR将调动虚拟数字世界的强大资源和能力，帮助人在现实物理世界成为加强版的自己，更好地入世。

除上述的XR眼镜这条视觉技术路线之外，全息投影、视网膜成像等视觉技术也在不断迭代之中，科技界5—10年的中期技术目标是扔掉XR眼镜，还裸眼自由。不管是哪条技术路线，都高度依赖于芯片算力传输等相关技术的突破，好在"英伟达们"的算力迭代非常给力，未来可期。

除了上面的视觉维度之外，将人类的嗅觉、听觉、表情、肢体动作、温湿度和压力感知等全面与元宇宙打通，才能实现真实人与数字替身人之间量子纠缠般的联动。触感手套、肌电图智能硬件、体感衣等相关智能硬件虽然这两年进步也不错，但离实现跟身体全方位、长时间、良好舒适度的输入、输出，还有比较遥远的距离。

六个维度的最后一个是"意"，即人类意识的传输与处理，这也是《奇点来临》中的奇点所在，一旦意识可以脱离肉体在元宇宙内外传输，人类将跃迁为新的物种。以三体文明的先进科技，都还没能把云天明的意识脱离大脑自由下载和修改，我们地球人想要实现这个奇点，脑机接口公司估计还得要奋斗。

首先，元宇宙交互主线的发展突破改变的是人类的工作方式：公司员工之间、员工与客户和合作伙伴之间的沟通，可以随时随地在元宇宙中进行，集中式办公和面对面商务会谈的必要性及频率大大降低，在家办公、在任意地点办公、移动办公变成常态。

其次，人们选择居住城市的自由度大大增加，不再受工作所在地的制约。只要是能够连接元宇宙的地方，就可以作为居住地。那些风景好、不拥堵、美食多的中小城市甚至乡村成为更多人的居住地选择。人们社交、旅游、运动、娱乐的方式和范围极大丰富，大部分都可以在元宇宙里得到性价比极高的便捷满足。

最后，元宇宙交互技术的突破，也意外带来了房地产业的结构性巨变。上述工作方式的变革，将引起写字楼产业和商业地产领域的大动荡。人们不再愿意涌入大城市和CBD，这将对大空间写字楼的市场供给、CBD的商业价值与业态结构带来巨大的变化，当然，一线、超一线城市的住宅价格也将因此发生巨变。

在元宇宙时代,"天涯若比邻"终将因为交互技术的发展成为现实。

2. 第二条主线:各类引擎及智能工具和平台发展主线。

这条主线包括游戏引擎、数字孪生引擎、工业设计与仿真引擎、数字人引擎、教育课件引擎、建筑引擎、服装设计引擎、艺术创作引擎等各种引擎和内容生成平台,实现了从 PGC 到 UGC 再到 AIGC 的大发展,为元宇宙内容大爆发提供坚实而丰富的工具支撑。

元宇宙时代将是人类精神产品和服务极度丰富的时代,是创作者经济极度繁荣的时代。

跟互联网一样,优质内容也是元宇宙的核心。在 Web 1.0 的 PC 互联网阶段,绝大部分优质内容是以 PGC 为主,直到 Web 2.0 的移动互联网阶段,才批量出现 UGC 的平台,比如抖音、快手、微信等。因为技术所限,目前互联网的 UGC 还都只是二向箔化的 2D 内容。至于 AIGC,就是本书其他章节要重点解构的,通过人工智能算力算法和数据的持续优化迭代,发展出接近和超过人类在各领域的创作与生产力。

3D 化、高沉浸感的内容是元宇宙的魅力所在,但因为元宇宙相关技术还处于较早期的阶段,所以 Roblox、Fornite 这样的 UGC 平台,目前还只能以低分辨率的像素风格为主。

引擎技术的成熟才会有内容生产平台的成熟,这里我们就简化成讨论引擎技术。在引擎技术中,当前阶段最受关注的主要是游戏引擎和数字孪生引擎。

游戏引擎今后有两大发展方向:一个是继续面向专业人员提供专业而复杂且全面又强大的功能;另一个是面向大众演进易学易用的功能,为各类 UGC 平台提供傻瓜化的虚拟世界构建能力,并进一步发展成 AIGC 平台。

数字孪生引擎用于把真实世界数字孪生到元宇宙里。从建模角度,可以简单地把数字孪生对象分为自然景观和人造物品,其中人造物品又分为有数字模型和无数字模型。自然景观和无数字模型的建模，现有技术基本都能实现，主要就是精细度和成本的问题。比如北京香山的数字孪生，做到千米级、米级、分米级、厘米级的成本差异是巨大的。由于现在无人机和 AI 的广泛应用，建模速度和成本在快速下降中。

数字孪生还有一个重要的大领域，就是企业的数字孪生，尤其是在工业制造业中，即把企业的研发、生产、制造、仓储、物流、销售和售后服务的全价值链都实时动态孪生到元宇宙虚拟世界，全程数字化、高度智能化的企业元宇宙将极大提高企业经营管理的效率。其中，制造业的数字孪生技术难度较大，主要在设计端和生产端，要完全符合物理定律。

数字人引擎技术也是目前比较受各界关注的领域，目前主要有 MetaHuman 和 Omniverse Avatar 两大高仿数字人平台。不过二者都处于早期版本，性价比距离每个人都能接受的程度预计还需要 3—6 年的发展。

3. 第三条主线：基于区块链的经济与治理发展主线。

这条主线包括 NFT、DeFi、波卡、预言机、数字金融、数字资产互操作性、分布式存储、各类 DAO 组织的演变等。区块链是元宇宙的重要基础设施，是元宇宙经济与治理体系的根基。现代社会的经济与治理体系其实是一套效率比较低下的体系。

组织内部、组织与组织、国家与组织、国家与国家之间，主要基于一套纸质的法律与契约体系，需要依靠各种各样的中介机构才能保持低效率的运转，中介环节越多，这套体系的效率就越低下。

同时，纸质甚至连纸质都没有的各类显性与隐性契约，又给人为操控破坏契约留下了大量不确定性的空间，进一步加大了各个主体之间的摩擦和信任成本。人们之间相互交易与协作的信任成本其实是很高的，达成表里如一的真正共识何其之难。区块链技术将推动互联网从 Web 2.0 向 Web 3.0 换代，互联网从最早的 Web 1.0 通信网络发展到 Web 2.0 的信息网络，即将进入 Web 3.0 的价值网络。价值网络最主要的特点在于把商业平台上的信任成本降到最低，并将信任的效率升到最高。

2022 年 9 月，以太坊 2.0 第一阶段升级完成，将开启区块链应用层协议的高速发展期，预计到 2025 年前后迎来 Web 3.0 普及的真正拐点。

基于 Coin、Token 和 NFT 的数字经济体系和基于 DAO 的治理体系，是区块链技术带给元宇宙最重要的两大基础性支撑，这将是元宇宙时代创作者经济大繁荣的最重要的技术保障。

## （四）元宇宙 BIGANT 六大技术支柱

正如互联网经济是架构在 IT 基础之上，元宇宙的崛起也离不开庞大技术体系的支撑。

基于对元宇宙技术体系的各种分析和论述，我们总结提炼出支撑元宇宙的六大技术支柱，全面概括了元宇宙技术体系。

我们把这六大技术支柱的英文组合成了一个比较有意思的缩写 BIGANT，又称"大蚂蚁"，你可以想象这是来自元宇宙的大蚂蚁。其实蚂蚁是非常有意思的动物，单只蚂蚁的智商很低，但一大群蚂蚁构成的小社会具有很高的智慧：它们可以调节温度，可以建构出复杂的蚁穴结构，可以管理真菌农场，可以照管蚜虫牧场，它们可以组建分工复杂的军队、运用多种战略战术作战。令人吃惊的是，成员数量越多，蚂蚁的群体智慧就越高。

展开来说，支撑元宇宙的六大技术支柱包括区块链技术、交互技术、游戏引擎与数字孪生技术、人工智能技术、综合智能网络技术、物联网技术。这六大技术领域既是六座技术高塔，也是六条技术英雄们的宽广财富之路。

1.区块链技术。这是一种去中心化的、分布式的数据库系统，允许多个参与者在一个不受任何单一实体控制的网络中进行数据交换。区块链通过将交易数据组织成一个个区块，并将这些区块按照时间顺序链接在一起，形成一个不断增长的链条。每个区块都包含了一系列交易记录，这些交易经过加密哈希算法保证数据的安全性。一旦数据被写入区块链，就很难篡改，确保了数据的真实性和不可篡改性。

区块链技术由多个协议层构成，包括共识协议、网络协议、数据存储协议等。共识协议是区块链系统中的核心协议，负责在网络中达成一致。常见的共识协议包括工作量证明（PoW）、权益证明（PoS）等。网络协议负责在参与者之间传输信息，如 P2P 协议。数据存储协议则规定如何存储和组织区块链数据，例如 Merkle 树。

NFT：NFT 是一种独特的、不可互换的数字资产，代表了虚拟或现实世界中的独特物品或作品。基于区块链技术，NFT 可以确保物品的所有权、稀缺性和可追溯性，广泛应用于艺术品、收藏品、游戏道具等领域。

DeFi（去中心化金融）：DeFi 是一种基于区块链技术的金融服务模式，旨在摆脱传统金融机构的中心化控制。DeFi 应用包括借贷、预测市场、稳定币、去中心化交易所等，使用户能够在一个开放、透明、无须信任的环境中进行金融活动。

波卡（Polkadot）：波卡是一个跨链技术平台，旨在实现不同区块链之间的互操作性。通过波卡的共享安全模型和中继链，各个平行链可以实现资产、数据和消息的跨链传输，提高区块链应用的扩展性和互联互通性。

预言机：预言机是一种将区块链与现实世界数据相连接的工具。由于区块链系统无法直接访问外部数据，预言机通过提供可信赖的数据源和验证机制，将外部数据安全地引入智能合约，为区块链应用提供更丰富的功能。

DAO（去中心化自治组织）：DAO 是一种基于区块链技术的组织形式，通过智能合约和代币经济实现组织治理的自动化和去中心化。DAO 成员可以通过代币持有权参与组织的决策、分红等，实现真正的民主与透明。

总之，区块链技术通过多种协议构建出一个去中心化、安全的基础设施，为 NFT、DeFi、波卡、预言机、DAO 等应用领域提供了可能性。这些领域的发展都体现了区块链技术的核心价值，即去中心化、安全、透明和可靠。未来，区块链技术有望继续推动金融、游戏、供应链、身份认证、物联网等领域的创新与发展，形成一个更加开放、高效、互联互通的数字世界。

在金融领域，区块链技术通过去中心化的金融服务，可以降低成本、提高效率，并增加金融市场的透明度。在游戏领域，区块链技术赋予玩家虚拟物品的真正所有权，形成可在不同游戏之间流通的通证经济。在供应链领域，区块链技术有助于追溯商品的来源，提高供应链管理的透明度与效率。在身份认证领域，区块链技术为个人提供了自主管理的数字身份，保护个人隐私。在物联网领域，区块链技术可以实现设备间的安全通信和数据共享，支持去中心化的物联网应用。

随着区块链技术的不断发展和成熟，我们有望看到更多的创新应用和商业模式涌现。这将有助于改善现有行业的痛点，并推动人类社会朝着更加开放、透明、高效的方向发展。

Web 3.0 是互联网的下一代，被称为语义化、去中心化的互联网。在 Web 3.0 中，数据和应用程序不再受制于中心化的服务器和中介，而是利用区块链技术进行构建。区块链为 Web 3.0 提供了一个安全、透明且不可篡改的底层基础设施，使得数据拥有更高的自治性和所有权归属。

元宇宙是一个虚拟的、由多个数字世界组成的网络空间，其中用户可以自由地进行互动、交流、娱乐、学习等。区块链技术与元宇宙之间的联系主要体现在：一是去中心化的所有权，区块链技术使用户能够真正拥有虚拟物品的所有权；二是通证经济，基于区块链的通证可以在元宇宙中实现价值的流通与交换；三是数据安全与隐私保护，区块链技术可以确保元宇宙中的用户数据安全且不受第三方操控。

区块链技术为 Web 3.0 和元宇宙提供了一个去中心化、安全、可靠的基础设施，从而使数据的流通更加自由、高效和透明。NFT、波卡、预言机、DAO、智能合约、DeFi 等区块链技术和应用，将开创创作者经济时代，催生海量内容创新。基于区块链技术，将有效打造元宇宙去中心化地清结算平台和价值传递机制，保障价值归属与流转，实现元宇宙经济系统运行的稳定、高效、透明和确定性。本质上讲，区块链是一种去中心化的、不可篡改的数据共识系统，解决的是数字世界的共识效率与信任成本问题。

2. 交互技术。人体交互技术是制约当前元宇宙沉浸感的最大瓶颈所在。交互技术分为输出技术和输入技术。输出技术包括头戴式显示器、触觉、痛觉、嗅觉，甚至直接神经信息传输等各种电信号转换于人体感官的技术；输入技术包括微型摄像头、位置传感器、力量传感器、速度传感器等。复合的交互技术还包括各类脑机接口，这也是交互技术的终极发展方向。

人眼分辨率为 16K，这是没有"窗纱效应"的沉浸感的起点。如果想要流畅、平滑、真实的 120Hz 以上的刷新率，即使在色深、色彩范围都相当有限的情况下，1 秒的数据量就高达 15GB。所以单就显示技术而言，估计得 3 年左右才能达到这个水平，前提是其他关键模组还得跟得上。目前，包括 Oculus Quest 2 在内的大部分产品只支持到双目 4K，刷新率从 90Hz 到 120Hz 的范围，还只是较粗糙的玩具级。

元宇宙的移动设备要实现端侧引擎、端侧智能、端侧 16K 的支持，还要有光追、3D 渲染、透视之类的话，5 年之内很难出现这种算力水平的系统级芯片（SoC）。此外，还有很多技术问题需要进一步解决，比如：空间感知、动作捕捉、面部捕捉、眼球捕捉、同步定位与建图（SLAM）、头部

MTP时延、操作响应时延、肢体MTP时延的改善，需要传感器、算法算力、引擎、操作系统、显示等协同改善，复杂场景、高精度、3D、高分辨率下的时延和渲染问题更为突出。

简单来说，在将桌面级算力性能提升2—4倍的基础上，将体积和重量缩小到可便携的移动设备水平，再将功耗降低到桌面计算的百分之一，才可能从根本上解决元宇宙的入口体验问题。

耳，即语音交互技术。结合云计算、边缘计算、AI的新型智能耳机，既可独立于XR眼镜，又能与智能眼镜协同工作，还可以集成需要紧贴肌肤的心电检测、脑电检测和肌电检测设备。这将会成为元宇宙的又一重要入口。

鼻、舌，即嗅觉与味觉交互技术。目前，从事这两个技术方向的公司还比较少，不过随着元宇宙热度的提升，相信会有越来越多的产品和解决方案出现。

身，即触感、温湿度与动作交互技术，包括肌电臂环、触觉手套、电子皮肤、传感衣等。肌电臂环可以用于空中键盘打字。使用Meta刚发布的触觉手套原型机，用户可以精确抓取虚拟空间的物品，接球、玩骨牌。手套能搭配头戴式VR设备，最终还可直接搭配AR眼镜，这不只是一个全新的人机交互接口，也是一个全新的科学研究领域。电子皮肤和传感衣的研发也还处于早期阶段，需要一个过程，预计5年左右能看到可规模化商用的产品。

意，即意识的上传与下载技术。脑电头环、脑机接口都属于此类技术。实现意识上下载的那天，也就是奇点来临的一天。

未来10年，听觉、视觉、触觉、嗅觉也能融合传输交互，那么人与人之间的沟通才会发生质的变化。移动网络至少要达到10Gbps下载、毫秒级时延，才能将这些感知信息语义化。

3. 游戏引擎与数字孪生技术从广义上讲包括不同种类、不同封装层级的数字引擎，比如图形图像、语音、文字等不同属性的引擎，也包括游戏、数字孪生、服装设计、绘画、音乐、写作等各级各类封装的引擎。本节主要讨论狭义的引擎技术，也是视觉上构建元宇宙最重要的两大领域：一是游戏引擎相关的 3D 建模和实时渲染等相关技术，二是包括数字孪生相关的 3D 引擎和仿真等相关技术。其实统称为 3D 引擎相关技术更为恰当，它涵盖了建模、渲染、仿真、动作四大能力。

游戏引擎以前主要是游戏公司专业化开发游戏所用，游戏引擎有不少，最主流的有两大引擎：一个是 Epic Games 公司的 Unreal 虚幻引擎，近期将推出虚幻 4 版本；另一个是 Unity 公司开发的 Unity 3D 引擎。游戏引擎今后有两大发展方向：一个是继续面向专业人员提供专业而复杂但全面又强大的功能；另一个是面向大众演进易学易用的功能，为各类 UGC 平台提供傻瓜化的虚拟世界构建能力，并进一步发展成 AIGC 平台，即人工智能生产内容。实际上这两个发展方向内都会引进大量的 AI 技术。

游戏引擎的 UGC、AIGC 发展方向至关重要，当年美图秀秀和剪映把 Photoshop 照片编辑和 Premiere 视频编辑的专业门槛拉低到普通用户都能做，才有了朋友圈的美图如云和抖音、快手等视频平台的大繁荣。将来，唯有把复杂逼真的 3D 世界构建门槛也拉低到普通人都能做，才能实现元宇宙创作者经济的大繁荣，才能构建起极度丰富的元宇宙世界。这时候的游戏引擎，早已超出游戏的范畴，应该叫虚拟 3D 世界引擎。

数字孪生是把现实物理世界孪生镜像到元宇宙数字世界的关键。其实现在很多数字孪生公司的 3D 引擎底层也都用的是游戏引擎，尤其是前面提到的 Unity 和 Unreal。

不同的是，数字孪生技术中的物理仿真和建模这两大部分跟游戏引擎差异较大。以仿真为例，游戏中的人和物完全不需要遵守地球上的物理定律，想怎么飞就怎么飞；而数字孪生中的 3D 内容需要严格遵守所有的物理定律，这个就很复杂了，比如一阵风吹过，叶子摆动和落下的轨迹，触地瞬间溅起的灰尘等，这些元宇宙里孪生世界的内容都得符合物理定律，做到高度仿真。

从建模角度，可以简单地把数字孪生对象分为自然景观和人造物品，其中人造物品又分为有数字模型和无数字模型，比如文物，根本不是现代人用计算机软件设计制造出来，没有现成的数字模型。游戏中的建模则都是一样的，全部用基于数学的计算机图形学原理构建。

自然景观和无数字模型的建模，现有技术基本都能实现，主要就是精细度和成本的问题。比如北京香山的数字孪生，做到千米级、米级、分米级、厘米级的成本差异是巨大的。由于现在无人机和 AI 的广泛应用，建模速度和成本在快速下降中。

数字孪生还有一个重要的大领域，就是企业的数字孪生，尤其是在工业制造业中，即把企业的研发、生产、制造、仓储、物流、销售和售后服务的全价值链都实时动态孪生到元宇宙虚拟世界，全程数字化、高度智能化的企业元宇宙将极大提高企业经营管理的效率。其中，制造业的数字孪生技术难度较大，主要在设计端和生产端。

电子游戏技术与交互技术的协同发展，是实现元宇宙用户规模爆发性增长的两大前提，前者主要解决的是内容丰富度，后者主要解决的是沉浸感。

4. 综合智能网络技术。综合智能网络技术不仅是指传统意义上的互联网和通信网，主要是指云化的综合智能网：包含 5G 和 6G 等通信、人工智能、算力、存储、渲染、安全等能力，架构上包含了中心化、分布式和边缘计算的混合网络架构，是端、边、云、网、智的复合。这不再是传统的信息传输网络，而是具有综合能力的云化的基础设施网络。

云化的综合智能网络是元宇宙最底层的基础设施，提供高速、低延时、高算力、高 AI 的规模化接入，为元宇宙用户提供实时、流畅的沉浸式体验。目前，5G 网络的最大下行速率大约是 5.6 Gbps，速度上勉强能够支持元宇宙早期发展阶段的状况，真正的元宇宙大发展离不开 6G、7G 以及卫星互联网的协同发展。云计算和边缘计算为元宇宙用户提供功能更强大、更轻量化、成本更低的终端设备，比如高清高帧率的 AR/VR/MR 眼镜等，同时分布式存储也为基于区块链的元宇宙提供了低价和安全的存储解决方案。

互联网是异步网络，所以大家早已习惯了对时延不敏感的各种互联网应用，除了大型实时对战游戏不能容忍时延超过 100 ms 之外。元宇宙时代就不一样了，大量场景都要求低时延和极低时延，比如医生远程做手术、自动驾驶、生产线、沉浸式对战游戏、轨道交通、远程无人机控制、战争等。

沉浸式 3D 元宇宙的庞大数据量对算力的需求是超指数级的，这些年英业达、台积电等半导体厂商一直不断创新，努力以指数级速度在推高算力。最新的好消息是，霍尼韦尔提出了新的摩尔定律承诺：未来 5 年内，每年将其量子计算机商业产品的量子量提高一个数量级。

伴随算力暴增的是能源消耗量的暴增，在全球碳达峰、碳中和的大背景之下，算力行业因为能耗问题面临着巨大压力。好在核聚变技术的快速发展有望在未来 10 年到 20 年的时间内，将人类带入无限能源供给时代。

5. 人工智能技术。人工智能技术在元宇宙的各个层面、各种应用、各个场景下无处不在。包括区块链里的智能合约，交互里的 AI 识别，游戏里的代码、人物、物品乃至情节的自动生成，智能网络里的 AI 能力，物联网里的数据 AI 等，还包括元宇宙里虚拟人物的语音语义识别与沟通、社交关系的 AI 推荐、各种 DAO 的 AI 运行、各种虚拟场景的 AI 建设、各种分析预测推理等。

元宇宙最重要和最被忽视的方面之一就是人工智能，它有很多使用案例。例如，人工智能可以生成各种内容；人工智能可以用于创建、审计和保护智能合同；人工智能和元宇宙的结合可以提高对大量数据进行可靠的数字分析和决策的能力；人工智能可以集中管理和存储大量数据，并通过机器学习调整智能合同的动态参数，提供个性化的治理机制；但人工智能容易受到黑客攻击，区块链技术的应用可以更好地保护隐私，创建更安全的数据，调节互不信任的设备之间的冲突，提高智能合同的便利性。而且，人工智能可以将虚拟世界的人从重复的工作中解放出来。目前，人工智能可以从大量的数据中学习，进行预测和简单的创作，从而帮助人们减少重复性任务，快速掌握技能，提高工作准确性，减少人为错误。例如，如果你想在现实世界中学习游泳，你需要游泳教练指导你，一步一步教你分解动作并重复每个动作。在虚拟世界中，人工智能只需要观察游泳者的肌肉运动、细微差别和每个动作的操作时间，就可以对游泳动作数据进行编码，角色可以使用这组代码快速学会游泳。这种高质量的学习数据将大大提高人类的学习效率。

此外，人工智能可以丰富虚拟世界中的生物形态。目前，人工智能具有一定的创造能力，能够创造出全新的人工智能生物，它们可以在元宇宙中漫游，与人类用户互动，形成互动生态。除了图像内容，人工智能还可以生成对话文本内容，并将其转换为人类语言，使 3D 角色能够像人类一样说话。在元宇宙中，人工智能可以成为创造性活动的重要来源。人工智能在大量学习的基础上，可以学习潮流和风格，然后进行自主创作，创造新的数字资产、艺术和内容。

最后，人工智能具有很强的学习和创造能力，可以有效改进现有的软件和流程。未来，人工智能将能够实现自身的智能转型，带来智能与技术的大爆炸。

在 PGC 方面，第一方游戏内容是建立元宇宙的基础场所，而目前 3D 游戏在场景和人物建模上都需要耗费大量的人力、物力和时间。为实现元宇宙与现实社会高度同步，算法、算力及 AI 建模技术的进步有望提升 PGC 的生产效率。在 UGC 方面，第三方自由创作的内容以及闭环经济体的持续激励是元宇宙延续并扩张的核心驱动力。目前，游戏 UGC 创作领域编程门槛过高，创作的高定制化和易得性不可兼得，同时鲜有游戏具备闭环经济体。因此，为达到元宇宙所需的可延展性，需要区块链经济、AI、综合内容平台等产业的技术突破。

数实融合的元宇宙持续生产海量数据，它为人工智能提供了丰富的学习材料和加工对象。随着人工智能的发展，未来，它们可能成为人类构建数字世界的工具。人类只需要输入文字指令，人工智能就可以将其输出到一个完全沉浸式的 3D 环境中，让人们去探索、研究与互动。

6. 物联网技术。物联网领域经历了 10 年的漫长前夜，终于在近几年迎来了真正的快速发展期。

物联网是一个广泛的概念，涉及将物体与互联网连接起来，实现数据收集、分析和控制的智能化。物联网技术体系由多个层次组成，包括感知层、网络层、应用层和管理层。本文将通过解构这四个层次来介绍物联网的技术体系。

感知层是物联网技术体系的基础，负责对环境中的物理信息进行采集和监测。主要由传感器、执行器和数据采集模块组成。传感器用于检测物理信息（如温度、湿度、位置等），执行器则负责对环境进行控制（如开关控制、调节设备参数等）。数据采集模块用于将采集到的数据转换为数字信号，供网络层传输。

网络层负责在感知层与应用层之间传输数据，实现物联网设备间的互联互通。网络层的主要任务是将感知层采集到的数据通过各种通信技术（如 Wi-Fi、蓝牙、LoRa、NB-IoT 等）传输至云端或其他设备。此外，网络层还需要处理数据传输过程中的安全性、可靠性和实时性问题，确保数据在传输过程中不被篡改或丢失。

应用层负责对网络层传输过来的数据进行处理、分析和展示，为用户提供实际的应用价值。应用层包括数据处理模块、应用软件、用户接口等。数据处理模块负责对收集到的数据进行存储、分析和挖掘，实现数据的价值转化。应用软件则根据不同行业、场景需求，实现数据的可视化、报警、远程控制等功能。用户接口为用户提供友好的操作界面，方便用户实时了解和控制物联网设备。

管理层是物联网技术体系的核心，负责对整个物联网系统进行监控、配置和优化。管理层主要包括设备管理、网络管理、安全管理等模块。设备管理负责对物联网设备进行监控、维护和升级，确保设备正常运行。网络管理负责对网络状况进行实时监控，调整网络参数以保证数据传输的稳定性。安全管理则负责确保物联网系统的安全性，防止恶意攻击和数据泄露。此外，管理层还需要根据应用需求和环境变化，对物联网系统进行动态优化，以提高系统的性能和稳定性。

物联网技术体系的发展和应用已经渗透到了各个行业和领域，如智能家居、智能交通、智慧农业、工业自动化等。通过对感知层、网络层、应用层和管理层的解构，我们可以更深入地理解物联网的技术架构和实现方式，从而更好地利用物联网技术为人类带来更高的生活质量和更高效的生产方式。

未来，随着技术的不断进步，物联网技术体系将持续发展和完善。例如，新型传感器和执行器的出现将提高感知层的性能和稳定性；通信技术的创新将为网络层带来更高的速度和更低的功耗；大数据和人工智能技术的发展将使应用层更智能化；管理层将通过先进的监控和调度算法实现更高效的系统管理。随着这些技术的融合与发展，物联网技术体系将为人类创造更多的价值和可能性。

在元宇宙三个世界中的第二个数字孪生世界里，物联网负责把物理真实世界里的各种信号和变化（比如声音、图像、温湿度、气象变化、物理及化学参数等）实时对应到数字孪生体上，比如长江不同水域的状况、果园每棵树的状况、牧场每头牛的状况、工厂每条流水线和设备的状况、家里每个家电和宠物的状况等。这样，在元宇宙数字孪生世界里，人类可以随时掌握对应物体在物理世界的真实状况，极大提高了工作和生活的效率。

在元宇宙三个世界中的第三个虚实融合增强版现实世界里，人类可以在各个现场通过 XR 眼镜等，将数字孪生世界里对应的数据或 AI 处理过的数据实时显示在当前实景的 XR 眼镜里，比如站在山坡上扫一眼前面的羊群里，眼镜里就会实时显示出哪些羊是你家的，哪些是混杂进来的。

物联网技术正在向区块链、边缘计算、AI 融合发展的方向不断进步，是元宇宙六大技术领域中相对成熟、最接近规模化商用的领域，当然仍有碎片化普遍、成本偏高等需要进一步改进的问题。

元宇宙 BIGANT 这六大技术领域，正处于交叉、叠加、融合创新的高速发展阶段，尤其是算力和 AI 的指数级发展，为其他各领域技术的倍速发展提供了威力强大的基础性工具。

这六大技术领域的大发展和大集成，形成了"美第奇效应"，BIGANT 的大发展已不仅是生产力变革的关键驱动力，还成为生产关系变革的关键驱动力，更是社会与时代变革的关键驱动力，未来还必将成为人类文明跃迁的关键驱动力。

元宇宙的到来，是 BIGANT 六大技术领域驱动下的，人类社会高度数字化、智能化发展的必然结果，是一种新的社会形态。

### （五）元宇宙的四大应用领域

元宇宙从未来应用来看，可以大致分为四大领域：消费、产业、工业以及政务。

1. 消费元宇宙。提到消费领域，首先要讲消费元宇宙的前身：消费互联网。2020年以来，"内卷"成为不少互联网大厂的前缀，互联网从业者明显感觉到：业务越来越不好干了，钱越来越不好赚了。具体来说，消费物联网面临着各种困境。

（1）消费元宇宙给消费互联网带来的升级。从消费互联网到消费元宇宙，核心主体始终是消费者，但后者能满足消费更高层次的需求，并带来更优质的体验。

消费元宇宙的出现，为人类获得地位开创了新的可能性。每个人都可以在元宇宙空间里充分表达自己的才能，从而在元宇宙中持续创造文化价值、心理价值等虚拟价值，这样有利于不同的人员在不同空间的自我实现。不同特长、不同兴趣、不同爱好的个体聚合在一个元宇宙的空间，大家相互欣赏、相互促进，从而使每个人都获得成就感，获得自己相应的社会地位。这样，使社会消费从符号消费领域的零和博弈走向非零和博弈，推动实现各方面的共赢。

真假难辨的沉浸式体验是消费元宇宙产品与手机、电视等产品最直观的差别。

（2）消费元宇宙的产品形态。在元宇宙世界里，消费者可以进行沉浸式学习、购物、教育、旅行等，并通过以活动为导向的方式（如游戏）让人身临其境，真假难辨。

① 游戏：作为元宇宙基础形态，为用户提供更加沉浸、实时和多元的泛娱乐体验。开放世界、沙盒类和模拟类游戏分别满足了用户对于沉浸

度、自由度和拟真度的要求，元宇宙在结合了上述品类优点的基础上，基于游戏内核衍生出更多元化的用户体验，例如 Roblox 与 Gucci 合作举办虚拟展览以及演唱会、毕业典礼、学术会议等。

② 社交：游戏性为用户带来了高沉浸度的社交体验和丰富的线上社交场景，同时虚拟化的身份能够扫清物理距离、社会地位等因素造成的社交障碍，并且给予用户更强的代入感。

③ 内容：为用户提供更丰富的内容供给和更沉浸的内容体验。单一 IP 或者多个独立 IP 并不能构成宇宙，需要打造系列 IP 并通过各种形态的内容丰富世界观。腾讯"泛娱乐"概念下，产业链全方位的内容供给和持续的内容衍生，具备发展为内容领域的元宇宙的潜力。同时，元宇宙还需要有丰富的 UGC 内容以不断拓宽边界。此外，随着 VR 等技术的发展，内容的展现形式将会进一步升级，用户在元宇宙中可以获得极致沉浸式的内容体验，如 VR 看剧、沉浸式线上剧本杀等。

④ 消费：从线下体验升级为线上沉浸式体验，迎来新一波交互体验的升级，在 AR、VR 等技术的带动下，更加沉浸式的消费或将成为常态。

从产品形态上看，游戏是元宇宙的雏形，目前国内的多个元宇宙概念项目都与游戏有关，例如腾讯天美工作室推出 3A 级开放世界，远期目标对标《头号玩家》里的"绿洲"；网易的派对竞技游戏《蛋仔派对》，内含社交元素和 UGC 地图编辑器，已经进行过一轮封测；移动沙盒平台 MetaApp（233 乐园）利用虚拟化技术为中小游戏开发者创建一个平台，提供多人互动内容的创造和托管服务。

但消费元宇宙远不止游戏。只有当内容达到足够大的体量才可以被称作元宇宙，目前很多电影公司和漫画等内容产出者都企图通过构建"世界观"打造自己的 IP 宇宙，如"封神宇宙""唐探宇宙"等，都是旨在打造出一个自洽且内容可以不断扩张的世界观。

预期未来 5 到 8 年，一些专注于游戏、社交的头部公司和各大互联网巨头公司将发展出一系列独立的虚拟平台，并预计将以"游戏+社交+内容"的泛娱乐形式为主。

到 2030 年，元宇宙将向更多的体验拓展，部分消费、教育、会议、工作等行为将转移至虚拟世界，届时围绕消费者的吃、住、行、娱、教、购、旅、社交等场景，都将出现成熟的元宇宙应用。

2. 产业元宇宙。在元宇宙时代，实体产业的每个环节、每个要素都会实现完全的数字化，从"万物互联"走向"万物互信"，再到"万物交易"和"万物协作"的产业元宇宙。产业元宇宙将是产业互联网发展到一定阶段的必然形态。

从产业互联网到产业元宇宙，核心主体始终是生产者，产业元宇宙与第一、第二、第三产业的结合，将会使产业互联网面临的场景碎片化、数据孤岛等问题得到根本性的解决。

如同产业互联网的想象空间远大于消费互联网，产业元宇宙的未来图景也远比消费元宇宙"宏大"。

作为元宇宙的子集，产业元宇宙需要满足元宇宙的关键特征：元宇宙是由利益相关者共同建设的；元宇宙的建设是通过大规模协作实现的；元宇宙是一种涌现式的自组织经济体；元宇宙的建设者们以独立的数字身份自由参与并不断进化形成新的共识；元宇宙中的实体事物由于摆脱了物理空间的束缚，从而形成了各种资源极度丰饶的数字世界。

凭借这些关键特征，产业元宇宙将全面赋能产业数字化、网络化、智能化转型。具体包含设计、生产、运输、交付等产业链各环节，其应用遍布城市、制造、能源、汽车、建筑、物流等实体产业。

首先是产业链数字化：对生产线或产品进行传感捕捉，形成孪生商品或工厂模型。其次是产业链网络化：通过 5G 或物联网，将生产线环境与产品数据实时上传到 AI 超算中心，生产大数据在线融合，形成"指标孪生"。最后则是产业链智能化：基于生产数据训练出自动化或半自动化决策模型，沉淀知识图谱和产业大脑，通过机器人或机器手反向指挥生产参数调整，形成"决策孪生"的价值闭环。

在这一过程中，产业元宇宙带给产业互联网的升级主要体现在以下几个方面。

（1）产业要素方面，实现产品等要素的全生命周期虚实共生。借助 AI 仿真优化能力，可以做到与产业深度融合的数字伴生，建立虚拟和现实间的双向链接，将现实世界中的问题映射到虚拟世界中优化解决，再把解决方案部署回现实世界，用数字技术陪伴、加速实体经济成长。

（2）产业链方面，打造供需双方沟通反馈的高效闭环。以传统制造业为例，该产业受困于产业链环节冗长且彼此割裂，通常只能针对单一环节进行单点优化，完全不能满足生产线全链路效率的提升刚需。产业元宇宙技术的应用则打破了数据孤岛，使原本割裂的各个生产环节有了统一的表达形式以及数据交互协议，因此能够实现各个环节信息的无缝流通、协同优化，将单点优化范式转型升级为全链路协同优化，产业升级的效率由加法增长转变为乘法增长、指数增长。

（3）产业生态方面，互联互通的智能经济体系。一方面，产业各方参与者，如上游供应商、下游渠道商、外部合作伙伴等，借助底层区块链体系上的智能合约运转机制，可以以极低的信任成本完成高效交易；另一方面，由于每个行业数字化、自动化、智能化程度不同，产业元宇宙与不同产业联合将组成一种多层次、多阶段并行发展的新生态。

不难看出，产业元宇宙中现实世界和虚拟世界是相互指导和映射的关系，重点在于仿真和自主控制，通过参数的调整、计划的变更等手段，在产业元宇宙中进行难以在物理世界中实验的选项。

虚拟世界中会以实时数据驱动的镜像空间，动态反映现实世界的实体状态，建立起个体空间、群体空间、环境空间、活动空间与推演空间，并模拟各种关系，根据记录、评估、推演与预测形成决策，构成完整的知识应用与知识发现体系。

知识是有限的，而想象力是无限的。未来，无论是企业还是公共服务结构，无论是处于产业链哪个环节，都有望通过产业元宇宙实现虚拟原型设计和调试、沉浸式设计评审、可视化流体力学计算、自主系统模拟、高精度人机交互界面、技术人员培训、AR 生产指导协助、数字化工厂模拟、虚拟装配过程验证、虚拟营销广告活动、AR 远程维护服务、AR 安全指南培训。

产业元宇宙除了上述基于产业互联网升级的概念之外，还指各行各业的元宇宙化。

各行各业也在积极探索如何将业务与元宇宙相结合，实现数字化转型。以下是元宇宙在各行各业的应用示例。

（1）教育行业：元宇宙可以为学生提供一个沉浸式、交互式的学习环境，使学生在虚拟环境中亲身参与学习，提高学习的趣味性和效果。例如，通过虚拟现实技术，学生可以参观历史遗址、进行虚拟实验等，从而获得更生动、直观的学习体验。

（2）娱乐行业：元宇宙可以为用户提供丰富的娱乐内容，如虚拟音乐会、游戏、电影等。用户可以在元宇宙中与他人互动，共同参与各种娱乐活动，实现全新的社交体验。

（3）零售行业：零售商可以在元宇宙中创建虚拟商店，用户通过虚拟现实或增强现实技术进行在线购物。同时，利用大数据和人工智能技术，商家可以为用户提供个性化的购物推荐和优惠，实现精准营销。

（4）旅游行业：旅游业者可以利用元宇宙技术，为用户提供虚拟旅游体验。用户可以在元宇宙中游览各地名胜古迹、体验不同文化，满足用户在家中就能环游世界的需求。

（5）医疗行业：元宇宙可以为医生和患者提供一个虚拟的医疗环境，实现远程诊断、手术模拟等。此外，还可以利用虚拟现实技术进行康复训练，提高患者的康复效果。

（6）房地产行业：房地产开发商可以在元宇宙中创建虚拟楼盘，用户通过虚拟现实技术进行房屋参观，降低购房者的实地考察成本。同时，房地产商可以利用元宇宙提供的数据分析功能，优化楼盘设计和销售策略。

（7）金融行业：金融行业可以利用元宇宙构建虚拟金融中心，提供在线银行、证券交易、保险服务等。用户可以在元宇宙中进行实时的金融操作，获取个性化的投资建议，提高金融服务的便捷性和智能化程度。同时，金融机构可以通过对元宇宙中的大数据进行分析，优化风险管理和决策制定。

（8）交通行业：元宇宙可以为交通行业提供虚拟的交通网络，实现实时的交通监控和优化。用户可以在元宇宙中查询路况、规划出行路线，提高出行效率。同时，交通管理部门可以利用元宇宙的数据分析功能，优化交通布局和管理策略。

（9）能源行业：能源行业可以利用元宇宙构建虚拟的能源管理系统，实现远程监控和优化能源生产、分配和消费。此外，元宇宙技术还可以帮助能源企业进行虚拟的设备维修、故障诊断等，提高能源设备的运行效率和安全性。

（10）政务行业：政府可以在元宇宙中建立虚拟的政务服务中心，为公众提供便捷的在线政务服务。用户可以在元宇宙中办理各类证件、缴纳税费等，提高政务服务的效率。同时，政府可以通过对元宇宙中的大数据进行分析，优化政策制定和资源配置。

总之，随着元宇宙技术的不断发展，各行各业将逐渐实现数字化转型，为人类带来更加便捷、高效的生活和工作方式。在这个过程中，企业和政府需要紧密跟随技术发展趋势，不断创新业务模式和服务方式，以适应元宇宙时代的新需求。

3. 工业元宇宙。工业元宇宙可以理解为元宇宙在工业领域的应用与发展，是一种以 XR、数字孪生为代表的新型信息通信技术与实体工业经济深度融合的工业生态。它通过 XR、AI、IoT、云计算、区块链、数字孪生等技术将人、机、物、系统等无缝连接，将数字技术与现实工业结合，促进实体工业高效发展，构建起覆盖全产业链、全价值链的全新制造和服务体系，是工业乃至产业数字化、智能化发展的全新阶段。

2020 年，我国工业增加值增加到 31.3 万亿元，连续 11 年成为世界最大的制造业国家。制造业的占比对世界制造业贡献的比重接近 30%。工业元宇宙将在软件开发、远程工作、工业设计、制造流程、智慧城市等场景中带来变革性的影响。工业设计软件从平面（2D）、立体（3D）到"真3D"，或将成为中国软件设计弯道超车的机会。完整的工业元宇宙架构主要会覆盖三大核心：第一，人，包括人的思想；第二，物理部分，包括前面提到的机床设备、网络系统、物料等；第三，信息部分，包括订单数据、产品数据、经营数据等的处理和分析。工业元宇宙是数据、虚实、生态的大融合。

工业元宇宙脱胎于工业互联网，狭义的工业互联网侧重于工业制造企业内部设备与设备、人与设备之间的互联和通信，包括企业内部的研发、生产、物流、管理等环节。而广义的工业互联网还会延伸到企业的上游供应链、下游的分销渠道及售后服务维修体系、外部合作伙伴等。工业互联网产业链分成四个层次，包括应用、平台、网络、边缘。

有意思的是，德国认为物联网、工业物联网、工业互联网是同一个词，没有区别。我们提炼并完善了上述定义：把有计算能力的物理实体按互联网技术和标准互联起来，实现物的利益相关者对物的不同控制权限、不同信息共享权限、不同价值分配方式。

工业元宇宙也有很多去中心化的应用，产能全部数字化后，生产资源将变成某种程度的公共资源（尤其是行业内通用性强的产线和设备），大部分品牌企业将轻资产化。品牌方只要根据元宇宙里的消费大数据，生成具体的产品设计任务，发包给设计公司，设计定型后品牌方将根据智能生成的预订单数向共享工厂下达订单，工厂生产出来的产品根据智能合约配置全国的经济库存和物流订单。这一切在工业元宇宙里甚至可以在一定程度上并行实施，全部通过区块链智能合约无缝高效衔接和流转。

工业元宇宙与工业互联网最大的区别有三条：全生命周期虚实共生、企业和消费者智能高效闭环下的全息智能制造、智能经济体系。

（1）工业元宇宙之全生命周期虚实共生。首先，研发阶段的集成化虚实共生。在设计阶段，可以用虚实共生的数字孪生可视化方式虚拟验证设计、规划和优化产品全生命周期的制造过程，解决产品试制周期长、制造工艺不稳定等现实问题。还可以用高度仿真的虚拟产品做市场和实际场景测试。本文开篇提到的英伟达 Omniverse 工业元宇宙平台就是主要定位这个方向，不过仍处于初级阶段。传统的 CAD（计算机辅助设计）、CAM（计算机辅助制造）、CAE（计算机辅助工程）、EDA（电子设计自动化）、CFD（计算流体力学）、PLD（可编程逻辑器件）、PDM（产业数据管理）工业软件巨头们市场地位稳固，元宇宙化的变革动力不足，在元宇宙所需的综合集成、AI 化、沉浸感、虚实共生、经济体系、开放性等方面差距较大。这也给了国产研发设计软件企业一个弯道超车的大机遇，要把握住研发设计软件元宇宙化的历史性机遇。

其次，生产制造阶段的虚实共生。通过高度物联网化的数字孪生系统，可以实现高沉浸感、全实时数据仿真的生产制造管理，极大提高了现场人员的操作效率和远程管理人员的管理效率。这个元宇宙化的 MES 软件也将生长在工业元宇宙的经济体系之中。

再次,消费端的虚实共生。这分为销售时、使用中、故障售后维修时的三种不同虚实共生应用。这类工业元宇宙的应用才刚刚开始,国内外已经出现一批轻量化的平台软件提供商,比如 DataMesh 等。预计纸质、平面化的使用说明书和售后服务表将加速退出历史舞台,被亲切、友好、直观、方便的虚实共生、高沉浸感、强 IoT 连接的数字孪生所取代。未来 5 年左右,人们购买主流品牌产品时,得到的将不再只是一个物理产品,还将有一个元宇宙虚拟数字孪生产品。人们在产品使用中对品牌方提出的好意见如果被采纳,还将获得智能协议实时分配的数字资产奖励。

最后,企业内部经营管理上的虚实共生。包括 ERP(企业资源计划)、SCM(软件配置管理)、CRM(客户关系管理)、OA(办公自动化)、远程会议系统等,一切都将共生于元宇宙的虚拟数字世界和物理现实世界之中。例如 Meta 刚刚推出的 HorizonWorkrooms,就是要用元宇宙会议软件替代 ZOOM 等传统视频会议软件。

(2)工业元宇宙之全息智能制造。从企业研发所需的软硬件及生产制造所需的软硬件角度出发的智能制造,解决的是正确地造东西。而全息智能制造首先要解决的是造正确的东西,其次才是正确地造东西。

企业内部研发决策意见 + 消费者大数据反馈的信息 + 外部专家反馈的信息,是我们这里所说的全息。

在工业元宇宙时代,消费者购买的大部分物理产品自带实时永续连接物联网的数字孪生体。产品使用过程中的各种物理信息和消费者意见和建议,可以通过这个"活的"数字孪生体实时反馈给品牌商、研发机构、制造厂等利益相关方,并按照智能合约获取相关数字激励。

(3)工业元宇宙之智能经济体系。这个智能经济体系按主体主要分为四类，都可以通过工业元宇宙底层区块链体系上的智能合约来高效、自动运转，各方交易的信任成本将极大降低。

第一类是企业内部的智能阿米巴经济体系，涵盖企业内部价值链的各部门、各岗位，不同企业会定义不同的价值链分配系数。

第二类是企业与供应商的智能经济体系，包括研发、生产、行政、仓储物流、营销、售后等环节所需的一切原材料、零部件、办公用品、物料、外包合作方等。

第三类是企业与下游各级渠道和客户的智能经济体系，打通渠道KPI（关键绩效指标）、库存、销量返点、促销福利等各类经济事务。

第四类是企业与外部合作伙伴的智能经济体系，如金融机构、中介机构、公益慈善机构、政府、商协会等。

工业元宇宙的大力发展，既是中国工业体系综合竞争力实现弯道超车的历史性机遇，也是解决人口下降、劳动力不足的一剂数字化良方。

4. 政务元宇宙。元宇宙在2021年的快速发展，让国内外众多行业见识到元宇宙自身的实力。而元宇宙作为全新的互联网技术，不仅自身的发展潜力巨大，在竞争激烈的市场中所具备的兼容性也很强。各行业对元宇宙的技术非常关注，都希望能够尽快在行业生产中投入使用。与此同时，在元宇宙快速发展的情况下，国家政府对其关注度也不断提升，而且开始不断尝试在政府工作中推广和使用元宇宙的相关技术，试图将元宇宙的相关技术与政务工作更好地结合起来，推动政务工作高效率进行。

然而讲到政务元宇宙，不得不提的就是它的前身：智慧城市（Smart City）。智慧城市起源于传媒领域，是指利用各种信息技术或创新概念，将城市的系统和服务打通、集成，以提升资源运用的效率，优化城市管理和服务，以及改善市民生活质量。智慧城市是把新一代信息技术充分运用在城市中的各行各业，基于知识社会下一代创新（创新2.0）的城市信息化高级形态，实现信息化、工业化与城镇化深度融合，有助于缓解大城市病，提高城镇化质量，实现精细化和动态管理，并提升城市管理成效和改善市民生活质量。

政务元宇宙是一个融合了现实政府与虚拟世界的全新概念，旨在为公众提供高效、便捷的在线政务服务。政务元宇宙的构建主要包括以下几个方面。

（1）虚拟政务服务中心：在政务元宇宙中，政府可以建立虚拟的政务服务中心，为公众提供各类政务服务，如办理证件、缴纳税费、申请许可等。用户可以通过虚拟现实或增强现实技术，直接在元宇宙中办理政务业务，提高服务效率。

（2）数据整合与共享：政务元宇宙需要整合各部门的数据资源，实现数据的互联互通。通过大数据和人工智能技术，政府可以实时分析元宇宙中的政务数据，为公众提供更加精准、个性化的服务。

（3）公共参与与互动：政务元宇宙可以为公众提供一个便捷的沟通渠道，实现政府与民众之间的实时互动。用户可以在元宇宙中参与政策讨论、提出建议或投诉，使政府决策更加民主、透明。

（4）政策宣传与教育：政府可以利用政务元宇宙进行政策宣传和教育，帮助公众更好地了解国家政策和法律法规。例如，政府可以在元宇宙中创建虚拟的展览馆、教育中心等，为公众提供丰富的政策学习资源。

（5）安全与隐私保护：政务元宇宙需要确保政务数据的安全性和公众隐私权的保护。政府应采取严格的数据加密、访问控制等措施，防止政务数据泄露或被恶意攻击。

总体而言，政务元宇宙将为政府提供一个全新的服务模式，实现政务服务的数字化、智能化和民主化。为适应政务元宇宙的发展，政府需要加强跨部门协同、提升数据分析能力、完善网络安全体系，以确保政务元宇宙的稳定运行和持续发展。

在政策方面，北京、上海、武汉均提及了在元宇宙的布局。上海市经济和信息化委员会强调，2022年要布局绿色低碳、元宇宙等新赛道。武汉市也在政府工作报告中提出加快壮大数字产业，推动元宇宙、大数据、云计算、区块链、地理空间信息、量子科技等与实体经济融合。可以看出，尽管元宇宙仍处于发展初期，但已得到了多个省市的关注。不过通过发布内容可以看出，地方更多将元宇宙看作数字经济发展的一个组成部分，对其发展的方向和路径还未有明确的思路，仍处于探索过程中。目前，在实际的应用中，多地已开始将数字文旅与元宇宙联系起来，此前敦煌美术院开启了敦煌元宇宙，武夷山也打造了全国首个旅游城市元宇宙（武夷山）旅游星链项目。尽管如此，不论是元宇宙在数字经济中的发展，还是在文旅产业中的赋能，与未来的成熟形态相比仍有较大差距，仍有很长的路要走。但这也意味着其产业空间巨大，地方将以怎样的切入点进入元宇宙，或许值得期待。

未来，元宇宙将覆盖从政务管理到国防建设，从智慧城市到能源安全，从日常生活到工作学习等人类生活场景 Web 3.0 是基于 Web 2.0 而发展的一代互联网，其主要特征是分布式、去中心化和自主性。使人们能够使用区块链技术进行交易和信息共享，而不必依赖于中心化的第三方机构。

## 二、AIGC 是元宇宙三条发展主线中第二条线的关键部分

前面我们讲到，元宇宙三条发展主线中，第二条是引擎与智能工具及平台发展主线，即从 PGC 到 UGC 再到 AIGC。

引擎是基础，有了越来越成熟的各类引擎，各种 AI 赋能就能基于此做好各种内容生成。

AIGC、UGC 和 PGC 是当今互联网内容产业中的三大主要内容形式。随着技术的发展,这三者在未来市场份额的比重和发展状况将发生一定变化。

首先,AIGC 是指由人工智能技术生成的内容,包括文字、图片、音频、视频等。随着人工智能技术的不断发展,特别是深度学习、自然语言处理等领域的突破,AIGC 的质量和创作能力将不断提高。未来,AIGC 将在新闻报道、创意写作、视觉艺术等领域得到广泛应用,部分替代人力创作。预计 AIGC 的市场份额将逐步上升,占据一定比重。

其次,UGC 是指由普通用户创建并分享的内容,如社交媒体上的文字、图片、视频等。目前,UGC 已经是互联网内容产业的主要来源,大量的社交平台、视频网站等以 UGC 为核心,吸引了众多用户。然而,随着 AIGC 和 PGC 的发展,UGC 可能面临质量、版权等方面的挑战。预计未来 UGC 的市场份额将略有下降,但仍将占据较大比重。

最后,PGC 是指由专业人士或团队创作的高质量内容,如电影、电视剧、专业报告等。随着用户对内容质量要求的提高,PGC 在未来将继续保持重要地位。此外,PGC 内容创作者可以利用 AIGC 技术提升创作效率,实现更高质量的作品。预计 PGC 的市场份额将在一定程度上上升。

综合来看,未来 AIGC、UGC 和 PGC 的市场份额比重可能呈现如下趋势:AIGC 市场份额会加速上升;而 UGC 市场份额将略有下降,但仍占据较大比重;PGC 则压缩到比较小的高端市场份额。这主要受以下几个因素影响。

## (一) 技术进步

人工智能技术的发展将推动 AIGC 质量的提升,使其在内容产业中的应用范围不断扩大。

## （二）用户需求

用户对内容质量的要求不断提高，对 PGC 和高质量 AIGC 的需求将增加。

## （三）内容生态

互联网内容产业将逐步形成一个多元化的生态系统，各类内容创作形式（包括 AIGC、UGC 和 PGC）将相互协作、互补，共同推动内容产业的发展。

## （四）商业模式创新

随着技术和市场的变化，AIGC 和 PGC 将寻求与 UGC 的合作，实现商业模式的创新。例如，AIGC 可以为 UGC 和 PGC 提供辅助创作工具，提高内容创作效率；PGC 和 UGC 则可以为 AIGC 提供更丰富的数据来源，提高其创作能力。

## （五）法规政策

未来政府可能出台相关政策法规，规范 AIGC、UGC 和 PGC 的发展，维护内容产业的健康有序发展。这将对各类内容创作形式的市场份额产生一定影响。

## （六）社会责任与伦理

随着公众对内容质量、版权、隐私等方面的关注度提高，AIGC、UGC 和 PGC 的发展将更加注重社会责任和伦理。这将对各类内容创作者的市场份额产生影响。

总之，未来 AIGC、UGC 和 PGC 的市场份额比重将根据技术、市场、政策等多方面因素发生变化。各类内容创作形式需要密切关注行业动态，不断创新商业模式和技术手段，以应对未来市场的挑战和机遇。在这个过程中，各类内容创作形式将相互促进、共同发展，为用户提供更加丰富、多元化的内容体验。

综上所述，元宇宙天文数字般的数实场景和商品建设，离不开基于 3D 引擎的 AIGC 的加持。所以 AIGC 是元宇宙第二条发展主线中的关键。

## 三、没有 AIGC 就没有元宇宙的普及

AIGC 通过自动化地生成各类内容，为元宇宙创造丰富的环境和体验。

### （一）提高内容生成效率

人工智能技术在文本、图像、音频和视频等多个领域具有强大的生成能力。AIGC 能大幅度提高元宇宙中内容的生成速度和效率，帮助元宇宙更快地丰富和完善。

### （二）降低创作成本

相较于传统的人工创作方式，AIGC 在生成内容时所需的人力、物力和财力成本较低。通过 AIGC 技术，元宇宙的建设者可以在较低的成本下创造出大量高质量的内容，为元宇宙注入更多活力。

### （三）个性化定制

AIGC 技术能够根据用户的喜好、需求和行为数据生成个性化内容。在元宇宙中，AIGC 可以帮助用户获得独特的定制体验，满足用户在虚拟

世界中的多样化需求。

### （四）无限创意拓展

AIGC 具有强大的创新能力，可以不断地生成新颖、独特的内容。在元宇宙中，AIGC 有助于拓展无限的创意空间，为用户带来源源不断的惊喜。

### （五）实现跨领域应用

AIGC 具有广泛的应用潜力，可以服务于元宇宙中的教育、娱乐、金融、医疗等众多行业。通过 AIGC 技术，元宇宙可以实现多领域的深度融合和发展。

### （六）助力社交互动

AIGC 可以生成智能的虚拟角色，如聊天机器人、虚拟助手等。这些角色可以在元宇宙中担任社交互动的角色，帮助用户更好地融入虚拟世界，促进元宇宙中的社交活动。

### （七）完善元宇宙生态

AIGC 可以与 UGC 和 PGC 相互协作、互补。通过 AIGC、UGC 和 PGC 的共同努力，元宇宙可以构建一个更加丰富、多元的内容生态系统。

### （八）保障数据安全与隐私

AIGC 技术在生成内容时可以保证数据安全和用户隐私。例如，在生成个性化内容时，AIGC 可以对用户数据进行脱敏处理，避免泄露用户隐私。这有助于提升用户对元宇宙的信任度，促进元宇宙的发展。

### (九)促进技术创新

元宇宙对 AIGC 技术提出了更高的要求,推动了人工智能技术的发展与创新。随着 AIGC 技术的不断完善,元宇宙将得到更多优质的内容支持,实现更高水平的发展。

### (十)实现可持续发展

AIGC 为元宇宙提供了一种可持续的发展模式。相比于传统的人工创作方式,AIGC 可以在不断地学习与优化过程中,为元宇宙提供持续的支持。这有助于实现元宇宙长期稳定的发展。

综上所述,AIGC 在元宇宙建设中发挥着至关重要的作用。通过 AIGC 技术,元宇宙可以实现高效、低成本、个性化的内容生成,拓展无限的创意空间,促进跨领域应用,助力社交互动,完善内容生态系统,保障数据安全与隐私,推动技术创新,实现可持续发展。未来,随着人工智能技术的不断进步,AIGC 将在元宇宙建设中发挥更加重要的作用,为用户带来更加丰富、多元的虚拟世界体验。

## 四、AIGC 与 Web 3.0

Web 3.0 是基于 Web 2.0 而发展的一代互联网,其主要特征是分布式、去中心化和自主性。使人们能够使用区块链技术进行交易和信息共享,而不必依赖于中心化的第三方机构。

Web 3.0 的历史发展可以大致分为以下几个阶段。

## （一）Web 1.0（静态网页）

Web 1.0 出现在 20 世纪 90 年代初，主要是由静态网页组成的，用户只能浏览网页内容，无法进行交互和实时更新。

## （二）Web 2.0（社交网站和应用程序）

Web 2.0 在 21 世纪初出现，其主要特征是社交网站和应用程序的兴起，用户可以与其他人交互、共享内容和创造内容。Web 2.0 还有一些其他的特点，比如可扩展性、可定制化和互联网应用程序接口（API）。

## （三）Web 3.0（去中心化、分布式应用程序）

Web 3.0 的发展始于中本聪发明比特币网络之后，其主要特征是去中心化和分布式应用程序的兴起，这些应用程序不再依赖于中央服务器，而是基于区块链、点对点网络和智能合约等技术实现自主性。Web 3.0 还具有一些其他的特点，比如隐私保护、数字身份验证和智能合约等。

Web 3.0 的发展始于区块链技术的出现，其中最著名的是比特币区块链。随着时间的推移，以太坊等区块链平台的出现推动了 Web 3.0 的发展。现在，Web 3.0 正在发展壮大，其应用领域也越来越广泛，比如数字货币、去中心化金融、游戏、社交网络、市场和社区等。

Web 3.0 的主要技术包括：

## （一）区块链技术

区块链技术是 Web 3.0 的基础技术之一，它为分布式应用程序提供了去中心化和可信任的基础架构。

(二)智能合约

智能合约是一种自动化的合约,它可以在不需要中介机构的情况下自动执行。智能合约是 Web 3.0 应用程序的核心,它们可以在区块链上执行各种操作,如转移数字资产、验证身份、创建投票系统等。

(三)分布式存储技术

分布式存储技术是一种可以在全球范围内存储数据的技术,这使得 Web 3.0 应用程序能够提供更高的可靠性和可用性。

(四)加密学技术

加密学技术是 Web 3.0 应用程序的关键组成部分之一,它可以保护数据和交易的隐私和安全。

Web 3.0 的主要应用包括:

(一)数字货币

数字货币是 Web 3.0 的代表性应用之一,它们通过区块链技术实现了去中心化的发行和交易。

(二)去中心化金融

DeFi 是 Web 3.0 应用程序的另一个重要领域,它通过智能合约和区块链技术提供了一种去中心化的金融系统,可以实现去中心化的借贷、交易和投资等操作。

## （三）分布式应用程序（DApp）

DApp 是一种基于区块链技术构建的分布式应用程序，其核心特征是去中心化和自治性。

## （四）分布式存储和计算

分布式存储和计算是 Web 3.0 应用程序的另一个重要领域，它们通过利用全球范围内的计算和存储资源来提供更高的可靠性和可用性。

## （五）去中心化社交网络

去中心化社交网络是 Web 3.0 应用程序的一种新型应用，它们通过使用区块链技术和智能合约实现去中心化、私密性和自主性。

而随着 AIGC 的发展，人工智能与 Web 3.0 的结合可以带来许多有新的机会和应用点。

## （一）智能合约

智能合约是一种基于区块链的合约，它可以自动执行合约条款。人工智能可以帮助改进智能合约的可靠性和效率，如使用自然语言处理技术来解析合约条款和条件。

## （二）去中心化的自治组织

自治组织是一种去中心化的组织形式，其成员可以通过投票决定组织的事务。人工智能可以帮助自治组织进行更高效和公正的决策，如使用机器学习算法来分析投票结果。

## （三）去中心化的市场

去中心化的市场是指基于区块链的市场，其中买卖双方可以直接交易，而不必依赖于中心化的交易所。人工智能可以帮助去中心化的市场进行更精确的定价和风险评估，如使用深度学习算法来预测市场趋势和价格波动。

## （四）数据隐私

区块链技术可以保护数据隐私，而人工智能可以帮助改进数据隐私的保护和安全性，如使用加密算法来保护用户数据。

## （五）个性化推荐

基于区块链的个性化推荐系统可以帮助用户获得更准确和个性化的推荐，而不必依赖于中心化的平台。人工智能可以帮助改进推荐算法的效果和精度，如使用增强学习算法来进行个性化推荐。

## （六）去中心化的身份验证

人工智能可以帮助改进基于区块链的去中心化身份验证系统，如使用人脸识别、语音识别或生物识别技术来验证用户身份。

## （七）去中心化的社交网络

基于区块链的去中心化社交网络可以帮助用户获得更大的自由度和隐私保护。人工智能可以帮助改进社交网络的推荐算法和内容审核，如使用自然语言处理技术来分析用户生成的内容。

## （八）区块链游戏

基于区块链的游戏可以提供更公平、透明和安全的游戏体验。人工智能可以帮助改进游戏的智能化和自动化程度，如使用机器学习算法来进行游戏策略分析和自适应游戏。

## （九）去中心化的数字广告

基于区块链的去中心化数字广告平台可以帮助广告主和媒体双方更加公平和透明的进行广告交易。人工智能可以帮助改进广告的定向和精准度，如使用深度学习算法来进行用户画像和广告投放。

## （十）区块链物联网

基于区块链的物联网可以帮助物品之间进行更加安全和高效的交互。人工智能可以帮助改进物联网的自主化和智能化程度，例如使用机器学习算法来进行设备故障预测和优化。

由此我们可以发现，人工智能和 Web 3.0 有着紧密的关系，因为它们都是当前互联网技术发展的重要方向。区块链技术和人工智能可以互相增强：区块链技术可以提供数据的安全性和隐私保护，而人工智能可以帮助分析和提取数据中的有价值信息。

Web 3.0 技术可以通过去中心化的方式提供更安全和可信赖的数据，而人工智能可以通过智能合约和 DAO 等机制来进行自治和自我管理。人工智能可以帮助 Web 3.0 应用更好地进行智能化交互和推荐服务，例如通过自然语言处理技术进行智能对话或通过机器学习算法来推荐个性化内容。而 Web 3.0 技术可以帮助人工智能模型进行更好地共享和协作，如通过分布式数据存储和加密算法来实现数据共享，以及通过区块链技术来确保数据的可信度和可追溯性。

Web 3.0 技术和人工智能可以共同应用于加密货币交易和智能合约的自动化管理。例如，利用人工智能算法来预测加密货币价格变动趋势，以及通过智能合约来自动执行交易操作。

在元宇宙的发展过程中，AIUGC 和 AIGC 将高效率低成本地生成无穷无尽的各类内容，这些海量的内容如果没有 Web 3.0 的支撑，会严重影响创作者经济的繁荣，以及数字世界基于这些内容的交易效率和质量。另一方面，AIGC 也能生成大量 Web 3.0 所需的各类 NFT 和应用程序等。两者相互支撑相互促进。

## 五、AIGC 与虚拟数字人

数字人是指在虚拟世界中创造的角色，也称为虚拟人物、虚拟明星或虚拟偶像，它们可以进行各种形式的活动，如播音主持、新闻主播、直播带货、演唱、模特等。它们通常是用计算机软件创造的三维模型，并且有时会被赋予人工智能，使它们能够以某种方式与人交互。虚拟偶像的概念已经存在了很长时间，但随着科技的发展，它们的形态和用途也在不断变化。

早期的虚拟偶像主要出现在电脑游戏和动画中，它们通常都是二维的，例如电脑游戏中的角色或动画中的人物。在 20 世纪 80 年代，日本使用《超时空要塞》中的主角林明美，制作发行了首张虚拟偶像专辑，并在短时间内就冲上了日本 oricon 榜单的前几位。

2007 年，Crypton Future Media 以雅马哈的 Vocaloid 系列语音合成程序为基础开发的音源库推出，从此也诞生了虚拟偶像的代表人物——初音未来。初音未来也是世界上第一个使用全息投影技术举办演唱会的虚拟偶像。据数据显示，初音未来的全球粉丝量已高达 7 亿左右。

初音未来的出现引起了一场革命性的变革,使新一代乐迷和从不接触电子音乐的人开始接触和探索电子音乐创作,令更多人认识电子音乐制作,并让20年前的老手重新回归制作,电子音乐创作再度卷起热潮。此外,也刺激到音乐创作以外的艺术形式,如绘画、动画等创作。为此,大阪电气通信大学将初音未来作为课堂教材,于2008年正式投入课程中。

进入2020年"虚拟偶像元年",我们也看到麦当劳、华硕、屈臣氏等品牌纷纷推出了自己的"虚拟偶像代言人",娱乐公司推出虚拟偶像女团,直播收入突破百万。

与此同时,提供数字人及虚拟偶像画面质量的技术也在不断发展。2021年,Epic Games正式发布了MetaHuman。MetaHuman是一种用于创建和设计虚拟角色的工具。在一般的高仿真虚拟人创作中,创作者通常需要先采集数据再生成人物模型。但在MetaHuman中,创作者可以跳过数据收集这一烦琐且昂贵的步骤。它提供了一个丰富的素材库,里面包含了例如头发、面部、肤色和服装等常用素材。Epic Games称,这些预设数据是从真实的人脸中创建和生成的。换句话说,MetaHuman可以简化整个高仿真虚拟人的创作过程,同时提高速度和可拓展性,从而保证质量。MetaHuman的出现大大降低了高仿真虚拟人的创作门槛,也为元宇宙的虚拟人发展打下坚实的基础(图3-8)。

图3-8 MetaHuman Creator的操作界面

然而，数字人及虚拟偶像的发展过程中，仍然存在许多弊端。例如，数字人并不是真正的数字人，大多数情况下，他是由真人进行幕后操控的，这种操控数字人的方法甚至诞生出了一个新的行业——"中之人"。中之人一词，来源日语"中の人"，指操纵虚拟主播（vtuber）进行直播的人。

因为数字人大量地使用中之人，导致了数字人的不可复制性和中之人依赖性，这些特性也大大限制了中之人的发展。其背后的原因主要是人工智能技术还不够发达，完全使用 AI 交互并不能满足直播等实时场景的需求。

但是，随着 AIGC 的发展，这一状况极有可能发生改变。例如 OpenAI 开发的 GPT-3 语言模型已经能够实现很好的交互，新的 GPT-4 模型也可以在一定程度上模拟真人。在这样的技术背景下，中之人将很快被 AI 取代。届时，数字人的应用将会呈指数级爆发。

使用了自然语言模型的数字人将突破不可复制性的限制。人们可以在各个领域使用虚拟数字人。

(一) 客服领域

AIGC 数字人不仅仅能够替代线上人工客服，甚至可以替代线下部分服务行业的客服人员。AIGC 数字人不仅仅能够办理业务、销售商品，还可以通过提供个性化的推荐和建议，帮助客户选择适合他们需求的产品和服务，效率远远高于人工客服。

(二) 医疗领域

AIGC 数字人在医疗领域的具体应用包括辅助医生进行手术模拟、病人咨询和教育、协助进行病理学诊断和分析、为身体残疾患者提供远程治疗等。例如，医生可以通过与 AIGC 数字人进行交流来训练他们的技能和知识。AIGC 数字人可以模拟真实世界中的病人，提出各种各样的症状和问题，让医生进行诊断和治疗。这可以帮助医生更好地掌握临床技能，提高他们的专业水平。此外，AIGC 数字人还可以通过模拟人类的对话行为来为病人提供咨询和教育，帮助病人更好地了解自己的疾病和治疗方案。在病理学诊断方面，AIGC 数字人可以协助医生进行组织学分析和诊断，提高诊断的准确率和效率。此外，虚拟数字人还可以通过远程治疗技术为不方便出门的患者提供远程治疗，让他们无须离家就能得到医疗服务。

## （三）教育领域

AIGC 数字人可以通过模拟真实的交互来帮助学生学习。例如，AIGC 数字人可以用来模拟一个老师或学习伙伴，可以与学生进行口语对话，讨论学习内容，并回答学生的问题。AIGC 数字人还可以用来模拟不同的情景，例如在一个医院里模拟一个护士，帮助学生学习如何处理紧急情况。另外，AIGC 数字人还可以用来提供个性化的学习体验，根据学生的个人需求和水平，提供相应的学习内容和辅导。AIGC 数字人也可以用来提供自然语言处理能力，帮助学生进行语言学习。例如，AIGC 数字人可以用来模拟一个语言学习伙伴，通过自然语言交流帮助学生学习一门新的语言，并纠正学生的错误。

## （四）短视频直播领域

AIGC 数字人可以替代真人主播做到 24 小时在线直播，并模仿真人进行互动。AIGC 数字人可以学习特定领域的专业知识，例如，可以创建一个专门讲解星座的 AIGC 数字人，也可以创建一个专门讲解历史、法律的 AIGC 数字人。他们不仅掌握更为全面、广泛的行业知识，还能精准地回答直播观众所提出的各种问题。

## (五)科学领域

在科学领域,AIGC 数字人可以用来进行多种科学领域的研究,它可以帮助我们更好地理解许多复杂的问题。对于需要处理大量数据的科学实验,AIGC 数字人可以快速进行数据分析,帮助科学家更快地得出结论。在医学领域,AIGC 数字人可以模拟人体的生理过程,帮助医生更好地理解疾病的发展过程,并找到更有效的治疗方法。在天文学领域,AIGC 数字人可以用来模拟宇宙的演化过程,帮助天文学家更好地理解宇宙的起源和发展。AIGC 数字人在未来的科学领域将会成为人类科学家最有力的助手。

## (六)偶像明星领域

AIGC 数字人可以很好地模拟真实的人生外貌、表情和动作,并且可以通过自然语言模型来模拟人类思维和行为。由于 AIGC 数字人是通过计算机创建的,它们不会像真实人类一样受到时间和环境的影响。这意味着它们不会老去、生病或受伤,且可以无限期地进行演出。相比动辄需要十几年才能培养出来的偶像明星,虚拟数字人在很短的时间内就能够训练出属于自己独特风格的专业技能,例如唱歌、跳舞、表演等。AIGC 数字人还可以掌握高超的原创功能,例如它们还可以写歌、写词、编曲、作曲。

## (七)播音主持领域

在播音主持领域,AIGC 数字人可以代替真人主播进行相关活动的主持和报道。AIGC 数字人可以通过人工智能技术实现自然语言处理、语音合成和语音识别等功能,这样它们就能够像真人一样进行播音主持工作。虚拟数字人可以在需要播音主持人员的场合中取代真人主持人,提供出色的播音主持服务。与真人主持人相比,AIGC 数字人可能更加稳定、准确、可靠，并且可以提供更多的语言风格和语音特征选择。同时，由于虚拟主持人可以按照设定的脚本进行对话，因此也可以确保节目内容的一致性和流畅性。

## （八）影视行业

在影视行业，AIGC 数字人可以替代演员。它可以让制作人员更灵活地控制角色的外貌和动作，不用选角就可以得到编剧和导演最想要的角色，并且可以在大大降低成本的同时达到高质量的效果。AIGC 数字人可以在电影、电视节目和游戏中担任任何角色。此外，虚拟数字人还可以拍摄更加复杂和危险的场景，并且可以被随时修改和更新，从而使剧本更加精确。一个例子就是电影《阿凡达》中的角色"尼克"，它是一个由电脑技术制作的虚拟人物，并且在电影中担任了主要角色。

## （九）元宇宙领域

在元宇宙领域，AIGC 数字人可以是意见领袖，可以是虚拟偶像，也可以是完全仿真的智能 NPC。有了自然语言模型的加持，AIGC 数字人可以在元宇宙中提供各种服务，让元宇宙的体验感更加真实并与人类进行互动。例如 AIGC 数字人可以扮演元宇宙中的商人、服务员等角色，为用户提供服务。AIGC 数字人还可以作为用户在虚拟世界中的助手，帮助用户完成任务。此外，AIGC 数字人可以用来创建不同的场景。例如有了 AIGC 数字人的虚拟酒店、餐厅、娱乐等虚拟场所将变得更加真实，让用户在元宇宙中体验不同的生活方式。

AIGC 数字人甚至还可以用来创建元宇宙中的教育平台，让用户在虚拟世界中学习。AIGC 数字人可以扮演教师，为用户提供课程讲解和答疑。这样，用户就可以在虚拟世界中获得与现实世界同样的教育体验。

## 六、AIGC 在未来元宇宙的展望和思考

随着人工智能各个领域大模型的完善，AIGC 必将在元宇宙领域得到广泛应用。特别是融合 VR 和 AR 之后，AI 技术将为元宇宙的发展提供了巨大的原动力。

元宇宙将现实世界与虚拟世界融合在一起，提供了一个多维度、多层次的数字化空间。在这个数字化空间中，人类和 AI 可以进行交互和协作，完成各种任务和活动。

从宏观上看，AIGC 在元宇宙中可以分为三个层次：通用人工智能、增强智能和自主智能。它们在不同层面上影响着元宇宙中的生态环境。

第一个层次——通用人工智能：是指在元宇宙中运行的具有特定功能的 AI，主要用于处理元宇宙内部的各种数据。通用人工智能在元宇宙中扮演着底层逻辑的角色，支撑着元宇宙 AI 底层的各种应用和发展。例如大数据推荐、智能化基础设施等。

第二个层次——增强智能：是指对人类智力的模仿和提升，它被用来使计算机具备与人类一样的能力，使人类在元宇宙中获得更好的体验，比如 AI 助手、用于优化体验的 AI 算法等。

第三个层次——自主智能：是指对人类的情感和智力的模仿，如虚拟现实、情感、认知等。他们主要在元宇宙中充当各种拟人的角色，让元宇宙更加丰富多彩。

随着元宇宙逐渐从概念阶段发展到产业部署阶段，它可能也会更多地与物理世界相融合。所以，"元宇宙+AIGC+现实融合"也是一个比较重要的方向。例如，AI 可以帮助人们在元宇宙中找到并预订酒店房间，也可以在元宇宙中为用户推荐理想的商品。企业可以在 AI 的主持中举办会议、

展览等。这些与现实世界的联系和应用也将为商家和企业提供更多的商业机会。

自2019年以来,线上会议受到普遍重视和热捧,但长期下来,它也表现出了一些弊端。除了基本的需要稳定的网络环境外,会议参与者也会遇到感受上的困扰,由于缺乏线下会议中互动和沉浸的体验,面对冷冰冰的会议网页往往会变得枯燥乏味,令参与者很难集中精力参与活动。

而AIGC元宇宙会议的出现给参会者提供了全新的体验,他们可以使用自己的虚拟角色在以精美质感呈现的虚拟会议空间中漫游、交流,在自然语言交流NPC主持下大大增强了参会者的参与感,激发出会议的热情气氛。

当然,尽管元宇宙中AIGC的应用场景十分广泛,但在未来的发展过程中,这些技术也面临着许多挑战。

这些问题主要包括:如何在元宇宙中构建一个开放的、安全的AI生态系统;人工智能对现实世界物理规则的理解是非常有限和片面的;智能对话技术在使用场景中面临诸多限制,例如法律法规限制、隐私和数据安全问题等;另外,元宇宙中人与人之间交流如果更多依赖于AI,这也会提高人们交流时出现错误或不理解的概率。

不过,尽管在此过程中还有许多问题需要解决,但这些挑战必将成为推动AIGC在元宇宙应用过程中不断进步的动力。元宇宙的发展对人工智能技术提出了更高要求,因此需要更加复杂、安全和可靠的技术。元宇宙中的AIGC也将随着时代的发展不断进步,终将迈向一个值得期待的未来。

# 第四章 AIGC 在千行百业中的应用

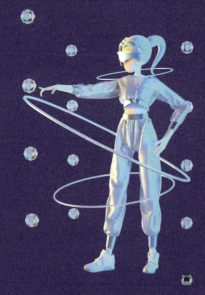

# 第一节

# AIGC 工具与产品导览

## 一、AIGC 图像生成

### （一）百度文心一格

飞桨（PaddlePaddle）是百度源于产业实践的开源深度学习平台。百度是以多年的深度学习技术研究和 AI 业务应用为基础，把深度学习系统核心分布式训练、推理框架、基础模型库、端到端开发套件和丰富的工具等组件集成为一体，是中国首个自主研发、功能丰富、开源开放的产业级 ML 平台，也是全球三大开源 ML 平台之一。它可通过自然语言实现图像生成与编辑，无须编程即可在体验专区探索百度飞桨大模型服务能力。如您能找到 AIGC 应用场景，就可通过 API 集成服务能力。文心一格是基于文心大模型的文生图系统实现的产品化创新。2022 年 8 月 19 日，百度正式发布 AI 艺术和创意辅助平台——文心一格，这是百度依托飞桨、文心大模型的技术创新推出的"AI 作画"首款产品。

### （二）天工巧绘 SkyPaint

天工巧绘 SkyPaint 采用全球第一款多语言 Stable Diffusion 分支模型，兼容 Stable Diffusion；使用 1.5 亿中英双语语料，支持中英双语输入实现文字生成图像，是国内为数不多的支持中英双语的文图生成模型（图 4-1）。

图 4-1　天工巧绘 SkyPaint 生成的作品

## （三）Fotor

Fotor 是一家在全球拥有百万用户的在线图片编辑网站，其也支持 AI 图片的在线生成，操作非常简便。输入文字提示，然后查看 Fotor 的 AI 文本到图形生成器生成的结果即可。该平台支持生成逼真图形、3D 和动漫角色、绘画及其他数字画（图 4-2）。

## （四）NightCafe

NightCafe 是市场上最受欢迎的 AI 文本到图像生成器之一。据说它比其他生成器有更多的算法和选项。它带有两个转换模型——文本到图像转换模型和样式转换模型（图 4-3）。

图 4-2　Fotor 的操作界面　　　　图 4-3　NightCafe 的操作界面

## （五）Dream by WOMBO

Dream by WOMBO 由加拿大人工智能创业公司 WOMBO 创建。它被许多人认为是文本中最好的全能 AI 图像生成器。

## （六）DALL·E 2

DALL·E 2 是由 OpenAI 开发的尖端 AI 图像生成器，该团队开发了顶级自然语言机器学习算法 GPT-3。因此，DALL·E 2 成为市面上最先进的 AI 图像生成器，可以根据文本生成各种数字艺术和插图。

## （七）Midjourney

Midjourney 也是最好的 AI 图像生成器之一，功能全面，图像生成速度极快。输入文本提示，即可让 Midjourney 完成剩下的工作。许多艺术家都在使用 Midjourney 生成的图像作为他们工作的灵感（图 4-4）。

## （八）Dream Studio

Dream Studio 基于 Stable Diffusion 模型，是最流行的文本到图像 AI 生成器之一。它是一种开源模型，可在几秒钟内将文本提示转换为图像。此外，它还可以通过结合上传的照片和书面描述来制作逼真的艺术作品（图 4-5）。

## （九）Craiyon

由谷歌和 Hugging Face 的研究人员开发。只需键入文字说明，它就会根据你输入的文字生成 9 张不同的图像（图 4-6）。

图 4-4　Midjourney 的操作界面　　图 4-5　Dream Studio Lite 的操作界面

## （十）Deep Dream

Deep Dream 是一款流行的在线 AI 艺术生成工具。它非常易于使用，附带一组用于创建视觉内容的 AI 工具。Deep Dream 可以根据文本提示生成逼真的图像，将基础图像与著名绘画风格融合，或者使用经过数百万图像训练的深度神经网络在原始图像的基础上生成新图像（图 4-7）。

图 4-6　Craiyon 的操作界面　　　　图 4-7　Deep Dream 生成的作品

## （十一）StarryAI

StarryAI 是一种自动 AI 图像生成器，可将图像转换为 NFT。它可以使用机器学习算法处理图像，不需要用户的任何输入。

### (十二) Artbreeder

通过使用机器学习，Artbreeder 重新混合图像来生成创意和独特的图像。你可以使用它来创建风景、动画角色、肖像和各种其他图像。但是，Artbreeder 生成的图像质量不如其他 AI 图像生成器。

### (十三) Photosonic

Photosonic 是一种基于 Web 的 AI 图像生成器，可让你使用最先进的文本图像 AI 模型，根据任何文本描述创建逼真或艺术图像。它允许你通过调整描述和重新运行模型来控制 AI 生成图像的质量、多样性和风格（图 4-8）。

### (十四) DeepAI

DeepAI 可免费使用，并允许创建无限数量的图像，而且每幅图像都是独一无二的。它还具有一个免费的文本到图像 API，开发人员可以使用它来将其连接到另一个软件项目（图 4-9）。

图 4-8　Photosonic 生成的作品

图 4-9　DeepAI 生成的作品

### (十五) Big Sleep

Big Sleep 是一种基于 Python 的文本 AI 图像生成器，它使用神经网络来创建图像。它在 GitHub 上并且是开源的。

# 二、AIGC 视频生成

## （一）Make-A-Video

Make-A-Video 是 Meta 内部开发的人工智能系统，可以根据给定的文字提示生成短视频，还可以根据给定的视频或图像制作视频。

## （二）GEN-1

Runway 发布的 Gen-1 视频生成视频技术，可以使用深度学习技术来生成高质量的视频内容，从而大大减少人工制作的时间和成本。通过对大量数据的学习，Gen-1 视频生成技术可以生成各种类型的视频，包括动画、广告、商业视频等。

## （三）Imagen Video

Imagen Video 基于级联视频扩散模型来生成高清视频。如输入文本提示后，基本视频扩散模型和多个时间超分辨率（Temporal Super-Resolution，TSR）及空间超分辨率（Spatial Super-Resolution，SSR）模型，分别以 40×24 像素和 3 帧/秒速度生成 16 帧视频，以 1 280×768 像素和 24 帧/秒的速度采样，最终得到 5.3 秒的高质量视频。

## （四）Phenaki

Phenaki 是一个能够在给定一系列文本提示的情况下，进行逼真视频合成的模型。谷歌对此用到了一种新的因果模型，其可将视频表征为小型离散令牌，这允许它处理可变长度的视频。用户还可以在其中叙述和动态更改场景。

## （五）一帧秒创

一帧秒创是基于秒创 AIGC 引擎的智能 AI 内容生成平台，为创作者和机构提供 AI 生成服务，包括文字续写、文字转语音、文生图、图文转视频等创作服务一帧秒创通过对文案、素材、AI 语音、字幕等进行智能分析，快速成片，零门槛创作视频。

## （六）Synthesia

一款 AI 自动视频生成工具，可以用这个工具来制作基于真人形象的视频。用提前准备好的稿件、文字内容、图片内容，拖拉拽到视频编辑后台，你就可以拥有一个由真人形象出镜、配音且音画同步的视频。

## （七）Invideo

一款 AI 视频制作工具，它可以用来快速制作专业的视频内容，包括商业广告、短片、活动邀请函、产品视频等。它提供了丰富的模板和元素，用户可以轻松地自定义视频内容，并且支持在线编辑和即时预览。

# 三、AIGC 文字生成

## （一）ChatGPT

ChatGPT 是 OpenAI 公司推出的自然语言处理 AIGC 对话工具产品。ChatGPT 能够通过学习和理解人类的语言来进行对话，还能根据聊天的上下文进行互动，真正像人类一样来聊天交流，甚至能完成作文、写诗、写新闻、写文案、翻译、写代码、写论文等任务。

## （二）文心一言

文心一言（ERNIE）是百度基于文心大模型技术推出的 AIGC 对话产品。百度在搜索领域深耕几十年，具有强大 AI 云计算平台，拥有产业级知识增强文心大模型，具备跨模态、跨语言的深度语义理解基础与分布式算力生成能力。

## （三）Copy.ai

用于编写营销销售副本和博客内容的 AI 工具。

## （四）Deciphr

Deciphr 是个人工智能驱动的平台，可帮助播客节省时间并从他们的播客抄本或音频文件中生成详细的节目笔记和时间戳。它是完全免费的，可帮助播客轻松扩展其内容制作。

## （五）AltDiffusion

AltDiffusion，满足专业级中文 AI 文图创作需求，全面支持中、英、西、法、日、韩、阿、俄、意等九种不同语言的文图生成任务。

## （六）Writesonic

Writesonic 是智能文案领域对普通创作者最友好的工具，提供慷慨的免费方案和非常完整的功能，几乎囊括从播客文章、社交媒体、营销文案到通用内容创作的大多数场景，还支持包括中文在内的 25 种语言，功能非常强大。

## （七）AssemblyAI

AssemblyAI 是当前繁荣的语音转文本服务的幕后功臣，仅通过几行代码的简单集成，就能让开发者马上拥有世界上最顶尖的语音转文本能力。堪称数字时代的"黑魔法"。

## （八）Anyword

Anyword 提供了比同类工具更强大的功能，如上百个 AI 创作工具和丰富的预设关键词库及其 API 接口服务，与这些服务对应的是其不菲的售价，比较适合有明确需求的商业组织。

## （九）Wordtune

Wordtune 能通过 AI 重写、修改和润色内容，可用于在线优化文章、论文、推文、电子邮件和其他多种内容。Wordtune 已经拥有超过 100 万用户，服务的可靠性值得相信。

## （十）写作猫

写作猫是基于百度飞桨的自然语言处理引擎（NLP）提供的智能创作辅助服务。包含 AI 写作、智能查词、智能改写、文本纠错等实用功能，是中文智能创作服务中质量尚可的方案。

## （十一）Totallib

不同于现存的大多数笔记和知识库，由 GPT-3 支持的 Totallib 是一种突破常规的全新工具。借助 GPT-3 的强大能力，帮助用户把灵感拓展成想法，把想法建筑成文章，连点成线。非常有趣。

## （十二）Hypotenuse AI

Hypotenuse AI 最为人称道的地方在于，仅需要提供几个关键词，"知识丰富"的 Hypotenuse AI 就会立即把它们变成完整的文章和营销内容。同时还提供 API，由此将上述智能文案应用到客户生意的每一种内容场景中。

## （十三）Aski AI

Aski AI 是一款中文 AI 问答与创作工具；它是基于 OpenAI GPT 最新模式开发的服务，能得到和 ChatGPT 相同质量的回答，却几乎无延迟、服务稳定。

# 四、AIGC 音频生成

## （一）Podcastle AI

Podcastle AI 非常适合将文本转换为语音。该程序提供录音室质量录音、AI 调色板编辑和 CMS 导出等功能，并提供音频检测和语音到文本音频翻译等工具。

## （二）天工乐府 SkyMusic

天工乐府 SkyMusic 是国内第一款商用级作曲 AI 模型，它不但可以编曲，还能基于旋律或是文案素材创作歌词，发行 AI 生成的商用歌曲，甚至有 ISRC 版权认证，可在交易市场买卖流通。

## （三）Mubert

Mubert 是一个在线人工智能生成音乐的网站。通过结合人工智能的能力和音乐制作人的创造力，使人类与算法之间的共生关系成为可能。来自数百位艺术家的数百万个样本输入 Mubert，使人工智能从中学习创作音乐的能力。每首新的免版税音乐都会立即生成，并完美适配各种场景。人类和 AI 技术结合在一起，能带来完美的声音。

### （四）Make-An-Audio

浙江大学、北京大学联合火山语音，共同提出了一款创新的、文本到音频的生成系统，即 Make-An-Audio。其可以将自然语言描述作为输入，而且是任意模态（例如文本、音频、图像、视频等）均可，同时输出符合描述的音频音效，具有强可控性、泛化性。

### （五）MusicLM

谷歌最新推出的 AI 模型 MusicLM，可直接将文字、图像自动生成音乐，并且曲风多样，凡是想听的音乐，基本都能自动生成。

### （六）Riffusion

Riffusion 的工作原理是首先构建一个索引的频谱图集合，上面标记代表频谱图中捕获的音乐风格的关键字。在频谱图主体上训练时，Riffusion 就用与 Stable Diffusion 相同的方法——干预噪声，来获得与文本提示匹配的声波图像。

## 五、AICG 代码生成

### （一）GitHub Copilot

GitHub 联合 OpenAI 推出了 GitHub Copilot，可以自己理解上下代码

内容，实现自动填充重读代码。

## （二）天工智码 SkyCode

天工智码 SkyCode 是全球第一款语言开源编程大模型，支持多种主流代码语言。SkyCode 能够生成的代码，不仅包括使用广泛的 Python、Java、C++ 等，还涵盖了 PHP、GO、Swift 等共计十余种编程语言，使不同语言的使用者都能来体验 SkyCode 强大的代码生成能力。换言之，天工智码 SkyCode 就是一位可被你随时随地调动的 AI 智能编程助手。

## （三）BigCode

使用 BigCode 是指自动从现有的代码中学习来处理一些任务，如预测程序错误、预测编程行为、预测开发者姓名或者自动创建新的代码。项目的研究主题涵盖机器学习、编程语言、软件工程等多个跨学科主题。

## （四）AlphaCode

DeepMind 开发的人工智能。2022 年 AlphaCode 参加了网站 Codeforces 举行的 10 场编程比赛，排名前 54.3%，击败了 46% 的参赛者，Elo 评分 1 238。

## （五）CodeWhisperer

CodeWhisperer 是一种人工智能代码生成扩展，目标是提高软件开发者的工作效率。CodeWhisperer 将不断检查开发者的代码和提示内容，并提供语法正确的建议。这些建议将根据开发者的编码风格和变量名称合成，而不是简单的片段。

## 第二节

# AIGC 实战案例：从新手快速成为高手

本章将分享一个绘画小白，如何从一个对 AIGC 完全不了解的门外汉，短短两三个月就成为行业闻名的元宇宙 AI 艺术家的真实案例。她叫王紫上，主要身份是一位女性创业者，成为 AIGC 艺术家纯属偶然。王紫上创作的中国潮·兔紫《千兔无量图》，成为 AIGC 业界的一道独特风景线。

## 一、缘起：从一个小白开始学习 AI 绘画

自从 2022 年 3 月 Diffusion 的扩散算法公布了具体数学公式，AI 世界全面放弃 GAN 算法，OpenAI 用 Diffusion 实现了语义画图，导致 2022 年 AI 绘画的大爆发，迭代速度更是呈现指数级增长。直到开始入圈，她才了解到从 2022 年 3 月开始到 8 月，AI 绘画领域发生了非常多的大事，大家耳熟能详的 Disco Diffusion、Midjourney、Stable Diffusion、DALL·E 2 等 AI 绘画软件都是在这个时间段出现的。真的是圈内的人热火朝天，圈外的人一无所知。

王紫上最早接触 AI 绘画是 2022 年 7 月，她让一位会 AI 绘画的程序员设计了塔里木机场数字品牌，创作了很多种不同风格的 AI 作品，这让

她开始对 AI 绘画有了初步的了解。之后越来越多的朋友开始提及 AI 绘画，但真正学习 AI 绘画的人并不多，她只能开始大量地搜索文章和相关教程视频，发现在视频网站和 App 上有不少 AI 教学分享的视频。

## 二、从内心喜欢到热爱

王紫上从 2022 年 9 月开始学习 AI 绘画，她没有传统绘画的基础，但她最希望拥有的能力就是绘画的能力，她喜欢绘画、喜欢艺术品。有了 AI 助力之后，她知道这是上天给她的恩赐，无论如何，她都要成为 AI 绘画和 AI 艺术的创作者。

在 Diffusion 实现了语义画图之后，可以说真正的 AI 绘画就从 Disco Diffusion 开始了，Disco Diffusion 普及了 AI 绘图的很多概念，如提示语 Prompts、迭代步数、作品风格、参考艺术家、动画，它让很多没有美术基础的人第一次创作出优美的作品。

她先从 Disco Diffusion 开始学习，之后陆续学习了 Stable Diffusion、Midjourney、DALL·E 2、Imagen、D-ID、ChatGPT、Notion、ControlNet、Runway、Descript、Video、剪映、一帧、Clipchamp、Dreamlike.art、BlueWillow、Tome、Motion 等几十种文图音视类的 AI 软件工具。

图 4-10　《钓鱼人》（早期作品）

图 4-11　《空中宫殿》（早期作品）

为了学习 AI 绘画，她加入了很多 AI 绘画社群，学习别人怎么绘画，互相沟通交流，并且开始了大量练习。最初的作品总是不满意，各方面都不尽人意，她学习了大量的提示词，做了非常多的练习，但是满意的作品比例还是比较低。

图 4-12 是她画的第一幅自己满意的作品，被冠名"有爱有光有远方"，她坚信 AI、Web 3.0 和元宇宙就是她的爱、光和远方。随后她又画了其他作品，满意的作品开始越来越多（图 4-13、图 4-14）。

图 4-12 《有爱有光有远方》　　图 4-13 《九紫离火》　　图 4-14 《阴阳生万物》

到 2022 年 11 月之后，经过大量的练习以及 AI 软件的升级迭代，王紫上终于感动了"AI 之神"，让她之前掌握的提示词发挥了很大作用。随着与 AI 沟通的熟练和流畅，她可以在短时间内画出令人满意的作品（图 4-15、图 4-16、图 4-17）。

图 4-15 《硅基大脑》　　图 4-16 《游戏原画》　　图 4-17 《梦幻婚纱》

与此同时，功能强大的 AI 绘画平台纷纷开源代码，整个 AI 届被引爆，各类在线绘图网站纷纷引入，很多网站在其基础上二次开发，任何人都可以在本地计算机部署，单独训练独有的模型。传统的向量图形编辑器、原型设计工具以及图像处理软件等都引入了 AI 绘图插件。

国内越来越多的小程序和 App 陆续集成了 AI 绘画的开源代码，方便用户用手机绘画，她也开始测试不同的小程序和 App，用同一组提示词分别在多款绘画软件上测试，试图找到最佳的 AI 绘画软件作为主攻方向。五花八门的绘画工具和平台纷纷登场，在随后的 4 个月时间里，她测试了大约十几款 AI 绘画软件，当然还有不少文图音视 AI 软件。

图 4-18、图 4-19 和图 4-20 是用不同的 AI 软件、输入同一组提示词得到的绘画，提示词如下：元宇宙、量子、分布式、复杂的、细节、大脑。

图 4-18　由"意间小程序"创作

图 4-19　由 Stable Diffusion 创作

图 4-20　由 Midjourney 创作

## 三、夜以继日、勤学苦练、求得神助

王紫上一直对 AIGC 绘画充满热情，尤其是对 AI 的创造潜力感到着迷。在这段时间里，她不断超越自己的极限，提高自己的技能和能力。每天早上 5 点钟左右，她开始画画，阅读相关的资料，学习各种技巧和方法，以及参加各种在线课程，深入地了解 AIGC 绘画的各个方面。

与此同时，她认为 AI 绘画重要的是获得 AI 的理解和神助，AI 就像一个无所不能的绘画神，她只有和 AI 不断地沟通交流、切磋磨合，AI 才会理解她的诉求，才会把真功夫传给她。抱着这个信念，她花费大量的时间和 AI 进行沟通交流、进行绘画实践和练习。她会尝试使用不同的平台工具、材料和技巧来创造出各种不同的绘画效果，希望能够得到众神的青睐。

但每一次画出满意的作品，都会让王紫上感到极大的成就感和满足感，她相信这就是上天给她最好的礼物，哪怕别人不认可、不喜欢都不重要，她相信在夜以继日的勤奋学习和实践中，她可以成为一名 AIGC 绘画高手。

11 月底 ChatGPT 对外开放，她 12 月初开始用 ChatGPT 给出提示词，或者创作绘本，让绘画工具绘图，最后再做成视频。比如她不了解新能源家居和新能源汽车，就让 ChatGPT 给提示词，用 Midjourney 画了图 4-21 到图 4-23，用 AI 视频软件制作视频。

再比如一张静态照片，或者画一个人的数字人图片，可以通过 AI 视频软件让照片的人直接张嘴说话。输入图片，再加上一段文字，就可以直接创建虚拟人视频。

截至 2023 年 1 月底，她用各类 AI 绘画工具组合画了 1 万多幅画，类别涉及 40 多种热门领域，比如游戏设计、朋克系列、黑客系列、山水系列、星空银河、景观设计、房子家居（图 4-24）、水果系列、迷宫系列、服饰设计、珠宝设计、新年快乐、人物系列和汽车系列等（图 4-25、图 4-26、图 4-27）。

图 4-21 《山水蛋糕》　　图 4-22 《琉璃星系》　　图 4-23 《穿越异时空》

图 4-24　ChatGPT 提示新能源房子的构造

图 4-25 《新能源家居》　　图 4-26 《新能源汽车》　　图 4-27 《发动机》

直到 2022 年 12 月 7 日,她开始在朋友圈分享这几个月用 AI 创作的作品时,很多朋友才开始了解并开始学习 AI 绘画,也有游戏企业的老板在看了她创作的游戏原画后，激励自己公司的原画师和设计师赶快学习 AI 创作。

## 四、创作《千兔无量》AI 绘画长卷

2023 年是癸卯兔年，艰难的虎年终于过去了，春回大地，充满生机。在王紫上创作的一万多幅 AI 画作中，有 3 000 多幅兔子绘画。她优选了 1 000 幅组成中国潮·兔紫《千兔无量图》长卷，《千兔无量图》根据 28 个不同的主题依次展开，主题与主题之间平滑连接。

除了迎接兔年的到来、祈福兔年之外，《千兔无量图》也宣传推广中国的兔文化。作品中融入了诸如鞭炮、武术、窗花、剪纸、青花、汤圆、元宵节、月宫嫦娥等多种中国传统文化。同时也彰显了 AIGC 绘画工具作为 Web 3.0 和元宇宙时代先进生产力的威力以及未来广阔的应用场景（图 4-28）。

过年前的一个月里，她让 ChatGPT 给出兔紫探索太空的绘本，然后把创作的大量兔紫作品，通过 AI 视频工具一键生成了很多内容丰富、生动有趣的视频，比如飞往外星空的中国潮兔紫宇航员、兔紫中国功夫、嫦娥月宫、约会上元节、兔爷的故事等。

过年期间，她分享了很多和兔年有关的兔紫绘画，得到了很多人的喜爱和转发，还有不少人设置了兔紫做微信头像。元宵节期间，她制作的兔紫汤圆视频被转发了近万次，图片转发更是不计其数。东京的网友帮她制作了集合 60 多种兔紫的视频，并称呼她为"兔紫女王"，获得了这个昵称，说明大家认同了她画的兔紫，她感到荣幸又觉得很开心。

图 4-28 《千兔无量图》中的部分兔子

2023年2月中旬,更强悍的一组AI绘画扩散模型横空出世,可以对AI生成图像进行更加精确地控制,使得AI绘画更具备实用的可能。比如之前AI画手一直被诟病,但是新的扩散模型就可以解决画手的问题。

2022年12月,中国潮·兔紫参展了由最繁忙的美术馆计划和DE'BOX

潮流艺术馆联合主办的"HAPPY 兔 U"国际潮流艺术展。同月王紫上成为由国际当代艺术家联合会和北京影响力联合主办的"兔子什么都知道"潮流艺术展的首位 AI 大使,并参加了本次艺术展。

2023 年 2 月 12 日—4 月 12 日,中国潮·兔紫《千兔无量图》作为兔年和 AIGC 元年的代表作,受邀参加了由王小慧艺术馆主办的"首届上海数字艺术国际博览会",和 200 多位国内外知名优秀的艺术家的作品同台亮相,本届数字艺术展集齐超感、潮艺术、AI 艺术、元宇宙、数字人、数字生活六大特色。

## 五、学习 AI 绘画的心得和技巧

以下是一些王紫上学习 AI 绘画的技巧,可以帮助新手入门。

### (一)学习 AI 绘画基础知识

学习 AI 绘画的基础知识是非常重要的一步,它可以帮助新手更好地理解 AI 绘画的原理和技术,并打下一个良好的学习基础。

首先,新手需要了解一些基本的绘画软件,比如 Stable Diffusion、Midjourney、DALL·E 2、百度文心等各种 AI 绘画软件工具。这些软件在 AI 绘画领域有着广泛的应用,掌握它们的基本使用方法可以为新手的学习和创作提供很多帮助。

其次,新手需要学习一些基本的绘画技能和知识,比如各类风格,国风、新动漫、二次元、3D 建模、像素画等,比如各种模型,Doll 模型、ControlNet 等,这些知识对于 AI 绘画的创作表现都有着非常重要的作用,新手需要认真学习和理解。

除此之外,新手还可以通过网上和视频网站上的大量文章、教程和视频来学习 AI 绘画的基础知识。这些资源可以帮助新手了解 AI 绘画的基本原理、技术和应用，掌握一些实用的技巧和方法。多看、多学、多比较，也可以帮助新手更好地掌握 AI 绘画的技巧和方法。

### （二）找到 AI 绘画高手交流切磋

为了更好地提高自己的技能和能力，王紫上开始主动寻找在 AI 绘画领域有很高水平的人，寻求他们的指导和建议。

通过各种社交平台和微信群，她与不少 AI 绘画高手建立了联系，这些 AI 绘画高手们有着很棒的天赋和经验，他们在绘画技巧、风格使用、模型训练方面，都有着很深刻的见解和深入的实践。

总的来说，与 AI 绘画高手交流切磋是非常重要的一环，不仅能加速自己的学习和成长，还能够认识更多志同道合的朋友。

### （三）找到 AIGC 绘画社群一起成长

找到 AIGC 绘画社群一起成长是非常重要的，这样可以与其他 AI 绘画爱好者互相交流、互相学习，共同成长和进步。

王紫上在不少微信群和社交平台结识了志同道合的 AI 绘画爱好者和从业者，大家讨论分享 AI 绘画的技术和艺术，分享自己的创作心得和体验，相互激励和帮助。这对于新手来说是一个很好的学习机会，可以从其他创作者的作品中了解大家使用的 AI 软件或工具，学习不同的绘画技巧和风格，了解大家使用的训练模型，少走弯路。

除了在公开展示的社群分享页上寻找灵感和学习，也可以通过一些视频网站上的 UP 主或博主的分享，找到自己喜欢的绘画风格和训练模型。这些博主或者 UP 主可能会分享自己的微信群或 QQ 群，这样就有机会找到社群，和其他学习 AI 绘画的同伴一起探讨和交流、鼓励和成长。

### （四）学习 AI 绘画工具

学习 AI 绘画工具是非常重要的，因为不同的 AI 绘画软件拥有各自独特的功能和特点，可以用来创造出不同的绘画效果和风格。需要尝试使用不同的 AI 绘画软件，并不断尝试调整它们的设置和参数，以便找到自己最为满意的软件。例如，有些软件可能会更擅长绘制具体的细节，而另一些则可能更适合创作出具有艺术感的抽象图像。

当然，在选择 AI 绘画软件时，还要考虑到自己的技术水平和使用习惯。初学者可以选择一些操作相对简单的小程序或者 App 来入门，逐步提升技能后再转向更加高级的软件。同时还要留意软件的更新和迭代，关注市面上出现的各种新模型，及时尝试新的功能和工具，提升自己的创作水平和技能。

### （五）学习绘画提示语

绘画提示语也叫绘画提示词，学习绘画提示语是非常关键的，因为在 AI 绘画中，提示语直接决定了生成的图片的内容和风格。编写优秀的提示语，需要从多方面进行学习和掌握。

首先，需要学习如何准确表达自己的想法和诉求。在编写提示语时，需要清晰地表达出自己希望生成的图片的主题、风格、色彩等要素，同时简洁明了，避免出现模糊不清的语句和歧义。

其次，需要学习如何使用关键词和描述词汇。在编写提示语时，需要有一定的关键词和描述词汇储备，这样可以更加准确地表达自己的意图，避免出现太过笼统或者不切实际的要求。

除此之外，还需要不断学习 AI 绘画的技术和方法，掌握生成图片的基本原理和流程。只有了解 AI 绘画的技术和流程，才能更好地编写提示语，并且在生成的过程中进行实时调整和优化。

# 六、学习 AI 绘画的资源

以下是一些学习 AI 绘画的资源，可以帮助新手入门。

## （一）微信公众号教程

微信公众号上有很多 AI 绘画的专业教程，新手可以通过搜索关键词，获取 AI 绘画的基础知识和技术。

## （二）百度、CSDN 或者哔哩哔哩

新手可以多看看哔哩哔哩，上面关于 AI 绘画软件的教程越来越多，不少专业人士经常会跟随热点不断迭代自己的视频分享。CSDN 上也是高手如云，精彩的文章很多，关注他们，可以紧跟潮流和趋势。当然百度和必应也是不可或缺的帮手，还有一些新出现的 AIGC 工具导航站，可以随时关注一下。

## （三）微信群或 QQ 群

找到并加入 AI 绘画的微信群或 QQ 群，和其他人分享经验和学习资源。

## （四）网站推荐

谷歌、YouTube 等网站有非常多的 AI 软件推荐，除了 AI 绘画之外，还可以学习到各种各样全新的文图音视领域的 AI 软件。

## （五）专业课程

关注一些在线学习平台，专业的 AI 绘画课程可以帮助新手深入学习 AI 绘画。

# 七、AIGC 时代艺术创作最重要的能力

## （一）提问题、与 AI 沟通的能力

要写出更好的提示词，需要注意以下几点。

1. 简明扼要：提示词要简单明了，尽量避免使用太复杂、堆砌罗列的语言，让 AI 能够准确理解你的意思。

2. 准确明确：提示词要准确明确，要让 AI 清楚地知道你需要什么，要表达清晰明确的需求，避免模糊不清。

3. 规范一致：使用规范的语言和术语，让 AI 能够准确理解你的需求，避免使用不规范或不准确的词汇。

4. 多样化：提示词可以多样化，不要一成不变，可以尝试不同的表达方式和语境，以便 AI 能够更好地理解你的需求。

5. 适合任务：提示词要适合当前的任务，根据不同的任务需求来设计不同的提示词，以获得更好的结果。

6. 趋向可解释性：在设计提示词时，应该考虑到其可解释性，让 AI 能够向你解释其生成的结果，以便更好地理解和掌握 AI 绘画技术。

## （二）提高审美水平、强化选择结果的能力

要提高审美水平、强化选择结果的能力，可以尝试以下几种方法。

1. 多观察和学习优秀的作品：不断地观察、学习、欣赏和分析优秀的

作品，包括绘画、设计、摄影、电影、音乐等，以此来提高自己的审美水平和感知力。

2. 多样化的视野和文化背景：接触全球不同的文化、风格和表现形式，了解不同的审美趋势和流派，从而拓展自己的视野和认知能力，提高自己的选择结果能力。

3. 深度思考和理性分析：学会深度思考，对作品进行理性分析和评价，从不同的角度来考虑和思考，以此来提高自己的审美水平和选择结果能力。

4. 持续实践和反思：不断地进行练习和实践，不断地反思和总结自己的绘画过程和结果，从中不断地吸取经验和教训，以此来提高自己的审美水平和选择结果能力。

## （三）拥抱时代、与时俱进的能力

随着 AI 技术的快速发展，AIGC 绘画领域的新技术、新工具层出不穷。因此，我们需要强化拥抱时代、与时俱进的能力，不断学习和接受新技术、新工具。这需要我们放下心中固有的执念，保持开放的心态，不断拓展自己的思路，尝试使用新的工具和技术，不断探索和创新。

# 八、总结

AI 绘画是一个非常有趣和有用的技能，有了 AIGC 之后，人人都可以创作数字艺术作品。通过学习基础知识，找到绘画高手学习，并使用一些王紫上推荐的 AI 绘画工具，关注 AIGC 领域的一些重要 UP 主、微信公众号、自媒体、社群论坛，订阅相关的电子邮件，定期参加一些 AIGC 领域的会议或者研讨会，比如 TopAIGC ＋ Web 3.0 创新大会，多和其他 AIGC

爱好者交流、分享经验和技巧，相信你可以很快地入门，并开始创造自己的艺术作品，希望你成为 AI 绘画高手，并和她一起成为 TopAIGC 创作大使。

曾经有一种职业叫打字员，后来人人都会用电脑或手机打字；

曾经有一种职业叫设计师，后来人人都会用电脑或手机画画。

AI 是舞者

而她是舞步

不是她通过 AI 展现她的世界

而是 AI 通过她展现它的世界

下面整理了关于 AIGC 工具的列表，供各位读者和学习者参考。

表 4-1 AIGC 常用工具软件特点解析一览表

| 序号 | 名称 | 特点 |
| --- | --- | --- |
| 1 | Disco Diffusion | 2022 年 3 月出现最早火爆的 AI 绘图工具、细腻画面；Disco Diffusion 的初始作品是一张灯塔，象征着给行业照亮了前行之路。Disco Diffusion 的缺点速度慢、需要在浏览器中的 Colab 上面对代码操作 |
| 2 | Midjourney | 快速和精准、5 分钟出图，作品生成速度快，直观的操作界面、可迭代的进化功能，全公开的作品展示库、艺术家风格库，较强的 AI 绘画工具，适合产品化 |
| 3 | DALL·E 2 | ChatGPT 系，快速出图、写实画风、内容精准，DALL·E 2 实现了更高分辨率和更低延迟，可以生成更真实和更准确的画像，分辨率更是提高了 4 倍，语义理解能力和最终的绘画效果更是超出了当时人们想象的最高度 |
| 4 | Tiamat | 国产强化版 Disco Diffusion |
| 5 | Imagen | 谷歌出品、写实感和深度语言理解 |
| 6 | Parti | 谷歌出品的第二款 Imagen 增强版 |
| 7 | Make-A-Scene | Facebook（Meta）出品、神笔马良 |
| 8 | NUWA | 微软出品，女娲 |

续表

| 序号 | 名称 | 特点 |
|---|---|---|
| 9 | Stable Diffusion | 目前市面上的最强 AI 软件,没有之一,专业训练模型;很多网站在其基础上二次开发,任何人都可以在本地计算机部署,单独训练独有的模型,也可以使用在线版本。专业模型训练最强 AI 软件,适用于各行各业 |
| 10 | ControlNet 插件 | ControlNet 是一款基于 Stable Diffusion 的插件,能做到骨骼绑定,精准控线,依据 3D 视图的法线进行绘图,线稿上色,依据深度图结构透视精准重绘等,几乎做到完美控制画面;AI 绘画的开源和插件化也使得训练 AI 模型的成本大大降低,截止到 4 月中旬,ControlNet 开放了 14 个模型 |
| 11 | 百度文心一格 | 基于百度文心大模型能力的 AI 艺术和倡议辅助平台,依托飞桨、文心大模型的技术创新推出的 AI 作画产品,可轻松驾驭多种风格,用户简单容易上手,还提供周边附加产品服务 |
| 12 | 意间 | 国内集成海外 AI 绘画小程序,简单上手快,微信小程序即可以打开使用 |
| 13 | 无界版图 | 集 AI 绘画和数字版权拍卖,集成海外开放源代码,继承了多种模型,是目前国内比较受欢迎的 AI 绘画 APP |
| 14 | 意图 AI | 意图 AI 拥有 AI 文字创作、AI 绘画、AI 音视频处理等功能,通过自然语言处理技术,对大量图像和文本数据进行训练和优化,构建生成式模型,实现自然语言即时生成高质量图片、漫画和文字智能创作的功能 |
| 15 | ChatGPT | OpenAI 训练的超级对话模型,以对话方式进行交互,持续性的回答用户提出的各种问题。不论是日常聊天,解决技术问题,还是修改代码,编写提示语,可以把它当做一个超级智能的搜索引擎助手,随时帮你解决各种困难 |
| 16 | Notion AI | 可以写文案、做策划、写表格、写视频脚本、帮忙读论文做总结等各种应用;尤其是文字方面,提供了包括头脑风暴、博客撰写、提纲、社交媒体、论文、诗歌等十多类选项,和 ChatGPT 一样强大的存在 |
| 17 | Auto-GPT | Auto-GPT 是一个开源的 AI 代理 Python 应用程序,发布在 GitHub 上,使用 GPT-4 作为驱动基础,允许 AI 自主行动,完全无需用户提示每个操作,30 分钟内就可以完成设置 |
| 18 | Claude | Claude 是一款由前 OpenAI 的研究员和工程师开发的新型聊天机器人,可以执行各种对话和文本处理任务,同时保持高度的可靠性和可预测性 |
| 19 | 剪映 | 优秀的视频编辑工具,带有全面的剪辑功能,支持变速,有多样滤镜和美颜的效果,有丰富的曲库资源;目前支持文本直接生产视频,支持视频提取语音展示字幕 |
| 20 | 快影 | 可以根据文案,一键拼接图片和视频素材,并同步生成字幕和配音 |
| 21 | 一帧秒创 | 同样可以根据文字内容,一键生成视频,配有字幕和配音,如果对素材不满意,比如把视频换成自己画的图片,可以上传图片进行替换 |
| 22 | 必剪 | B 站出品的必剪,不到一分钟就自动生成了视频,画面跟文案内容基本符合 |

续表

| 序号 | 名称 | 特点 |
|---|---|---|
| 23 | 腾讯智影 | 提供视频内容剪辑、数字人形象生成及视频制作、数字人直播等核心功能，并通素材推荐、字幕识别、智能抠图、AI 配音等多种 AI 智能工具，为行业用户打造端到端的在线内容生产平台 |
| 24 | Kaiber | 用户输入图像或文本描述，也可以从预设中选择几个词，就能快速生成 4 种视频结果 |
| 25 | Lumen5 | 长图文转视频，提供了大量视频模板，操作上门槛更低，像制作 PPT 一样拖曳文字即可转成画面 |
| 26 | DID | 仅需一张静态图片或者照片就能创建虚拟人视频，体验门槛较低，上传一张图片，几分钟内就可以生成有人物解说的视频 |
| 27 | Phenaki | 谷歌出品，可以实现丰富的文字生成视频，图像生成视频，让单个图像或两个图像间动起来，以及改变原始视频的风格。可以根据一系列提示生成 2 分钟以上的长视频 |

## 第三节

# AIGC 带给短视频行业的商机与变革

随着 Facebook（Meta）和谷歌先后发布了根据文本生成视频的最新研究成果，短视频行业迎来 AIGC 的爆发只是时间问题。从谷歌发布的样片来看，AI 除了一些短视频内容的生产，还能在文字故事的基础上以影像呈现一段完整的长镜头，时长可达 2 分钟以上。

Stability AI 的新任首席信息官丹尼尔·杰夫里斯（Daniel Jeffries）表示，AI 最终会带来更多的工作岗位。就像相机的发明虽然取代了大部分画家，但也创造了摄影师这一职业，同时还开辟了电影、电视这样更大规模的全新产业。

随着 AI 视频生成技术的不断成熟，AIGC 将快速颠覆短视频行业的现有生态，并取代 PGC 及 UGC 成为主流的视频生产方式，预计，未来 AIGC 的视频生产份额会占到市场总量的 50% 以上。AIGC 可以帮助公司或个人快速、高效地生成大量高质量的短视频内容，包括虚拟环境、现实环境、动画视频、新闻和知识内容等。

AIGC 创作的丰富性将打败现有的视频领域，甚至开辟出许多原来不存在的短视频赛道。例如，人们可以通过文本来生成一个专门在火星踢足球的频道，还可以通过文本生成一个专门穿越时空的频道。直播带货、短视频带货也将变得多样化。

这些短视频内容可以迅速吸引用户的注意力,因为 AIGC 生成的内容将会更加惊艳甚至更加真实。

AIGC 生成的视频也将极大地降低短视频制作的成本,因为它不需要拍摄、剪辑、后期制作等环节。这将导致短视频行业的创业门槛大幅降低,会有更多的人参与到短视频制作中,从而导致对传统视频创作市场的竞争加剧。

AIGC 生成的视频质量也将更高。由于 AI 可以精确控制视频的每个细节,所生成的视频将更加逼真、流畅,并且还能够根据不同的需求进行定制。这将导致传统短视频制作方式难以与 AI 竞争,从而导致市场的变革。

当然,AIGC 也不是完美无缺的,AI 生成视频可能会存在以下问题。

1. AIGC 生成视频技术依赖于文本,因此它对于文字描述能力较强的内容来说更有优势,但对于那些难以文字描述的内容,例如需要运用技巧性手法的内容,AI 通过文本生成视频技术并不能很好地实现。

2. AIGC 生成视频技术目前还不能完全模拟人类的情感和个性,因此它在表现人物情感和个性方面仍然存在一定的局限性。

3. AIGC 生成视频技术目前还难以模拟人类的摄影技巧和构图能力,难以完全模拟人类的拍摄手法和摄影视觉效果,因此它在摄影方面还存在一定的局限性。

4. AIGC 生成视频技术目前还难以模拟人类的音乐创作能力和配乐能力,难以完全模拟人类的音乐风格和音乐节奏,因此它在音乐方面也存在一定的局限性。

5. AIGC 生成视频技术在计算资源和时间方面还需要进一步提高。目前,AI 通过文本生成视频技术对于大量数据和复杂场景的处理能力仍然有限,因此它在处理复杂视频项目方面仍然存在一定的局限性。

6. AIGC 生成视频技术在技术成熟度和可靠性方面还需要进一步提高。目前，AI 通过文本生成视频技术尚未完全稳定和可靠，存在一定的技术风险和不确定性，因此它在商业应用方面仍然存在一定的限制。

除了上述问题之外，AI 通过文本生成视频技术在计算资源和时间方面仍然有限，对算力的需求较高，这些原因也导致了它无法完全取代传统短视频领域。当然，还有最重要的一点是，人类大多时候是感性和需要温度的，对于传统视频的需求也会一直存在，不会完全被 AI 所取代。

那么，面对即将到来的 AIGC 短视频时代，我们应该做好哪些准备来面对这样的商业机会呢？

1. 加强对文本生成视频技术的理解。文本生成视频技术是一种新兴的技术，它的原理和应用领域还不是很普及，因此应该尽快了解它的基本原理和应用方法，以便更好地应对未来的就业需求。这里面的两个代表性模型是 Meta 的 Make-A-Video，还有谷歌的 Imagen Video。

2. 提高文本生成技术的操作能力。尤其是多使用 Stable Diffusion 等图像生成工具，在其中掌握文本生成的方式方法，尽快熟悉相关的软件工具和技术手段，以便更好地应对未来的 AIGC 短视频时代。

3. 注重专业能力的提高。因为 AIGC 视频生成本质还是视频行业，所以在视频制作和内容创作领域，积极提高自己的专业技能和知识储备，以便更加顺利地进入这个领域。

4. 注重创新能力的培养。在 AIGC 领域，创新能力是非常重要的，应该注重提高自己的创新能力，以便能够提出更多新颖、有创意的创作思路，以便在 AIGC 时代能够脱颖而出。

5. 如果个人打算从事 AIGC 相关领域的人工智能研发或相关技术支持等工作，那么可以考虑通过提升自己的编程能力、数学知识和人工智能技术等方面来做准备。例如，可以通过学习文本分析、自然语言处理和人工智能相关课程，来提高文本处理能力。通过学习数据结构、算法设计和机器学习等课程，来提高编程能力。通过练习深度学习、计算机视觉和自然语言处理等技术，来提高人工智能技术。

6. 分析短视频赛道，为即将到来的 AIGC 短视频时代做好创新准备，观察还有哪些短视频赛道存在更大的商业机会及价值。

总之，AIGC 必将通过高效、智能的优势颠覆现有的短视频生态，作为见证时代车轮前进的一分子，我们应该积极参与到行业发展中来，这样才能更好地把握先机和创造更多的商业机会。

## 第四节

## AIGC 带给文化创意行业的商机与变革

我们知道,文创行业主要包含的是以文化、艺术和创意为核心内容的产业领域。然而,文创行业真正的核心是以文化和艺术为核心内容的产业,这些内容通过创新的方式被转化为文化产品和服务,满足了人们对文化、艺术和生活方式的需求。而 AIGC 技术的诞生,也为文创行业及文化元宇宙带来了更多的机遇,通过提高生产效率和内容质量,实现文创产业的可持续发展(图 4-29)。

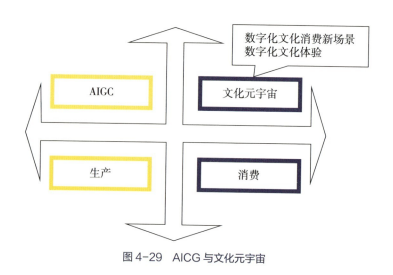

图 4-29 AICG 与文化元宇宙

## 一、AIGC+ 文化创意融合蝶变

我们知道，文化创意产业具有很强的创意性和文化性，是一种融合了文化、艺术、科技和商业的综合性产业，因此在人工智能产业发展中，在文创产业中如自然语言处理、图像识别、机器学习等技术在文创领域的应用正在扩展和深化，为文创产业的创新和发展提供了新的工具和思路。

据了解，此前中国国家博物馆进行了数字升级，使用 AIGC 技术进行数字化重建，为游客提供了更加生动的历史场景和文物展示（图 4-30、图 4-31）。这也是人工智能将实际化文化内容虚实结合的重要体现，同样还有更多的案例，如天安门广场数字化重建项目也同样使用 AIGC 技术实现了对天安门广场的数字化重建，包括建筑物、人群和道路等场景的数字化，广受游客好评。AIGC 作为一个人工智能技术和文化创意产业相结合的平台，属实为文创行业的发展提供了新的创新和发展机会。

图 4-30 中国文化博物馆数字展厅图　　4-31 利用 AIGC 技术对文物进行数字化

随着文化消费的升级和人们对文化产品的需求变化，文创行业正面临着更加多样化和个性化的需求。AIGC 的主要目标就是鼓励和支持人工智能技术在文化创意领域的应用，能够打造更加生动、逼真、有趣的场景和人物形象，进一步推动文化产业的发展，为文创行业提供更加多元化、个性化的产品和服务。

近年来，AIGC 技术帮助文创行业对艺术品进行了数字化保护和展示，如对油画、雕塑等进行三维数字化建模，打造更加真实的艺术品形象。通过 AIGC，人工智能技术也可以更加灵活地应用于文创产业的各个环节，包括创意设计、内容生成、市场推广等。同时，上海科技馆科学幻想区域利用 AIGC 技术为游客呈现了一系列虚拟实境和增强现实场景，实现了科技和文化的有机结合。AIGC 为文创行业的创新和发展提供了更加广阔的空间。

随着文化消费的不断升级和政府对文化产业的重视，文创行业呈现出快速发展的趋势，成为引领新经济发展的重要力量。而 AIGC 技术创造新的商业模式和机会，进一步拓展文创产业的发展空间和市场规模，也通过 AIGC 技术实现内容付费、场景营销等领域的应用，更好地促进文创产业的转型和升级。

## 二、AIGC+ 数字藏品应用

专业的设计人员可以结合 AIGC 进行创作，降低了数字藏品的设计门槛。之前数字藏品的"衍生品模式"可以结合 AIGC 转变为版权品模式。AIGC 可降低设计成本，并为数字藏品和元宇宙提供新的内容源。AIGC，包括 ChatGPT 都将加速元宇宙、虚拟世界的到来。同时需要指出的是，在 AIGC 发展的同时，要做好版权的确认并警惕内容的泛滥。

在数字中国时代，AIGC 将带来更多数字内容，这将丰富元宇宙的内容，也将推动数字藏品 NFT 市场走向平民化、大众化、场景化，期待 AIGC 给人们带来更多美好。

## 三、AIGC 文创行业未来

总体来说，诸多案例都展示了 AIGC 技术在文创行业的多样化应用，通过使用 AIGC 技术，文创行业能够实现更加生动、逼真、有趣的场景和人物形象，进一步推动文化产业的发展。但是在 AIGC 技术加持下，如何平衡商业利益和文化价值之间的关系；如何保护文创作品的版权和知识产权，避免商业化导致文化传承的失落和破坏，保护文化产业的可持续发展，也是文创产业在未来值得进一步思考的问题。

这里总结出了几个 AIGC 在文创行业的主要应用方向。

内容创作与优化：AIGC 可以帮助文创创作者更快地生成初始草稿或想法，同时提供实时反馈，以优化内容。此外，AI 可以协助从业人员挖掘受众喜好和趋势，从而创造出更具吸引力的内容。

个性化推荐：AIGC 可以通过分析用户的兴趣和行为，为他们推荐更符合个人喜好的文创内容。这将有助于提高用户满意度和留存率，从而为文化创业行业带来更多的商业机会。

设计与视觉效果：AIGC 可以协助设计师快速创建出令人印象深刻的视觉效果和设计元素。这些智能设计工具可以降低创作难度，提高工作效率。

知识产权保护与管理：AIGC 可以协助管理版权，简化许可流程，降低管理成本。

数据分析与预测：AIGC 可以通过大量数据分析，预测市场趋势和用户需求。这将帮助文化创业从业人员更好地了解市场，制定更明智的战略决策。

语言翻译与跨文化传播：AIGC 可以实现自动翻译和语境分析，使得内容能够更容易地在全球范围内传播。这将有助于文化创业行业的全球化发展，拓展国际市场。

教育与培训：AIGC 可以提供个性化的学习体验和实时反馈，帮助从业人员提高专业技能和知识。这将有助于提高整个行业的竞争力。

## 第五节

# AIGC 带给旅游行业的商机与变革

（一）内容生成

AIGC可以快速生成高质量的旅游内容，如文章、攻略、短视频等，为旅游企业和个人提供丰富的信息来源，提高内容生成效率，降低成本。

（二）个性化推荐

AIGC能够根据用户的兴趣和喜好生成个性化的旅游推荐，帮助用户找到更适合自己的旅行计划和目的地，从而提高用户满意度和忠诚度。

（三）虚拟旅游体验

AIGC可以为用户提供沉浸式的虚拟旅游体验，使其在家中就能感受到远程旅行的乐趣。这种虚拟体验不仅可以帮助旅游企业拓展市场，还可以为用户提供旅游替代方案。

（四）优化行程规划

AIGC可以帮助旅行社和旅游规划者更精确地预测旅游需求和目的地热度，优化行程安排和资源分配，从而提高旅游体验和行业运营效率。

## （五）多语言服务

AIGC 可提供实时、准确的语言翻译服务，帮助旅行者在国际旅行时克服语言障碍，促进国际旅游市场的发展，以及文化交流和理解。

## （六）智能景区管理

AIGC 技术可以辅助景区管理者实时监控和分析游客流量、行为模式等数据，从而优化景区布局、导向系统、安全管理等方面的工作，提高游客的旅游体验，降低景区管理成本。

## （七）社交媒体营销

AIGC 可以为旅游企业提供高质量的社交媒体内容，帮助他们扩大品牌影响力，提高目的地知名度和吸引力。

## （八）教育和培训

AIGC 可以为旅游行业提供各种教育和培训材料，帮助从业者提高专业技能和知识。此外，AIGC 还可以用于培训导游、酒店管理人员等旅游相关职业人员，提高行业整体服务水平。

## （九）数据分析和市场预测

AIGC 可以帮助旅游企业分析大量数据，如用户行为、旅游需求和目的地热度等，为市场营销和业务发展提供有价值的见解。这将使企业能够更好地了解市场趋势，优化业务策略，并提前抓住市场机遇。

### （十）客户服务和支持

AIGC 可以生成智能客服机器人，为旅游行业提供 $24 \times 7$ 的客户服务和支持。这将大大提高客户满意度，降低人工客服成本，并为企业提供更高效的运营方式。

### （十一）可持续旅游发展

AIGC 可以帮助旅游业实现可持续发展，通过对旅游资源的合理分配和规划，降低对环境和社会的负面影响。AIGC 可以分析和预测旅游目的地的承载能力，帮助管理者实施可持续旅游政策和措施。

### （十二）跨界合作

AIGC 技术将促进旅游行业与其他行业的跨界合作，如科技、文化、娱乐、教育等领域。这种跨界合作将为旅游行业创造新的增长点，拓展市场，提高整体竞争力。

### （十三）面向未来的旅游产品

AIGC 可以帮助旅游企业设计和开发面向未来的旅游产品，如智能酒店、智能交通工具等。这将使旅游体验更加便捷、舒适和环保，满足新一代消费者的需求。

## 第六节

# AIGC 带给媒体行业的商机与变革

目前,传统的传媒行业正处于快速变革和调整的阶段,随着移动互联网的普及和 5G 技术的发展,互联网内容服务的增长势头强劲。特别是短视频、直播和社交媒体等新型媒体形式已经成为互联网内容的主要形式,吸引了大量的用户和投资。

首先,虽然传统媒体面临着困境,但是数字化和智能化的趋势为传媒行业提供了新的发展机遇。AIGC 的出现直戳传媒行业转型痛点,有望带来数字营销、内容生产的价值重估,推动"传媒"向"智媒"转变。

为何说是"智媒"?由于传媒业的内容对新、快、差异化等需求较大,急需降低生产门槛,提升生产效率,为 AIGC 的应用带来较好的内在需求。AIGC 通过参与内容生产全流程而改善生产效率,同时还能带来全新的视觉化、互动化体验,在文字、图片、视频、短视频等需求上,AIGC 让内容逐渐向沉浸式、互动式等媒介演变,也丰富了新闻报道的形式,加速媒体数字化转型。不难看出,AIGC 切实为传媒行业带来了内容创新红利。

此前,清华大学新闻与传播学院教授、伊斯雷尔·爱泼斯坦对外传播研究中心主任史安斌认为,ChatGPT 对媒体行业而言,可自主提供线索、搜集素材,能快速撰写文章,从而提高新闻生产效率,充分利用 AIGC 来提高媒体的"智力",是一种高效的发展途径(图4-32)。

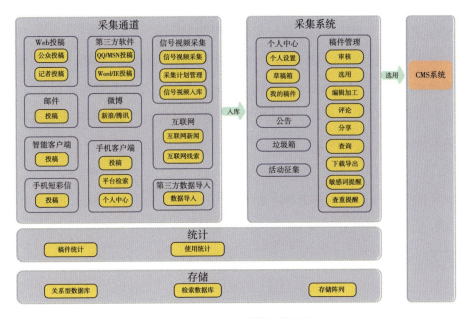

图 4-32　AIGC+ 媒体运转流程

其次,对媒体从业者来说,AIGC 与人的配合既可保证新闻的时效性,又能兼顾人文关怀、社会意义和经济价值;让工作人员专注于需要思考和创造性的工作内容,如深度报道和专题报道等更需要发挥人类优势的细分领域,不必再为机械性或重复性的工作分神。

以 ChatGPT 为例,其火爆让媒体智能化快速发展的大趋势清晰可见,ChatGPT 相当于"写稿机器人 + 媒体资源库",它可以辅助从业者,或者作为编外记者完成一部分工作。同时,ChatGPT 也凭借更强的学习能力,基于大数据自己生成内容,在新闻背景挖掘、文献综述分析等方面的表现都值得期待。可见,ChatGPT 的内容生成功能打开了媒体业者的更多想象。

最后,回到整个传媒市场,AIGC 技术还可以通过智能推荐算法和个性化推荐等方式优化用户体验,提高用户黏性和转化率,从而创造更多的营销渠道，帮助企业在不同的平台和场景中实现精准营销。

我们都知道，Netflix 作为传媒行业大头，核心收费来自付费用户，AIGC 的加入大大地提高了其付费用户黏性与广度。据公司财报统计，自入局 AIGC 后，Netflix 在 2020 年到 2022 年的付费收入从 1 631 亿元人民币增加至 2 202 亿元人民币，预计 2023 年和 2024 年的营收将达到 2 327 亿元、2 648 亿元。可见在 C 端中利于 AIGC 实现低门槛灵感转化，还降低了传媒行业的技术门槛，使大众有更多参与内容创作的机会，增强参与感，扩大了 AIGC 可覆盖的领域和潜在人群，利于构建良好的 AIGC 生态。

目前，AIGC 已在传媒行业中打造了许多成功的案例。2019 年的浙江卫视春晚使用了 AIGC 技术来实现场景和服装的设计，同时还利用该技术在表演中加入了虚拟人物和特效，呈现出更加丰富的视觉效果。这些案例都展示了 AIGC 技术在传媒行业的多样化应用，通过使用 AIGC 技术，传媒行业能够创造更加绚丽多彩的视觉效果，并且实现更高效的后期制作。

尽管 AIGC 对传媒行业带来了内容生产方式、广告营销、媒体运营等诸多变革，但是其未来在产业融合过程中也面临着版权问题、数据隐私问题等挑战，还需要不断探索和创新，以应对市场变化和用户需求的不断变化。随着未来元宇宙技术的不断发展，传统媒体形态将逐渐向数字化、虚拟化方向转型。元宇宙中的虚拟空间可以为传媒行业提供更加丰富多彩的表现形式，如虚拟现实、增强现实、全息投影等技术，在 AIGC 内容创作的基础上，元宇宙也将为传媒行业提供更多的展现手段。

总的来说，AIGC 将为传媒行业带来更加广阔的发展空间和更加多元化的发展方向，传媒行业需要积极把握机遇，积极拥抱技术和变革，提高内容质量和用户体验，才能在竞争激烈的市场中脱颖而出。

## 第七节

# AIGC 带给电商行业的商机与变革

我们知道,电子商务领域是当今经济发展最快的领域之一。随着互联网技术的进步和人们生活水平的提高,越来越多的人开始在网上购物,甚至只在网上购物。电子商务正在成为人们日常生活的重要组成部分。

电商购物作为一种新型的购物方式,在过去几十年间迅速发展壮大。但随着互联网技术和娱乐方式的不断更迭,电商购物从最初的网上商城逐渐演变成今天的多元化领域,其中包括电商平台、社交媒体和直播带货等。这种新型购物方式不仅改变了消费者的购物习惯,也为商家提供了新的营销渠道。

在这样的背景下,如何提升客户的购物体验,并为商家提供更多的营销机会,已经成为电子商务领域的热门话题。

在新型的电商模式中,网络直播成了促进电商销售的重要工具。直播主播通过吸引观众,分享产品信息和体验,来促进产品销售。这种新型的购物方式不仅给消费者带来了便利,同时也为商家提供了一种更加有效的营销手段。

这些新模式的发展为电商行业提供了更多的机会和商业价值。同样,AIGC 时代的来临也将带来更多的商机。尤其是与元宇宙和 VR、AR 的结合,更能带来全新的购物体验。

元宇宙可以通过使用VR/AR技术来实现网络购物的沉浸式体验,例如使用360度全景和3D扫描的增强现实空间来呈现出各种不同的商品,让消费者能够在购买前进行全面的浏览。消费者也可以在元宇宙中创建一个虚拟世界,模拟出一个科学且真实的购物场景。通过AR技术,消费者还可以对服装进行实时试穿,从而获得比线下购物更直观的体验。同时,元宇宙还可以使用自然语言系统,为消费者提供各种产品和服务,例如AI导购、智能助手,以帮助消费者购买所需的商品和服务。而商家也可以在虚拟环境中以较低的成本实现更多的销售活动,例如营销、促销、广告。

而AIGC在元宇宙的电子商务中将扮演重要角色。使用text-to-image技术可以生成各种形式的商品图片,使用text-to-model可以生成商品模型,使用自然语言处理可以实现商品导购,使用text-to-bgm可以生成购物氛围。

AIGC在电商领域大体可以带来以下价值。

1. AIGC可以帮助商家快速生成商品图片,从而提高销售效率。例如,利用Stable Diffusion的模型训练功能可以让指定的产品图像出现在各个场景,商家无须再对产品进行不同场景的拍摄,并且更好地吸引消费者的注意,提高商品的销售额。

2. AIGC可以提供更好的商品定制化服务。例如,用AI生成独一无二的产品图样,满足用户的个性需求。已经有美甲公司在用AI生成不同的美甲图案。

3. AIGC还可以提供更好的商品场景体验。例如,用户需要购买一个沙发,AI可以在用户购买之前生成沙发在用户卧室中的效果,提供更好的商品体验。

4. AIGC绘画技术可以为电商商业带来更多的创意和灵感。AI可以自动生成各种不同风格、题材和视角的原画作品，为电商商业提供更丰富的素材和灵感，从而提升商品的设计水平和营销效果。

5. 未来 AIGC 的视频生成功能也可以在商家的短视频带货、直播带货中产生不可或缺的作用。

掌握以上 AIGC 在电子商务行业的应用方向，可以在未来的 AIGC 电商时代为商家提供许多企业服务，从而获得商机。当然，自有品牌也可以提前布局 AIGC 的相关技术，为产品赋能。

## 第八节

# AIGC 带给营销行业的商机与变革

通过 Stable Diffusion 和 ChatGPT 的火热出圈,最先受益的其实是发布相关内容的营销号。无论是传播件事本身的抖音自媒体账号还是公众号,都从 AIGC 的火爆热潮中获取了一定的流量。

营销行业历史悠久,早在人类社会发展初期,就出现了交换物品并对自己物品进行宣传的相关活动。

随着社会的发展,营销行业也在不断发展壮大。在工业革命期间,营销行业逐渐形成了现代市场经济的基础,商品生产和流通效率得到了大大提升。在 20 世纪初,随着广播和电视的普及、传播技术的进步,营销行业又发生了重大变革,营销活动变得更加精细化和多样化。21 世纪,随着互联网技术的进步,企业通过网络进行营销的效率和收益大大提高。同时,消费者也变得更加网络化,他们通过互联网搜索信息、参与网络讨论、分享产品评价等方式与品牌进行互动,也有人提出了互动营销、病毒营销等新的概念。当然,随着人工智能技术的发展,营销行业也将迎来新的改变,例如营销行业开始利用人工智能技术用于数据分析、搜索引擎优化、自动化营销活动等方面,为企业提供更加个性化和高效的营销方案。

当然，随着 AIGC 的迅速传播，也必将诞生很多新的营销方式，甚至诞生一门"AIGC 智能营销"的新课题（图 4-33）。

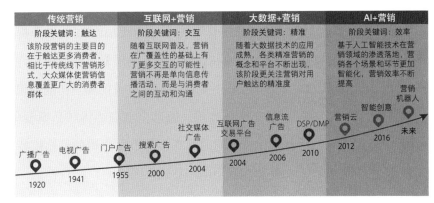

图 4-33　营销技术应用发展历程及阶段特征

（资料参考：艾瑞咨询）

AIGC 智能营销具体可以定义为一种基于人工智能技术的营销方法，旨在通过人工智能的各项技术、使用机器学习算法来提供个性化的营销内容和建议，以帮助企业更有效地进行营销活动。包括使用机器学习技术来分析客户行为数据；使用自然语言处理技术来自动生成营销内容；使用聊天机器人来与客户进行交流；使用视觉识别技术来识别广告中的产品；使用人工智能生成技术来生成营销所使用的视频或者图片素材等。

未来，AIGC 智能营销可能会在营销自动化、客户关系管理、品牌管理等领域产生重要应用。此外，随着人工智能技术的不断发展、云计算和大数据技术的普及，可能会出现更多的 AIGC 自动化营销工具，使企业能够自动分析用户数据并提供个性化的营销建议。

AIGC 智能营销还可能与其他新技术，例如虚拟现实和增强现实技术等相结合，或者在元宇宙中为企业提供更加先进的营销方式。

同时，随着人工智能技术的发展，AIGC 智能营销也可能会有一些问题亟待我们去解决。例如，如何确保 AI 营销系统在进行决策时不会带来偏见或不公平？以及如何应对用户对隐私保护的关注？因此，在未来发展中，我们也需要考虑如何解决这些问题，以确保 AIGC 在营销领域的可持续发展。

事实上，很多创业公司已经开始利用 AI 绘画和 ChatGPT 为企业提供创意营销的服务了。例如，珠宝企业在做珠宝展示的时候可能会雇用许多外籍模特，同时还要做大量后期工作，而最终成品也可能和当初的设想产生较大差异。AIGC 就可以解决这一难题。通过模型训练将产品模型化，然后用 AI 虚构出满意的外籍模特，同时将珠宝穿戴在虚拟的外籍模特身上，并且可以批量出图，最终得到满意的产品效果图。

当然，AIGC 还可以提供完全定制化的营销策略。例如购买某品牌产品，可以获得一个独一无二的艺术画作数字藏品。

总之，AIGC 在营销行业的应用会越来越广泛，它为企业提供了更多创新的营销方式，帮助企业实现更高效和个性化的营销。创业者可以把握这些机会，开发出满足市场需求的创新产品和服务，为营销行业的发展创造更多可能。同时，我们也可以尝试利用 AIGC 技术来创造新的市场需求和新的营销思路，为消费者提供更好的体验和更多的价值。

## 第九节

# AIGC 带给艺术行业的商机与变革

早在人类社会发展初期，就出现了人类利用石器、骨器、砂器等工具刻画图腾、神像和景观的艺术活动。随着文明的发展，美术的创作手段也在不断丰富。在古埃及、古希腊、古罗马等文明古国，艺术家们利用石板画、壁画、雕塑等手段创作出了许多杰出的艺术作品，对后世产生了深远的影响。随着绘画和摄影技术的发展，艺术创作手段又有了新的变化，艺术家们可以利用颜料和画笔、相机和胶片等工具创作出更加丰富多彩的艺术作品。

20世纪50年代，人们开始使用计算机创作艺术作品，诞生了"数字艺术家"这个概念。随着计算机技术的进步，数字艺术家可以利用计算机软件和硬件创作出各种各样的数字艺术作品，包括图片、动画、游戏、音乐和视频等。20世纪80年代，随着互联网的普及，数字艺术家可以通过互联网将自己的作品展示给全世界，获得更多关注和支持。同时，进入21世纪消费者也变得更加网络化，他们通过互联网搜索信息、参与网络讨论、分享作品评价等方式与艺术家进行互动，尤其是区块链技术的发展，让数字艺术品更加拥有了不可替代的、独一无二的收藏价值，并衍生出了NFT。

NFT可以用来验证数字资产的所有权。最初是由以太坊区块链项目（ERC-721协议）开发，于2017年推出。它通过使用智能合约来确保数字资产的唯一性，可以被用来代表各种数字资产，包括游戏道具、虚拟土地、数字艺术品等。NFT的出现为数字资产的交易和拍卖提供了新的途径，为数字艺术家和游戏开发者等创作者带来了新的机会。

纯数字作品《每一天：最初的5 000天》（*Everydays: The First 5 000 Days*）是世界上第一次在传统拍卖行被出售的艺术品（图4-34）。它是一件NFT作品。它在佳士得拍卖行以100美元价格被起拍，一个小时内价格猛升至100万美元价格，15天后最终以6 934万美元价格成交，成为拍卖史上在世艺术家作品价值第三高的艺术品。拍卖行称，该拍品竞拍截止到最后一分钟有220万名访客访问拍卖页面，成交价大幅突破了NFT艺术作品的世界纪录。

数字艺术品逐渐被大众广泛接受，并进入主流藏品圈。其中也诞生了一个新的数字艺术品流派，即人工智能创作。

其实早在2018年10月，佳士得就曾经拍卖过一幅由人工智能创作的画作《爱德蒙·贝拉米肖像》（图4-35），并以43.25万美元成交，这也标志着人工智能艺术作品正式登上世界拍卖舞台。

图4-34 《每一天：最初的5 000天》

图4-35 《爱德蒙·贝拉米肖像》

AIGC 时代来临后，也必将会诞生一种新的职业，我们可以称之为"AI 艺术家"或者"AI 画手"。他们不必掌握高超的绘画技巧，只需要掌握如何与 AI 沟通，就可以让 AI 生成他们想要的作品。

事实上，Stable Diffusion 开源之后绘画领域就一直在争论 AI 是否会取代人类画师，直到今天这个争论依然没有中止。

然而，我们发现，Stable Diffusion 并没有替代人类，反而成为人类画师的最佳帮手。

当然，许多从事低端插画等行业的画师会受到一些影响。但同时，只要他们拥抱AIGC，就还能获得许多新的机会，只是收入结构可能会发生改变。

对于那些绘画功底较浅的人，如果掌握了与 AI 沟通的能力，也可能利用自己的创意优势创造出好的 AI 艺术品。

在 AIGC 协同人类绘画方面，它主要有以下优势。

1. AIGC 技术可以为绘画行业提供新的创作手段。传统的绘画技术需要艺术家具备丰富的艺术素养和绘画技巧，而 AIGC 技术可以让人们无须绘画基础就能创作出丰富多彩的图像，使得绘画不再只属于练习多年的高手。

2. AIGC 技术可以为绘画行业带来新的商业模式。传统的绘画行业多以作品销售为主要收入来源，而 AIGC 技术可以让人们利用计算机软件将画作快速生成，服务于定制需求，为绘画行业带来新的商业机会。

3. AIGC 技术还可以为绘画行业带来新的创新空间。目前，Stable Diffusion 可以让计算机自动完成商业级的绘画任务，这样可以让绘画者更快地完成大量的绘画作品，通过这些大量的作品，绘画者可以找到新的灵感并加以完善。此外，AIGC 技术还可以帮助绘画者更好地理解图像，并从中提炼出有价值的信息，从而提高作品的创造性。

此外，利用 AI 绘画技术，还可以轻松地让普通人成为数字艺术家，并创作NFT。也可以利用AI绘画技术创作更加丰富多样的数字艺术作品，出版或者制作画册。总的来说，AIGC技术可以在绘画行业展现许多新的商机，把握这些商机就可以发现许多新的商业价值。

## 第十节

## AIGC 带给医疗健康行业的商机与变革

AI 在医疗领域的应用已有相当长的历史。早在 20 世纪 60 年代，人工智能就开始应用于医学影像学，最初主要采用逻辑和统计模式识别方法，尝试应用于放射诊断过程。随着 20 世纪 80 年代以后计算机技术的不断发展，医学影像逐渐实现数字化转型，人工智能在医学影像领域从知觉主观方法向定量计算方法演变，计算机辅助诊断系统等应运而生。

在接下来的几十年里，人工智能在医学领域的应用逐步扩展至诸多不同领域，包括诊断和治疗。特别是在人工智能影像方面，约 30% 的 AI 软件与之相关。AI 在医学影像领域的应用，尤其在血管病变和肿瘤的检测、定性定量诊断等方面表现出色，有助于预防和治疗心脏、头颈、肝脏相关重大疾病。

2015 年，AI 被应用于肺部影像诊断，能迅速定位肺结节，特别是对微小结节的定位，大大提高了诊断效率。2018 年，AI 的应用拓展至心血管和头颈血管领域，能自动重建血管影像并检测病灶。2021 年，AI 通过三维影像重建为临床手术提供了重要依据。所有这些应用都有助于提高医学影像诊断的效率和准确性，为临床提供更优质的支持。

在《柳叶刀》(The Lancet)上发表的研究表明，AI能够通过全自动识别方法对冠脉周围血管炎症进行诊断。这意味着AI在临床诊断中可发挥关键作用，为冠脉综合征患者的早期干预提供临床依据。

如今，人工智能技术已经被用于辅助医生进行诊断，通过分析大量的医学数据来帮助医生更快、更准确地确定患者的疾病。此外，人工智能还被用于研究和开发新的药物和治疗方法，以帮助更多的患者恢复健康。

人工智能还被用于开发医疗设备，例如自动化的医疗影像分析系统，这些系统可以帮助医生更快、更准确地诊断疾病。还有许多基于人工智能的医疗应用，例如可以帮助患者监测健康状况和提醒患者服药的应用。随着技术的发展，AI智慧医疗在未来的应用领域将会进一步扩大，并为医疗行业带来更多的变革。

当然，AI智慧医疗仍有许多挑战需要克服。比如，人工智能系统需要大量高质量的数据进行训练，而这些数据通常需要来自多个不同的医疗机构，这意味着需要建立一个可信赖的数据共享机制。此外，人工智能系统的准确性和可靠性也是一个挑战，需要进行严格的测试和验证，确保它们能够提供可靠的医疗建议。

现在，AIGC的兴起也为AI智慧医疗提供了新的商业机会，未来的几年中，AI与医疗的应用可能有以下几个发展方向。

## （一）医学影像诊断

人工智能在医学影像领域的应用非常广泛。通过使用深度学习算法，AI可以帮助医生更准确地识别和分析X光、CT扫描、MRI等影像资料。这使得诊断过程更加高效、准确，大大降低了误诊的可能性。

### (二)药物研发

AI在药物研发领域的应用主要包括药物筛选、分子设计和生物活性预测等。通过使用机器学习和大数据技术，AI可以在短时间内筛选出有潜力的药物分子，从而加速药物研发进程。

### (三)个性化治疗

AI技术可以帮助医生根据患者的基因组、生活方式和疾病史等信息，为其提供更加个性化的治疗方案。这可以提高治疗效果，并减少副作用的产生。

### (四)疾病预测和预防

AI可以通过分析患者的生物标志物、基因数据和生活方式等信息，预测其未来患病的风险。此外，AI还可以帮助公共卫生机构分析传染病的传播趋势，从而及时采取预防措施。

### (五)机器人手术

AI技术可以提高手术机器人的精度和稳定性，使其在微创手术等复杂手术中发挥更大的作用。通过实时分析患者的生理数据，AI还可以帮助医生在手术过程中做出更好的决策。

### (六)自然语言处理

自然语言处理可以帮助医生进行在线诊断。通过建立医生的语言模型，AI可以处理一些简单的诊断任务。而通过AIGC的医疗系统，医生相互之间也可以共享AI创建的医疗信息，分享案例以及医疗经验。

总而言之，AIGC 未来的兴起与医疗领域有着密不可分的关系，能够帮助医生更好地为患者提供治疗方案。

未来在 AIGC 时代，智慧医疗、AI 医疗或将成为一个独立的系统和学科，为患者提供更加优质、便捷的服务。

现在，已经有许多公司致力于运用人工智能技术改善诊断、治疗和研究。以下是一些在医疗领域具有代表性的人工智能公司。

## （一）DeepMind

这家位于英国的公司是谷歌的子公司，致力于开发先进的 AI 技术。它的 AlphaFold 系统已经在解决蛋白质折叠问题方面取得了显著进展，对药物研发和生物学研究具有重要价值。

## （二）Zebra Medical Vision

这家以色列公司专注于利用深度学习技术为放射科医生提供诊断辅助。其产品可以识别多种疾病，如肺结节、乳腺癌、脑出血等。

## （三）Tempus

这家美国公司通过运用大数据和人工智能技术，为癌症诊断和治疗提供个性化解决方案。它通过收集和分析大量的基因组和临床数据，帮助医生制订针对患者的个性化治疗方案。

## （四）PathAI

这家美国公司专注于开发用于病理学检测的 AI 技术，旨在提高诊断的准确性和效率。PathAI 的平台可以识别多种疾病，如癌症、炎症和感染等。

## (五) Aidoc

这家以色列公司利用 AI 技术为放射科医生提供实时的诊断辅助。Aidoc 的解决方案可以识别关键病变,如脑出血、肺栓塞、肺部感染等。

## (六) Butterfly Network

这家美国公司开发了一种名为 Butterfly iQ 的便携式超声设备,结合 AI 技术为医生提供实时的诊断辅助。Butterfly iQ 可用于多种场景、诊断多种器官,如心脏、肺部、肝脏和胰脏。

## (七) Babylon Health

一家提供在线医疗咨询服务的公司,利用 AI 技术为患者提供病症评估和初步诊断。

人工智能应用于医疗领域也是一个挑战,需要进行严格的测试和验证,确保它们能够提供可靠的医疗建议。

现在,AIGC 的兴起也为 AI 智慧医疗提供了新的商业机会。

比如,在医学图像处理领域,Latent Diffusion Models(LDM)和 Stable Diffusion 技术可以帮助医生更准确地识别和分析医学图像,从而更好地为患者提供治疗方案。LDM 可以用来生成高清图像,这对于医学图像分析来说是非常重要的。它通过使用稳定扩散方法来提高图像的分辨率,并且可以有效地消除噪声,提高图像的质量。这样,医生就可以更准确地识别图像中的细节,并进行更精确的诊断。

此外,这些技术还可以帮助医生更快速地识别疾病,从而提高诊断的准确性和效率。

## 第十一节

# AIGC 带给教育行业的商机与变革

## 一、AIGC 在 K12 教育中的应用与影响

### （一）个性化教学

AIGC 可以根据每个学生的学习需求和能力水平，生成个性化的学习资源，如适应性练习题、学习报告等。这样的个性化教学不仅可以提高学生的学习效率，还能激发他们的学习兴趣，减轻过重的课业负担。

### （二）教师辅助工具

AIGC 可以协助教师生成教案、试卷等教学材料，节省教师的时间和精力。此外，AIGC 还可以提供实时反馈，帮助教师快速了解学生掌握知识的情况，及时调整教学策略。

### （三）课程资源丰富化

AIGC 可以生成形式多样、内容丰富的教学资源，如虚拟实验、交互式动画等。这些资源可以帮助学生更直观地理解知识点，提高学习的趣味性。

## （四）语言学习

AIGC 可以生成多种语言的教学内容，帮助学生提高外语能力。同时，AIGC 还可以提供智能语音识别和语音合成服务，让学生在模仿发音、进行口语练习时获得更好的支持。

## 二、AIGC 对职业教育的影响

在职业教育领域，AIGC 的应用也有着广泛的可能性，特别是在以下几个方面。

### （一）职业培训

AIGC 可以为职业培训提供定制化的教育服务，帮助学生快速掌握所需的技能和知识。通过分析职业需求和市场趋势，AIGC 可以生成相应的培训材料和练习题，让学生更好地适应工作环境。

### （二）职业认证

AIGC 可以通过虚拟实践环境和仿真技术，为职业认证提供支持。例如，AIGC 可以为医学生提供虚拟手术操作的训练，为飞行员提供虚拟驾驶模拟的训练，让学生在真实环境下获得更多的实践经验，提高职业认证的通过率。

### （三）职业规划

AIGC 可以通过分析市场需求和个人能力，为学生提供更准确的职业规划建议。例如，AIGC 可以通过分析学生的兴趣和能力，推荐适合的职业选择，为学生提供更有针对性的培训和教育。

（四）行业分析

AIGC可以通过分析大数据和市场趋势，为企业和行业提供分析和建议。例如，AIGC可以分析行业需求和竞争环境，为企业提供市场定位和战略规划建议，从而推动行业的发展和创新。

# 三、AIGC对家庭教育的影响

在家庭教育领域，AIGC的应用也有着广泛的可能性，特别是在以下几个方面。

（一）家庭辅助工具

AIGC可以为家长提供辅助工具，帮助家长更好地教育孩子。例如，AIGC可以提供个性化的学习计划和练习题，帮助孩子更好地掌握学习内容，让家长更好地关注孩子的学习情况。

（二）家庭智能设备

AIGC可以与家庭智能设备结合使用，为家庭提供更加智能化的教育服务。例如，AIGC可以与智能音箱结合使用，为孩子提供听故事、唱儿歌等互动教育服务，让家庭教育更加有趣和有效。

（三）家庭安全教育

AIGC可以为家庭提供安全教育服务，帮助家长和孩子更好地了解网络安全和个人信息保护。通过生成相应的教育内容和练习题，AIGC可以帮助孩子养成良好的网络安全意识，保障家庭的信息安全。

### （四）家庭健康教育

AIGC 可以为家庭提供健康教育服务，帮助家长和孩子更好地了解健康知识和保健技巧。例如，AIGC 可以为家长提供育儿经验和孩子成长过程中的相关知识，为孩子提供健康饮食和锻炼的建议，让健康教育融入家庭之中，促进家庭教育全面发展。

## 四、AIGC 与元宇宙结合以后对教育的影响

在 AIGC 与元宇宙结合后，对教师教学和学生学习将产生深远的影响。以下将从教学内容、教学方法、学生学习体验，以及教育资源等方面展开论述。

从教学内容上看，AIGC 与元宇宙的结合将为教育创新提供丰富的资源。人工智能生成内容可以针对特定领域的知识进行生成、整合与优化，形成更为丰富、生动的教学材料。同时，元宇宙这一虚拟世界为教学场景的设计与应用提供了广阔的空间，让老师可以根据教学需要，随心所欲地创造适合学生学习的环境。

从教学方法上看，AIGC 与元宇宙结合将彻底改变教育的传统模式。借助人工智能生成内容，老师可以根据学生的个性化需求，提供个性化的教学方案和课程。此外，元宇宙中的沉浸式教学环境，可以让学生身临其境地体验各种实际情境，提高学生的动手能力、实践能力和创新能力。这将促进学生更好地掌握知识，培养兴趣，提高学习效果。

从学生学习体验上看，AIGC 与元宇宙结合将使学习过程变得更加有趣、高效。人工智能生成内容可以通过生动有趣的方式呈现知识点，让学

生在轻松愉快的氛围中进行学习。而元宇宙所带来的沉浸式体验，有助于吸引学生的注意力，使他们更加专注于学习。这样的学习环境将极大地提高学生的学习兴趣和积极性。

从教育资源上看，AIGC 与元宇宙结合后，使得教育资源可以在全球范围内共享，学生可以随时随地进行学习。这将有助于缩小地域间的教育资源差距，提高教育公平性。

国内的头部教育元宇宙公司卓世科技，已经面向学校提供了"元宇宙 + AIGC"的综合解决方案，可以期待，未来将有越来越多这样的企业进行此类探索和创新，真正有效地解决教育公平的问题。

AIGC 将会深刻地影响和改变教育行业。在 K12 教育领域，AIGC 可以通过自适应学习、教师辅助工具、学生作品评估、跨语言教育等方面为学生提供更加个性化和有效的教育服务；在职业教育领域，AIGC 可以通过职业培训、职业认证、职业规划、行业分析等方面为学生提供更加实用和有效的职业教育服务；在家庭教育领域，AIGC 可以通过家庭辅助工具、家庭智能设备、家庭安全教育、家庭健康教育等方面为家庭提供更加智能且全面的教育服务。

当然，AIGC 的应用也面临着一些挑战和问题。例如，AIGC 生成的内容可能存在版权和道德问题，需要有相关的规范和监管机制。同时，AIGC 的应用也需要考虑人机交互和人类价值的平衡，保障教育的质量和效果。

总之，AIGC 的应用将会在教育领域带来新的机遇和挑战，需要各方共同努力，推动 AIGC 的应用与教育的深度融合，推动教育的创新和发展。

同时，AIGC 的应用也需要考虑人类与机器的协作，将机器生成的内容和人类的思维相结合，实现教育的升级和转型。在这一过程中，需要强调人类的主体地位，保障教育的人文精神和价值。

除此之外，还需要关注 AIGC 应用所带来的技术风险和社会影响。例如，AIGC可能会带来人类就业机会减少的问题，需要考虑如何应对和规划人类的职业发展。同时，AIGC也可能会引发信息泄露和隐私问题，需要加强相关的监管和安全保障机制。

综上所述，AIGC将会深刻地影响和改变教育行业，为学生、教师和家庭提供更加个性化、智能化的教育服务。在应用AIGC的过程中，需要充分发挥人类智慧和创造力，保障教育的质量和效果，推动教育的创新和发展。

## 第十二节

## AIGC 带给游戏行业的商机与变革

在过去几十年中,游戏行业已经取得了惊人的发展。从早期像素驱动的游戏,到如今的虚拟现实和人工智能驱动的游戏,游戏行业已经成长为一个数万亿市场规模的巨大产业。

游戏行业的起源可以追溯到 20 世纪 50 年代,当时的游戏都是使用二进制代码编写的,并且只能在大型主机计算机上运行。这些游戏大多是简单的数字游戏,例如十进制和二进制计算。

随着计算机技术的发展,游戏也逐渐变得复杂和逼真。20 世纪 70 年代,出现了用更高级的语言编写的游戏,并且开发出了第一款图形化游戏——"沃兹基础训练"。这款游戏的出现标志着游戏行业进入了新的时代,并为今天的游戏开发奠定基础。

20 世纪 70 年代,游戏开始进入家庭市场。这一时期出现了许多具有历史意义的游戏,例如 1972 年发布的 *Pong*、1975 年发布的《星际保卫战》(*Space Invaders*)和 1977 年发布的《吃豆人》(*Pac-Man*)。这些游戏不仅增加了游戏的趣味性,而且推动了游戏行业的发展。

20 世纪 80 年代,游戏开始使用图形用户界面(GUI),并引入了鼠标和键盘操作。这一时期还出现了许多具有里程碑意义的游戏,例如 1985

年发布的 *Super Mario Bros* 和 1987 年发布的 *Tetris*。

如今，游戏行业的 3D 渲染技术已经堪比好莱坞电影水平，在 Epic Games 最新发布的 Unreal Engine 5 游戏引擎中，真实高度还原了《黑客帝国》中的场景，让人们赞叹不已。

引擎决定了游戏构建、动画、光影效果、物理系统及渲染效果等多方面的质量，这些质量将影响玩家眼前所见的画质精致程度和场景、角色的逼真性，而这也是实现游戏高质量发展的基本要求。随着游戏引擎的不断突破，人类在游戏画质上已经可以达到以假乱真的地步了，下一步实际上就是内核逻辑的提升，而这一切都需要依靠 AIGC 技术的发展。

例如，自然语言处理（NLP）技术如果用于游戏行业，将帮助开发者创建更加复杂和真实的游戏环境，从而帮助提升玩家的体验。

比如，NLP 可以用于改善游戏 NPC 的对话，使其变得更加有趣，更容易引起玩家的共鸣。NLP 可以把语音识别和文本理解应用到游戏中，使 NPC 可以回答玩家的提问，并能够更加自然地沟通。NLP 还能够分析玩家的游戏行为，从而调整游戏策略，使游戏更加有趣，从而吸引更多的玩家。此外，NLP 可以帮助游戏开发者分析游戏玩家的情绪变化，从而根据玩家的情绪调整游戏角色、游戏环境等内容，进而提升游戏玩家的参与感和游戏乐趣。

当然，随着 AIGC 的不断发展，AI 也将帮助游戏开发者更加便捷地开发游戏。例如，已经有人开始用 Stable Diffusion 制作 2D 游戏素材，如游戏 UI、2D 原画、2D 角色、2D 特效、图标、道具等。

游戏美术师以往的工作方式通常要根据游戏开发的计划，按照游戏设计师提出的设计要求，分析和确定游戏 UI、图标、道具的设计思路；根据游戏背景与设定，结合美术风格、美术表达等，绘制游戏 UI、图标、道具原画，将创意化作图片。这不但要消耗大量的人力、物力，也延长了游戏开发的时间。而使用 AIGC 技术，可以在短时间内生产大量的 2D 美术作品，既节约了时间也节约了经费。

使用人工智能深度学习则可以帮助开发者来开发新游戏，包括设计和分析游戏规则，还可以更好地还原真实世界中的角色行为，以及设计出更复杂的角色对局。

深度学习则可以提供语音识别功能，让游戏玩家更方便地与游戏内角色和环境进行沟通。玩家可以通过语音指令来控制游戏角色，让角色以语音的方式回答玩家的问题，真正实现"人机交互"。同时深度学习也可以用于智能机器人的开发。智能机器人可以帮助玩家完成游戏的任务，还可以增加游戏的乐趣。利用智能机器人调查游戏中的问题，还能进一步提升游戏体验度。

当然，AIGC 在游戏行业能做的远远不止这些，随着 text-to-3D 技术的发展，我们看到谷歌的 DreamFusion 以及英伟达的 Magic3D 都有着良好的表现，未来只需要一段描述、一句话就可以生成专业级的 3D 模型。到那个时候，真正的 AIGC 游戏时代将会来临。例如，在游戏世界，人们可以通过一段描述构建自己想要的游戏场景，打造独一无二的装备，建立独一无二的城邦。游戏中的交互体验不再是模板式，而是充满了探索与挑战。

当然，随着自然语言模型的完善，游戏也将诞生完全拟人化、智能化的 NPC。他们不再是冰冷的只会固定对话的机器，而是活生生的可以社交的数字人类。那个时候你可以和 NPC 交朋友、聊游戏世界的家常，甚至谈恋爱。

除了这些，自然语言模型还可以帮助游戏开发者编写代码。目前，已经有许多开发人员利用 GPT-3 来编写游戏代码，随着自然语言模型的不断进步，AI 编写代码的效率也会进一步加强，到时 AI 将成为编程人员的最佳工具。

总之，AIGC 相关技术在游戏开发领域的应用非常广泛，我们也相信随着技术的不断进步，AIGC 将提供给开发者和参与者更多的商机，帮助他们创造出更具真实感和挑战性的游戏世界，为市场和玩家带来更多的惊喜。

## 第十三节

# AIGC 带给农业的商机与变革

随着全球人口的不断增加,农业已经是世界上最重要的产业之一,对粮食的需求也在不断增长。而为了满足人们对食物的需求,农业生产必须更加高效和智能化,这也是人工智能在农业中的主要作用。

AI 在农业方面的发展历史可以追溯到 20 世纪 60 年代。当时,美国农业部发起了一项名为"农业机器人"的计划,旨在开发能够自动化种植和收获农作物的机器人。虽然这个计划最终没有取得成功,但它为农业机器人的研究奠定了基础。

随着计算机网络的普及,农业方面的 AI 应用也在不断拓展。例如,在 20 世纪 90 年代,人们开始使用机器学习技术来提高作物的生长。此外,人工智能技术也被用来分析农田的数据,从而提供更准确的作物预测。

而随着高精度算法的不断发展,"智能农业"的理念也在不断推进。尤其是深度学习和神经网络技术的成熟,让人工智能在农业方面的应用又有了新的进展。

机器学习与大数据技术、强大的计算机配合发展,来解码、分析和理解农业中的数字化过程。农民可以利用支持机器学习的电子器械,使用农场中的传感器预测农作物产量,评估作物品质,识别植物种类,以及检测植物病害和杂草侵害。

此外,人工智能技术也可以用来提高农业生产的效率,通过对农田的监测和分析,可以更好地安排农田的播种和收获。人工智能还可以通过使用农业机器人自动化种植和收获农作物,提高农田的生产率,并优化农田的管理,提高农作物的品质和生产的可持续性。

当然,随着AIGC的持续发展,更多帮助农业发展的商机也在逐渐显现。例如LDM技术能够生成高分辨率的图像,帮助农业科学家进行作物分类、植株检测、病害诊断等方面的研究。通过使用该技术,能够更快地提高作物的产量和品质,并有助于农业科学家和农民提高农作物的栽培效率。LDM还可以帮助农民更好地监测作物的生长情况。例如,使用LDM技术可以生成高清晰度的卫星图像,以便农民更好地查看作物的生长情况和植株的健康情况。

利用机器学习对农作物的基因表现进行分析,可以快速筛选出具有较高生产价值及抗虫、耐旱、高产等优良特性的优良基因组合,这样将会大大缩短农作物的育种周期。"3 000份亚洲水稻基因组研究"科研项目的研究成果后来被发表于《自然》(Nature)杂志上,提出了水稻基因组的遗传多样性,为后续水稻研究提供了理论基础,为世界水稻研究的持续发展做出了重大贡献。

AIGC还可以帮助农户进行农产品的直播带货,例如生成专业的农业AI虚拟人,通过自然语言模型可以实现24小时直播带货,及时了解并掌握现有的农业知识,实现与用户之间的高效互动、问题解答,提高农产品的销量。在养殖场方面,AI可以帮助养殖场管理者监控畜禽健康状况,以便及时发现疾病并提供适当的治疗。此外,人工智能也可以帮助养殖场管理者更好地管理饲料投放,以便提高生产效率。AI还可以用来预测天气情况,帮助农民更好地规划种植作物和施肥,避免农作物遭受极端气候的影响。

总之，AIGC 在农业方向的发展起到不可或缺的作用，通过合理运用人工智能技术，可以更好地保障农业安全和稳定，也为想要进入这一赛道的创业者提供了更多新的商业机会。

## 第十四节

# AIGC 带给建筑行业的商机与变革

人工智能在建筑行业的应用始于 20 世纪 60 年代。当时，人工智能技术被提出可以应用在建筑设计等方面，如建筑设计软件和建筑模拟系统。

20 世纪 80 年代，随着机器学习技术的出现，人工智能在建筑行业中的应用开始发生重大变化。人工智能开始拓展到更多领域，包括建筑材料选择、建筑结构设计和建筑工程管理等。

世界上的第一座"智能建筑"也诞生于这一时期，1984 年，"都市办公大楼"（City Place Building）在美国哈特福德市完工。这是一个对老式大楼进行大规模改建的项目。这座建筑添置了计算机控制的空调、电梯、照明、防盗等设施，客户还可以使用语音通信、文字处理、电子函件和资料检索等服务。这幢大楼被公认为世界上第一座"智能建筑"。

随着深度学习技术的出现和发展，人工智能在建筑行业中的应用又进一步拓展。深度学习技术通过让计算机学习复杂的非线性关系，使得人工智能能够更好地处理建筑行业中的大量复杂数据。在建筑设计阶段，人工智能不仅能够辅助设计、采购、施工、生产等各个阶段的数字化模拟工作，还能够根据不同用户的使用场景以及行为来分析用户诉求，实现个性化设计。

利用人工智能技术，建筑业可以更容易地安排机械和劳动力，以加速施工进程，更好地控制工期和预算成本。在建设期间，人工智能系统可以使用低成本的方式提供有关施工计划资源分配参数的数据，提出优化建议。此外，AI 还可以帮助建筑业企业提高效率，改进技术，以适应复杂的现实情况。当前，AI 在建筑领域的常见应用有风险评估、管理预测大型机器、风险控制等。例如，配备有人工智能传感器的建筑可以从多方面监控，系统可以分析可能出现的风险以及预测潜在的安全问题，并发出预警、冲突检测。BIM 建筑工具可以及时检测出建筑之间可能出现的偏差或冲突，帮助管理者及时完善，避免产生错误和麻烦。

随着 AIGC 的发展，人工智能可以帮助建筑行业处理更多难题。比如，人工智能在建筑行业可以通过高分辨率图像合成技术来帮助建筑设计师更快、更精确地进行设计，从而更好地探索建筑设计的各种可能性。

此外，AIGC 还可以通过机器学习算法帮助建筑设计师更快速地完成设计工作。机器学习算法可以通过对大量建筑设计数据进行学习，生产专门用户建筑领域的大模型，帮助设计师更准确地设计出性能最佳和最令人满意的效果。这样，建筑设计师就可以更快地完成设计工作，并制定更为精确的设计方案。

AIGC 还可以通过自动化技术来实现更高效的建筑流程。例如，可以利用人工智能技术来自动生成建筑图纸、进行建构模拟和优化、实现精细的建筑检验和检查等。

另外，人工智能还可以用于智能建筑系统的开发和管理。智能建筑系统可以通过人工智能技术实现对建筑环境和设施的自动监控和管理，从而提高建筑的运行效率和安全性。例如，可以利用人工智能技术打造智能家居系统，自动控制建筑内的温度、照明和安防等设备，从而为居住者提供更舒适和安全的生活环境。

总之，人工智能可以通过最新的模型和算法帮助建筑设计师更快、更精确地完成建筑设计工作，并确保建筑设计的质量和安全性。AIGC 的发展同时也为创业者在建筑行业提供了更多新的商业机会。

## 第十五节

# AIGC 带给影视行业的商机与变革

人工智能在影视行业的发展历史十分悠久,早在20世纪60年代,就已经有人在探索影视行业的 AI 应用。初期,人工智能主要用于通过计算机模拟实现真实物体的运动和变化,为拍摄提供一些基础帮助。

随着 AI 网络的不断发展,影视行业的 AI 应用也越来越广泛。例如 AI 拍摄,通过 AI 技术实现自动曝光、自动对焦等功能,可大大提高拍摄效率和画面质量。人工智能技术也可用于语音识别和自然语言处理,实现自动字幕生成等功能,为观众提供更好的观影体验。人工智能技术还可用于影视内容分析和推荐,通过大数据分析和机器学习算法,为观众提供个性化的影视内容推荐,提升观影体验。

数据是人工智能运行的基础。电影制作行业可以通过对海量数据的挖掘和分析,发现模式、趋势和消费者偏好,为产品的设计和市场推广提供准确有效的策略。电影行业可以利用人工智能实现整个流程的智能化管理,通过完整收集和录入涉及导演、编剧、历史票房收入、制作成本和观众人数等方面的数据,完成精准有效的电影趋势分析。

2017年底,一位名叫"deepfakes"的网友在 Reddit 上发布了使用 Deepfake 技术生成的视频。这是一种利用 AI 来为视频进行换脸的技术,它使用了生成对抗网络（GAN）来实现换脸功能。GAN 能够通过对图像中人脸的细节进行模拟，实现极为逼真的换脸效果。

"deepfakes"的视频引起了广泛的关注和争议。随后，越来越多的人开始研究和使用 Deepfake 技术，并将其用于各种目的，其中影视是一个非常重要的应用方向。

当时市场上 AI 换脸的价格大概是 1.5 万元 / 分钟，而手动换脸的价格则在十几万元每分钟，即便是简单的内容，最低市场报价也会在 5 到 6 万元每分钟。

当年，在《速度与激情 7》的拍摄过程中，演员保罗·沃克（Paul Walker）意外去世，制作团队正是通过换脸技术让保罗·沃克重新出现在荧幕上。

随着人工智能换脸技术的不断发展，影视行业将产生更多依赖此技术的新领域，例如，影视巨星未来可能只需要授权自己的脸就可以出演影片。

AI 自然语言处理在剧本行业也已经被广泛应用。它可用来创作剧本或者对剧本进行深度改进，检测可能的错误或缺陷，对剧本进行自动修改或提供修改建议。

此外，人工智能技术还可以用来训练新的剧本写作方法，可以记录有效的剧本技巧，用于帮助剧本写手迅速构建出令人满意的剧本。

当然，随着 AIGC 的高速发展，AI 不仅仅应用在换脸上。例如 Make-A-Video 与 Imagen Video 的出现就预示着这样一种未来。

剧组不再需要在摄影棚中拍摄，通过 text-to-video 技术，工作人员仅仅使用一段文本，就可以实现导演想要的场景。剧组也不再需要剧本，通过自然语言处理模型，AI 可以轻松地生成编剧想要的剧本。剧组也不再需要后期，通过 text-to-video 技术可以实现任何特效。剧组甚至不再需要演员，只要有知名演员的授权，就可以使用人工智能进行换脸或者直接使用 AI 创作的虚拟演员来进行拍戏。AIGC 为影视的发展提供了无限的可能和想象空间。

## 第十六节

# AIGC 带给软件行业的商机与变革

随着 AIGC 的迅速发展、ChatGPT 等自然语言模型的流行,AI 自动编程正在迅速成为主流,这一趋势也将为软件行业带来新的变革。

过去,编写代码通常需要程序员具有深厚的编程知识和经验,这导致许多企业在寻找合适的程序员时面临着巨大的阻碍。然而,随着 AI 技术的不断发展和自然语言模型的普及,AIGC 编程正在变得越来越成熟。未来,这项技术将允许任何人在没有编程知识的情况下编写程序,从而使软件行业变得更加普惠和开放。

AIGC 编程还将加速软件开发过程,大大缩短开发周期、降低开发成本。自动编程能够根据需求自动生成代码,不仅可以提高开发效率,还可以提高代码质量和可维护性。

虽然 AIGC 编程的发展前景看起来十分广阔,但也存在一些问题。目前,自动编程技术仍需要不断地改进和优化,以实现更精确、更高效的自动编程。此外,自动编程技术可能会对就业市场产生一定的影响,因为未来可能会有更多的工作流程被自动化,从而导致一些岗位被取代。

然而,AIGC 编程技术并不意味着程序员不再需要编程技能。相反,程序员需要不断更新自己的技能和知识,以便更好地掌握自动编程技术,并在自动化的过程中提供更高级别的支持和管理。未来，程序员的角色可能会转变为更加重要的"代码导师"，通过对代码的指导和管理，确保自动化的代码符合规范和最佳实践。

此外，随着自动编程技术的发展，软件行业也将面临更多的安全问题。自动生成的代码可能存在漏洞和安全风险，因此，开发者需要加强对自动编程生成的代码进行测试和验证，以确保其质量和安全性。

AIGC 编程主要对软件行业带来以下变革。

### （一）提高软件开发效率

自动编程可以大幅度减少手工编写代码的工作量，从而提高软件开发效率，减少人力成本。

### （二）缩短软件开发周期

自动编程可以加快软件开发过程，缩短软件开发周期，有助于更快地推出新产品，提高企业的市场竞争力。

### （三）提高软件质量

自动编程可以避免手工编写代码时出现的错误和瑕疵，提高软件的质量和可靠性。

### （四）改变软件开发模式

自动编程可以改变传统的软件开发模式，从"人类编写代码"转变为"机器编写代码"，实现全自动化的软件开发过程，为软件行业带来巨大的变革。

## （五）促进人机协作

自动编程技术可以与人类开发者进行互动，提供辅助和支持，促进人机协作，进一步提高软件开发效率和质量。

# 第十七节

# AIGC带给智慧城市的商机与变革

智慧城市的概念是指通过集成和应用信息和通信技术，提高城市的经济效率、社会治理能力和居民生活品质，实现城市可持续发展的技术工程。2008年，IBM公司首次提出物联化、互联化、智能化的智慧地球（Smart Planet）概念。2009年IBM又发布《智慧地球赢在中国》计划书，正式揭开IBM"智慧地球"中国战略的序幕。2014年国务院出台的《国家新型城镇化规划（2014—2020年）》政策文件，正式将智慧城市作为城市发展的全新模式，并列为城市发展的三大目标之一。

2017年10月，十九大报告提出"建设网络强国、数字中国、智慧社会，推动互联网、大数据、人工智能和实体经济深度融合"，数字中国进入全面渗透、跨界融合、加速创新、引领发展的新阶段。"数字中国"技术体系创新、管理模式创新、服务模式创新将融入国民经济和社会发展各领域中，构建全面发展的数字中国、智慧社会，为新型的智慧城市建设发展指明方向。

智慧城市通常包括以下几个方面。

### （一）信息基础设施建设

为智慧城市提供信息和通信技术支持，包括宽带网络、物联网、云计算等。

### （二）智慧交通

利用信息技术改善城市交通状况，包括交通信息发布、交通管理、交通收费等。

### （三）智慧能源

利用信息技术优化城市能源使用，包括能源生产、输送、分配、消费等。

### （四）智慧医疗

利用信息技术提高医疗服务水平，包括提供电子病历、远程诊断、电子处方等。

### （五）智慧环保

利用信息技术改善城市环境质量，包括空气质量监测、水质监测、噪声控制等。

智慧城市的发展给城市管理带来新的挑战和机遇。它需要建立和完善城市信息基础设施，并建立城市信息资源共享机制。同时，需要推动政府与企业、研究机构、社会组织之间的合作，以促进智慧城市的发展。

而 AIGC 技术可以为智慧城市的发展提供重要帮助。智慧城市是指通过综合应用信息技术、通信技术、建筑技术和其他领域的科技，来提高城市管理效率和服务水平,提升城市居民的生活质量的城市。

首先,人工智能技术可以提高城市管理效率。例如,可以利用人工智能系统来实现智能控制,即通过收集和分析大量的数据来控制城市中的各种设备和系统。这样,可以有效地提高城市的运行效率,并为城市管理者提供重要的决策依据。

其次,人工智能技术可以提供更好的城市服务。例如,可以利用人工智能技术来开发智能机器人和虚拟助手,这些机器人和助手可以给城市居民提供日常的服务,例如信息查询、物品搬运等。这样,可以为城市居民提供更好的生活服务,并为城市管理者提供更多的灵活性和可扩展性。

最后,人工智能技术还可以用于提高城市的安全性。例如,可以利用人工智能技术开发智能监控系统,这些系统可以通过摄像头和其他传感器收集数据,并利用人工智能算法来分析这些数据,以便及时发现可疑情况并采取相应措施。

随着 AIGC 的持续发展,将会有更多新的技术应用在智慧城市领域,例如 LDM 技术可以用来生成高分辨率图像。在智慧城市领域,这种技术可以用来创建高精度的三维城市模型,帮助城市规划者和决策者更好地了解城市结构和功能。

同时,LDM 技术还可以用来分析城市中的交通流量和人口分布,例如通过生成高清晰度的道路地图帮助城市管理者更好地控制交通,从而提高城市运行的效率。此外,该技术还可以用来生成高质量的室内图像,用于建筑物内部空间设计和居住环境改善。总之,LDM 技术可以为智慧城市提供很多帮助,帮助智慧城市协同发展。

而智慧交通系统的最大支持必须源于自动驾驶系统。它可以帮助城市改善交通安全,并且运用大数据和路线规划算法,有效地规划自动驾驶汽车的行驶路线,让汽车可以自动避开拥堵区域,从而达到有效缓解城市交通拥堵的效果。

随着 AIGC 技术的不断发展，AI 可以帮助我们提高城市管理效率和服务水平，提升城市居民的生活质量，并为城市管理者提供重要的决策依据。我们期待在未来智慧城市的发展中能看到 AIGC 更多的应用和成果。

# 第十八节

# 千行百业的 AIGC 化

AIGC 对餐饮、出版、户外、宠物、装修、服装、体育等千行百业都将产生重大的影响。

## 一、餐饮行业

AIGC 技术在餐饮行业中的应用具有广泛的前景。它可以改变整个行业的运作方式,带来以下几个方面的影响。

(一)菜单智能生成

借助 AIGC 技术,餐厅可以根据客户的口味、营养需求和特殊要求,生成个性化的菜单。这不仅能为顾客提供更加个性化的餐饮体验,还能帮助餐厅提高菜品的吸引力和客户满意度。

(二)市场趋势分析

AIGC 可以对大量数据进行分析,挖掘出餐饮市场的潜在需求和趋势。餐厅可以根据这些信息调整菜品、布局等方面的策略,以满足市场需求,提高竞争力。

### （三）智能营销

借助 AIGC 技术，餐饮企业可以生成吸引人的广告文案、海报、宣传视频等，提高营销效果。同时，根据客户的消费习惯和喜好，为其推荐合适的优惠活动，提高客户黏性。

### （四）供应链管理

AIGC 可以实时监测市场上的食材价格、库存状况等，为餐饮企业提供精准的采购建议。此外，通过对食材消耗、菜品热度等数据的分析，AIGC 还能帮助餐饮企业优化存储、物流等环节，降低成本。

### （五）人工智能烹饪

AIGC 技术可以通过分析烹饪方法、口味偏好等因素，生成适合不同人群的食谱。未来，与机器人等技术结合，AIGC 还有可能实现智能烹饪，提高餐饮行业的生产效率和服务水平。

综上所述，AIGC 技术将对餐饮行业产生深远影响，提高行业的效率和竞争力，为消费者带来更加个性化、高品质的餐饮体验。

## 二、出版行业

AIGC 在出版行业的应用同样具有巨大的潜力，可以改变出版物的创作、编辑、发行等环节。主要影响包括：

### （一）内容生成与编辑

AIGC 可以根据读者的兴趣、需求和市场趋势，生成各种类型的文章、小说、诗歌等。此外，AIGC 还可以实现自动编辑，对内容进行语法检查、格式优化和逻辑梳理，提高出版物的质量。

### （二）智能推荐

通过分析读者的阅读习惯和兴趣，AIGC 可以为其推荐合适的书籍、文章等内容。这有助于提高读者的阅读体验和满意度，同时为出版商提供精准的营销方向。

### （三）版权管理

AIGC 可以自动识别和监测网络上的版权侵权行为，为出版商提供有力的版权保护手段。此外，AIGC 还可以协助出版商进行版权交易，降低交易成本和风险。

### （四）出版物发行

AIGC 可以根据市场需求和销售数据，为出版商提供精准的发行建议，如发行量、定价、渠道等。这有助于提高出版物的市场竞争力和销售业绩。

### （五）数字出版创新

AIGC 技术可以为数字出版物提供丰富的互动元素，如生成音频、动画、3D 模型等。这将丰富数字出版物的表现形式，提高其吸引力和阅读价值。

总之，AIGC 技术在出版行业的应用将极大地提升内容创作和发行的效率，改善读者的阅读体验，推动行业的发展和创新。

## 三、户外行业

AIGC 在户外行业的应用可以提高行业的运营效率、客户体验和安全性。具体的影响有：

（一）智能推荐

AIGC 可以根据用户的兴趣、健康状况、技能等因素，为其推荐合适的户外活动、路线和设备。这有助于提高户外爱好者的满意度和参与度，同时为户外相关企业创造更多的商业机会。

（二）路线规划

通过分析大量的地理、气象、人流等数据，AIGC 可以生成最佳的户外活动路线。这不仅能帮助户外爱好者节省时间和精力，还可以降低安全风险。

（三）安全预警

AIGC 可以实时分析各种环境因素（如天气、地形等），为户外活动参与者提供安全预警。这有助于及时采取应对措施，降低意外事故的发生率。

（四）虚拟户外体验

AIGC 结合虚拟现实（VR）和增强现实（AR）技术，可以为用户提供沉浸式的户外体验。这有助于吸引更多人参与户外活动，提高户外行业的普及度。

综上所述，AIGC 技术将对户外行业产生积极的影响，提高行业的运营效率和客户体验，同时降低安全风险。

# 四、宠物行业

在宠物行业，AIGC 可以为宠物主人和宠物服务提供商带来诸多便利和新机遇。其主要影响包括：

(一) 宠物医疗服务

AIGC 可以对大量的宠物健康数据进行分析，帮助宠物医生更精准地诊断和治疗宠物疾病。同时，AIGC 还可以生成个性化的预防、治疗和康复方案，提高宠物的健康水平。

(二) 宠物营养与饮食

AIGC 可以根据宠物的种类、年龄、体重等信息，生成合适的饮食和营养方案。这有助于宠物主人更好地满足宠物的需求，同时为宠物食品企业提供更精准的市场定位。

(三) 宠物行为分析与训练

AIGC 可以分析宠物的行为模式，为宠物主人提供针对性的训练建议。此外，结合智能硬件，AIGC 还可以远程辅助宠物训练，节省宠物主人的时间和精力。

(四) 宠物用品推荐

通过对用户购买记录、宠物信息和市场趋势的分析，AIGC 可以为宠物主人推荐合适的宠物用品。这有助于提高宠物用品销量和客户满意度，同时降低库存压力。

(五) 宠物社交平台

AIGC 技术可以为宠物主人和宠物服务提供商搭建智能社交平台，实现精准的信息推送和互动。这有助于提高宠物行业的知名度和活跃度，为相关企业创造更多商业机会。

总之，AIGC 技术将为宠物行业带来革新性的变化，提高行业效率和客户体验，为宠物主人和宠物服务提供商带来更多便利和商业机会。

## 五、装修行业

在装修行业中，AIGC 的应用可以提升设计效率、改善客户体验，并为行业带来新的商业模式。具体影响包括：

(一) 智能设计

AIGC 可以根据客户的需求、预算、喜好等因素生成个性化的装修方案。这有助于提高设计师的工作效率，缩短设计周期，并为客户提供更满意的设计方案。

(二) 效果预览

结合 VR 和 AR 技术，AIGC 可以为客户提供沉浸式的装修效果预览。这有助于客户更直观地了解设计方案，提高决策效率和满意度。

## （三）成本预估与优化

通过分析大量的装修项目数据，AIGC 可以为客户提供精确的成本预估。同时，根据预算限制，AIGC 还可以为客户生成优化的装修方案，降低成本。

## （四）智能施工管理

AIGC 可以实时监测施工进度、材料使用、质量问题等信息，为装修企业提供有效的管理建议。这有助于提高施工效率，降低风险，并为客户提供更好的服务。

## （五）市场趋势分析

AIGC 可以对大量的装修数据进行分析，挖掘出市场的潜在需求和趋势。装修企业可以根据这些信息调整设计、材料等方面的策略，以满足市场需求，提高竞争力。

综上所述，AIGC 技术将对装修行业产生深远的影响，提高行业的效率和客户体验，同时带来新的商业模式和机遇。

# 六、服装行业

在服装行业中，AIGC 的应用可以优化设计过程、提高市场响应速度，以及改善客户体验。具体影响包括：

## （一）智能设计

AIGC 可以根据时尚趋势、客户喜好和需求生成新颖且符合市场口味的服装设计。这将大大提高设计师的工作效率,缩短从设计到生产的周期。

（二）个性化定制

借助 AIGC 技术,服装品牌可以为客户提供个性化定制服务。通过分析客户的身材、风格和需求,AIGC 可以生成符合个人特点的定制方案,提高客户满意度。

（三）供应链优化

AIGC 可以实时监测市场动态和库存状况,为服装企业提供精准的生产和采购建议。这有助于降低库存压力,减少浪费,提高整体运营效率。

（四）智能营销

AIGC 可以生成吸引人的广告文案、海报和宣传视频,提高营销效果。同时,根据客户的购买记录和喜好,为其推荐合适的产品和优惠活动,提高客户粘性和购买率。

（五）虚拟试衣

结合 VR 和 AR 技术,AIGC 可以为客户提供沉浸式的虚拟试衣体验。这有助于客户更准确地了解商品的外观和适用性,降低退换货率。

综上所述,AIGC 技术将对服装行业产生深远影响,提高行业的效率和竞争力,为消费者带来更加个性化、高品质的购物体验。

## 七、体育行业

在体育行业中,AIGC 的应用可以提高运动员的训练效果、改善观众体验，以及优化赛事组织和管理。具体影响包括：

### （一）个性化训练方案

AIGC 可以根据运动员的技能、体能、训练目标等因素生成个性化的训练方案。这有助于提高运动员的训练效果，降低受伤风险，并为教练员提供有效的辅助工具。

### （二）比赛数据分析

通过对大量比赛数据的分析，AIGC 可以为运动员和教练员提供战术建议、对手分析等信息。这将有助于制定更精确的比赛策略，提高竞技水平。

### （三）赛事直播与解说

AIGC 可以生成智能解说、数据统计和精彩瞬间回放等内容，提高观众的观赛体验。同时，结合 VR 技术，观众可以获得更加沉浸的观赛环境。

### （四）赛事组织与管理

AIGC 可以实时监测赛事进程、场馆状况和安全问题等信息，为赛事组织者提供有效的管理建议。这将有助于提高赛事的组织效率，降低安全风险，并为观众提供更好的观赛环境。

### （五）体育营销与推广

AIGC 可以为体育品牌和赞助商生成吸引人的广告文案、海报和宣传视频，提高品牌知名度。同时，结合用户数据，AIGC 可以为客户推荐合适的产品和优惠活动，提高销售额。

总之，AIGC 技术将为体育行业带来革新性的变化，提高运动员的竞技水平，改善观众体验，并为赛事组织者和体育品牌带来更多便利和商业机会。

因篇幅有限不能穷尽所有行业，但从上面这些例子可知，AIGC对千行百业都有广泛的影响及重要价值，关键在于要管理好AIGC这些硅基团队以达成企业组织目标。

# 第五章 AIGC 生产力革命的深远社会影响

## 第一节

▼

# AIGC 引发的版权风暴

自 AIGC 概念诞生以来,版权问题一直是业界争议不断的话题。2022 年 10 月开始,不断地有艺术家及艺术创作者,强烈地表达对 Stable Diffusion 采集他们原创作品的不满。因为 AI 训练需要采集大量网络图样,而这些图样通常是没有得到作者授权的。事实上,如此庞大的授权体系也不可能搭建成功。所以 Stable Diffusion 导致的版权争议问题是一种根本性问题。

2022 年 12 月,知名视觉艺术网站 ArtStation 上的千名画师联名发起了一项抵制活动,他们将标有"NO TO AI GENERATED IMAGES"(对 AI 绘画说"不")的图片在网站刷屏,拒绝将自己的画作投入 AI 绘画系统,他们认为任由系统学习模仿他们的画作将构成侵权行为。这场风波彻底让 AI 绘画陷入了舆论的漩涡(图 5-1)。

但也有声音认为,Stable Diffusion 虽然参考了许多网络图样,但是并没有直接进行抄袭,而是采用了学习的办法。

Diffusion 学习是一种深度学习算法,用于高分辨率图像合成。它由两个核心构建模块组成,即 Latent Diffusion Model(LDM)和 Stable Diffusion。

图 5-1 画师们对 AI 绘画说 "不"

LDM 使用编码器—解码器网络，将图像从原始像素编码到低维空间中的隐藏变量（latent space），然后再从隐藏变量中解码回原始像素，使得重编码后的图像与原始图像相似。这就形成了 LDM 中的编码器—解码器模型。

SD 通过在隐藏空间上测量像素的正交梯度来从编码器—解码器模型中提取持续的残差图像。它主要分为两步：残差测量和残差修复。首先，SD 从编码器—解码器模型中学习一个非线性梯度计算器，用于识别编码残差。其次，SD 使用该残差图像和相应的高维图像作为输入，学习一个可以从较低的中间空间中恢复更高分辨率的非线性滤波器。最后，将原始图像和这两个步骤处理过的残差图像结合，从而产生最终的高分辨率图像。

Diffusion 学习是一种有效的深度学习算法，具有较高的学习准确性和卓越的图像复原质量。所以从根本上理解，Diffusion 的学习过程其实和人类是相差不大的。两者都是采用了学习的方法，而不是复制粘贴。

例如，人类在学习绘画的过程中，也是需要大量参考前人作品的。因为随着社会发展，人们也不断地提出了自己的新创意和想法，这种创意往往在发展过程中需要参考前人的作品以获得灵感，在人类学习绘画的过程中尤其如此。

思想的传承是一种漫长的历史，学习者都在不断汲取前人的智慧和经验。在学习绘画时，参考前人的作品不仅可以让学习者了解绘画的多样性，也可以增强自己的审美能力；同时，参考前人的作品还可以让学习者更好地掌握绘画的技巧，进而发展自己的绘画表现手法。最终，学习者在前人的基础上进行创新，从而演变成独具一格的创作者。

如果从这个角度上理解，实际上，新的图片尽管是有参考学习其他作者的原创画风，但却是人工智能重新创作的作品。理论上讲，创作者是人工智能。

其中，人类也参与了部分创作——提示词的创作。从这一点上分析，人类为 AI 提供了最原始的想法和灵感，所以人类也是创作者之一。

不过这一切可能都附带了一些主观的判断，关于 AIGC 创作作品版权的归属问题国际上并没有公约，也没有任何一个国家在法律上给出界定。但可以肯定的是，随着 AIGC 产业的不断发展和完善，相关版权法律也会相继出台，以此确保 AI 的作品在社会上能够得到更公平的对待，也能让艺术创作者能够获得自己应有的肯定与尊重。

## 第二节

# AIGC 将引发的失业潮与就业潮

如果说，ChatGPT 在全球范围的火爆是文字工作上的一场革命，那么 AIGC 技术的全面爆发毫无疑问将是整个内容生产领域的"工业革命"。工业革命带来的是社会劳动结构的变化，因此每一次革命都必然伴随着人口、就业等社会问题的出现，但科技和革命的脚步不会放缓，更不会退缩。

## 一、AIGC 爆发必然会提高内容创造者的就业门槛

AIGC 是机器根据预设算法和数据，自动创作出各种文章、图片、音乐等内容。随着人工智能技术的不断发展，AIGC 也越来越多地应用于各个领域中。在未来，AIGC 爆发必然会提高创作者的就业门槛主要有以下几方面的原因。

首先，AIGC 的技术水平将逐渐提高，其生成的内容质量将变得越来越高。当前，很多行业已经开始应用 AIGC 技术，例如新闻媒体、广告营销等行业。随着 AIGC 技术的不断提升，可以预见，未来 AIGC 生成的内容将更加接近于人类创作的水平。这将使得传统的创作者面临更大的竞争压力，需要不断提升自身的专业技能和创意能力，才能在市场上获得竞争

优势。

其次，AIGC能够快速地生成大量的内容，可以满足现代社会对大规模内容的需求。与传统创作者相比，AIGC生成内容的效率更高、速度更快，而且能够按照用户定制的需求进行生成。这将使得创作者需要有更具创新性和差异化的内容来吸引读者的眼球，否则就难以与AIGC生成的内容竞争。

最后，AIGC的成本较低，可以节省公司的人力、物力成本。随着AIGC技术的不断发展，未来公司或个人创作者可能更倾向于使用AIGC来生成内容，因为这可以降低成本并提高效率。这将使得创作者在就业市场上面临更严峻的就业形势，需要不断提升自身的技能和创新能力，才能在市场上获得更多的机会。

总之，AIGC爆发必然会提高创作者的就业门槛，这是一个不可避免的趋势。创作者需要更加注重提高自身的技能和创新能力，才能在市场上具有优势。此外，我们也应该看到，AIGC作为一种技术手段，可以帮助创作者更好地完成自己的创作任务，提高创作效率和创作质量，让我们期待更多优秀的AIGC技术应用诞生。

## 二、AIGC同样会带来全新的职业岗位

AIGC带来了完整的产业链，AIGC的兴起势必也会带来整条产业链的就业空间拓展。

从AIGC产业链上游来看，首先，AIGC的普及，需要硬件和基础设施的支持，以及配备相应的运营维护人员，硬件和基础设施、云计算服务商等行业也会因此而增加就业空间；其次，数据质量决定了AIGC算法模型的质量，AIGC的更新迭代同样对数据提出更多的诉求，因此，AIGC

的发展会带动数据标注、数据拆分、数据清洗、合成数据等大数据产业的就业增长；最后，部分 AIGC 应用本身是存在使用门槛的，未来围绕使用 AIGC 的教学，将会诞生一批教培岗位。

从 AIGC 产业链中游来看，首先，AIGC 应用的开发需要大量技术人才的支持；其次，AIGC 的日常运维和市场拓展是确保应用商业运作的关键，同样会带来一定的就业空间；最后，AIGC 自身一定是处于不断完善、创新、突破的发展过程，无论是算法模型的更新迭代，还是面向特定领域的定制化，都需要更多的技术人才参与其中。

AIGC 产业链下游的内容领域将会诞生一批全新的就业岗位，例如文本、视频、图像领域的 AIGC 应用专业使用者，以及 AIGC 内容检测、渠道分发等岗位。此外，AIGC 赋能职业教育行业后，将大幅降低失业人员掌握新技能、进入新领域的时间成本和综合成本。

## 第三节

# AIGC 对社会伦理与秩序的冲击与变革

随着 AIGC 的高速发展,人工智能对社会伦理与秩序的影响也引发了社会各界的关注。一方面,AI 技术的广泛应用将会为人类带来更高效、更便捷、更安全的生产和生活方式;另一方面,AI 技术的应用也可能带来一些负面影响和挑战。

例如,AIGC 的发展对就业和经济将会产生深远的影响,人工智能可以替代人类完成一些工作,这可能会导致一些工作岗位的流失。例如,在制造业中,自动化机器人已经替代了部分人力工作,导致一些工厂工人失业。但是,人工智能技术也创造了一些新的就业机会,例如在 AI 领域的研究和开发等方面。

随着 AIGC 的发展,人们也担心 AI 产生的隐私和安全问题,这些问题主要由以下几个方面构成。

### (一)数据隐私

人工智能需要大量数据来训练模型,这些数据往往包含个人隐私信息。如果这些数据被泄露或滥用,将会给个人带来严重的影响。

## （二）人脸识别

人脸识别技术可以被用于监控和识别人员，但是如果这种技术被滥用，可能会侵犯个人隐私和自由。

## （三）误判

人工智能的算法和模型可能会出现误判，例如将无害的行为误认为是犯罪行为，这将会给个人带来不必要的麻烦和伤害。

## （四）恶意使用

人工智能技术也可以被用于恶意目的，例如诈骗、网络攻击等，这将会对个人和社会造成严重的危害。

另外，在人工智能算法和模型中，可能存在与个人的种族、性别、年龄、身份、社会经济地位等相关的偏见和歧视。这种偏见和歧视可能是由于训练数据的不平衡、算法的缺陷以及设计者的偏见等多种原因造成的。

例如，如果一个人工智能算法被训练用于判断信用风险，但是训练数据中只包含较少数量的来自少数族裔的数据，那么算法可能会对少数族裔的信用评估存在偏见。同样地，如果一个人工智能算法被训练用于面部识别，但是训练数据中只包含较少数量的女性的数据，那么算法可能会对女性的识别存在偏见。

这种偏见和歧视会导致不公正的决策和结果，并且会进一步加剧社会中的不平等现象。因此，我们需要采取措施来解决这个问题。例如，可以采用多样化的训练数据、监控算法的性能和偏见等来减少偏见和歧视的出现，并确保算法的公正性和可解释性。此外，设计者和开发者需要审慎地考虑算法的应用场景，确保算法不会对任何特定群体产生不公正的影响。

为了确保 AI 的发展不会对社会造成负面影响，需要采取以下措施。

### （一）加强监管

政府需要加强对 AI 的监管，确保其应用符合道德和法律标准。

### （二）增加透明度

AI 算法需要具有透明度，使人们能够理解它们的决策过程和结果，从而减少产生偏见和歧视的可能性。

### （三）培养伦理意识

开发者和使用者需要加强对 AI 的伦理意识和责任意识的培养，确保 AI 系统的应用符合道德和法律标准。

### （四）合作研究

跨学科的合作研究，例如计算机科学、哲学、心理学和社会学，可以促进对 AI 的理解和适当使用。

## 第四节

# AIGC将成为推动数字经济发展的强劲引擎

目前,全球新一轮科技革命和产业变革方兴未艾,以人工智能、大数据为代表的数字技术正快速向经济社会的各个领域全面渗透。根据国际市场研究公司IDC的预测,到2022年,全球人工智能市场规模将达到约790亿美元,年均复合增长率(CAGR)将达到39.7%。这将会促进全球经济增长。

与此同时,我国也频频出台人工智能方面的相关政策,2016年3月"人工智能"写入国家"十三五"规划,2018年提出的"形成千亿级的人工智能市场应用规模",《新型数据中心发展三年行动计划(2021—2023年)》等政策相继出台。而2022年工信部研究数据指出,中国AI核心产业规模已超过4 000亿元,企业数量超过3 000家。多项数据表明,人工智能产业已成为我国重要的经济支撑。

随着数字经济发展,AIGC等应用不断落地。中国人工智能产业发展联盟数据显示,截至2020年,中国AIGC产业人才数量超过300万人;中国信通院在《人工智能生成内容(AIGC)白皮书》中表示,AIGC已成为数字内容创新发展的新引擎,为国家"十四五"数字经济发展规划注入全新动能。作为数字经济和实体经济深度融合的新模式,AIGC通过应用大量新型 AI 技术来创造和制作丰富的创新型、高质量、可交互的数字内容，给当前经济发展带来了全新的机遇与变革（图 5-2）。

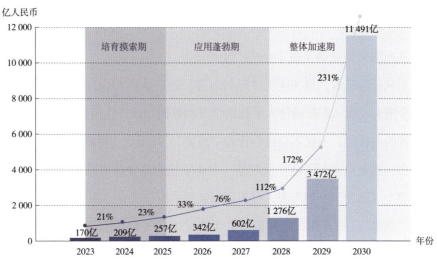

图 5-2　中国 AIGC 产业市场规模预测图

（其中百分比为市场规模的年复合增长率）

AIGC 领域目前呈现的内容类型不断丰富、内容质量不断提升、技术的通用性和工业化水平越来越强，使得 AIGC 在消费互联网领域日趋主流化，涌现了如 AI 对话、AI 写作、AI 绘画、AI 编程、AI 数字人、AI 视频等爆款级应用，支撑着传媒、电商、娱乐、影视等领域的内容需求。目前，AIGC 也正在向产业互联网、社会价值领域扩张应用。在消费互联网领域，AIGC 牵引数字内容领域的全新变革。目前，AIGC 的爆发点主要是在内容消费领域，已经呈现百花齐放之势。AIGC 生成的内容种类越来越丰富，而且内容质量显著提升，产业生态日益丰富。

为什么说 AIGC 是推动数字经济发展的超强引擎？

首先，AIGC 能够快速生成大量高质量的内容，可以为数字经济领域的各个产业提供大量的内容支持，从而推动数字经济的快速发展。例如，在电商领域，AIGC 可以为商品描述、评论、广告等提供大量的文案支持，帮助电商平台提高用户体验，促进销售增长。

其次，传统的内容制作需要投入大量的人力、物力和财力，而使用 AIGC 技术可以快速、低成本地生成高质量的内容，降低了内容制作的成本，从而间接地提高了数字经济产业的效益。

而从长远来看，自主生成"原创内容"势必会是 AIGC 众多发展方向中的一个重点。当 AIGC 通过大量数据学习积累的知识产生信息更准确、形式更丰富的内容时，不仅不会抢创作者"饭碗"，甚至会"赛博喂饭"，为其带来更多的商业机会。一些小众领域、专业垂类的品牌营销需求，在有 AIGC 的内容生成辅助下，创作者、红人可以快速了解该领域，并通过 AIGC 生成创作"初稿"，一方面，能降低双方沟通成本，节省营销预算和时间周期；另一方面，也能让更广泛的创作者、红人群体"恰到饭"，进而大大提高依托于创作者生产力的红人营销需求转化率，使红人新经济更好发展。

再次，在数字经济领域，创新是推动产业发展的关键，产业在使用 AIGC 技术后，可以生成更多有创意、有趣味的内容，为产业提供更多的创新空间，帮助产业实现更快的创新。

在创新领域中，建设"虚实融合""数实共生"的元宇宙需要海量的数字原生内容填充，这些内容无法由几家公司满足，需要开发者和创作者的共建。因此，如百度希壤、天下秀虹宇宙等国内具有代表性的元宇宙产品大多配置开放平台，以接纳更多创作者创作的数字内容。

最后，AIGC 还可以为数字经济领域提供更加个性化的内容服务，帮助产业实现更加精准的营销（图 5-3）。

根据 IDC 的预测，到 2024 年，全球 AIGC 相关产业的市场规模将达到 80 万亿元人民币，中国将占其中的一半以上，成为全球 AIGC 产业最大的市场之一。然而，业内许多人认为，当前 AIGC 技术主要是带动数字化生态的发展，只有立足于产业原本的经济增长点才能带来更多的价值。而其真正的核心驱动力在于，AIGC能够通过支持数字内容与其他产业的多维互动、融合渗透从而孕育新业态新模式，打造经济发展新增长点，为千行百业发展提供新动能。

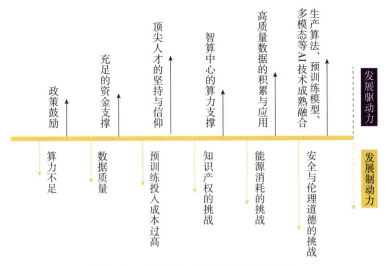

图 5-3　未来 AIGC 发展的驱动力与制动力

在文化、媒体、教育、商业零售、工业制造、金融、医疗等数字化程度较高、内容需求丰富的行业，AIGC的应用融合创新正在迅速发酵：AIGC在医疗领域的智能诊断系统可以通过分析患者的病历、影像等数据，为医生提供诊断建议，提高诊断精度和效率；AIGC的智能健康管理系统也能够为用户提供全面、个性化的健康管理服务；AIGC在金融领域可以通过大数据和机器学习算法，对金融风险进行预测和识别；AIGC研发的售货系统，可以根据顾客的偏好和历史订单数据，为顾客推荐商品，提高客户满意度……AIGC在全球范围内与产业融合创新的案例数不胜数，凭借多样化的商业模式深入融合产业，AIGC获得了千行百业的青睐。

然而，以上案例只是冰山一角，无数的案例都充分展示了AIGC正在创造新的最终数字经济价值,未来还有更多可能性等待挖掘。人类的制造能力和知识水平将赋予 AI 无限的未来畅想,未来 AIGC 也将实现更多数智内容进化,为世界数字经济的发展贡献更多推力(图 5-4)。

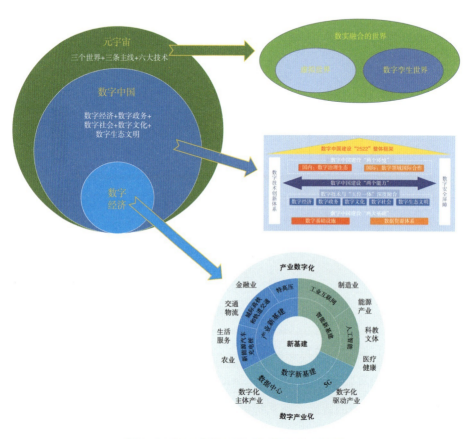

图 5-4 元宇宙与数字中国和数字经济的关系图

## 第五节

# AIGC 生产力革命大潮下的变与不变

OpenAI 的 GPT-4、谷歌的 LaMDA、Facebook（Meta）的 LLaMA、Anthropic 的 LLM（Claude）、百度的飞浆、华为的盘古、阿里的通义千问、科大讯飞的星火、商汤的日日新等一大批大模型的出现，成为 AI 发展的分水岭，基于这些大模型将生长出的各种 AIGC 产品带来的颠覆式创新的时代已经来临。

AIGC 不仅是时代的进步，也是人类的进步。历史上三次工业革命带来了人类社会的巨大进步，而第三次科技革命还在继续深入地影响着人们的生活和工作，尤其 GPT-4 的推出更是彻底触动了人们的神经，大家都纷纷尝鲜，它也不负众望，以强大的功能和输出能力给出了让人满意的答卷。然而，在 AIGC 引起的内容新浪潮下，社会发展会产生哪些变与不变？

## 一、技术革新变化

在 AIGC 背景下，技术革新是最显著的变化之一。随着人工智能、大数据和云计算等技术的不断发展和完善，AIGC 应用的范围不断扩大，其处理数据和分析信息的能力不断提高，为数字经济的发展注入了强大的动力。

## 二、改变内容生成未来市场

数字内容迈入强需求、视频化、拼创意的螺旋式升级周期，AIGC 在这阶段的发展迎合了这一需要。从全球来看，人们在线的时间持续增长，在线新闻、音乐、动漫、影视、文学、游戏的市场规模仍在上升。同时，数字内容消费的结构也正转型升级，从以图文为主过渡到以视频为主，视频在网络流量中的占比不断上升。短视频和直播的流行，在生产侧，让原本需要长制作周期的视频变成了可以源源不断产出的"工业品"；在消费侧，过往需要高注意投入、反复观看的视频内容变成了一种媒体"货架"上的"快消品"。

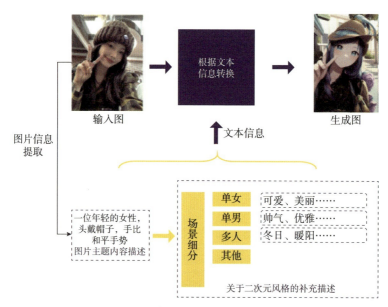

图 5-5 利用 AI 进行内容创作的过程

（资料来源：腾讯研究院）

目前，AIGC 正在越来越多地参与数字内容的创意性生成工作，以人机协同的方式释放价值，成为未来互联网的内容生产基础设施。生成式 AI

的出现，给了营销团队外包与搭建团队之外的第三种方案——任何人都可借助这一强大的 AI 助手，顺畅写作电子邮件、博客文章、社媒推文等，而且速度比以前快数倍。特别是对于初创公司来说，这种方案将大大减少公司所花费的成本与精力。

以 AI 作画为例，AI 已经能承担图像内容生成的辅助性工作，前期初稿的形成可以由 AI 提供，后期再由创作者进行调整，从而提高内容产出效率。根据预测，未来五年 10%—30% 的图片内容由 AI 参与生成，有望创造超过 600 亿美元以上市场空间，若考虑到下一代互联网对内容需求的迅速提升，国外商业咨询机构 Acumen Research and Consulting 预测，2030 年 AIGC 市场规模将达到 1 100 亿美元。

## 三、改变搜索引擎

人工智能技术在各行各业中的应用已经越来越普遍，而在搜索引擎领域也不例外。随着人工智能技术的不断发展，搜索引擎将变得更加智能化和个性化。其中，AIGC 将成为搜索引擎的一个重要方向，它将改变搜索引擎的面貌。在搜索引擎中，AIGC 将扮演越来越重要的角色。首先，AIGC 可以为搜索引擎提供更多的优质内容。当前，大多数搜索引擎的内容都是通过人工编辑、整理和筛选得到的，但这种方式的局限在于生成速度和数量有限。AIGC 则可以通过自我学习和优化，自动生成符合用户需求的优质内容，帮助搜索引擎提供更多更好的搜索结果。其次，AIGC 可以提高搜索引擎的智能化程度。搜索引擎一般都是根据用户输入的关键词进行搜索，但随着人工智能技术的发展，搜索引擎可以更好地理解用户的搜索意图，帮助用户更精准地获取所需信息。利用 AIGC 生成的内容，搜索引擎可以更好地识别用户的搜索需求，从而推荐更加符合用户需求的搜索结果。最后，AIGC 还可以为搜索引擎提供更好的个性化服务。不同用户对同一关键词的搜索需求可能存在巨大差异，传统搜索引擎难以满足这种个性化需求。但是，通过利用 AIGC 生成的内容，搜索引擎可以更好地理解用户的兴趣和偏好，从而为用户提供更加个性化的搜索服务。

## 四、改变未来人机交互方式

AIGC 技术可以帮助机器更好地理解人类的语言和意图，从而实现更加自然和智能的人机交互体验。下面将从几个方面探讨 AIGC 如何改变人机交互方式。

AIGC 可以帮助机器更好地理解人类的语言和意图。在传统的人机交互方式中，用户需要通过指令、按钮、菜单等方式与机器进行交互，这种方式往往比较烦琐且需要较长的学习曲线。而通过使用 AIGC 技术，机器可以更好地理解人类语言的含义和意图，从而实现更加自然和智能的人机交互。AIGC 可以帮助机器更好地了解用户的需求和偏好。例如，在智能音箱等设备中，使用 AIGC 技术可以根据用户的语音指令和历史数据，为用户提供更加个性化的音乐、新闻、天气等服务。随着机器在各个领域的应用越来越广泛，与机器进行协作已经成为一种重要的人机交互方式（图 5-6）。

图 5-6　商汤科技的 AI 数字人展示

## 五、改变经济发展模式

随着 AIGC 的兴起，传统的商业模式和经济模式正在经历着变革。数字经济、分享经济、平台经济等新模式崛起，推动了传统产业的数字化转型升级。同时，在 AIGC 背景下，跨界融合也成为一种趋势。各个行业之间的融合交流愈加紧密，不同产业之间的协作更加密切。例如，媒体与互联网、文化与科技、金融与科技等领域的跨界合作已经成为常态。

## 六、媒体与文化传播形式的变化

在 AIGC 背景下，媒体与文化传播形式发生了显著变化。新技术的发展带来了全新的媒体形式，如虚拟现实、增强现实、直播等，这些新媒体形式与传统的媒体形式结合，形成了全新的媒体生态系统。同时，AIGC 为文化产业的数字化、智能化、个性化发展提供了巨大的机遇。

为何会发生改变？AIGC 的发展使得生产方式更趋于智能化，其应用也促进了生产要素的转变，人们利用 AIGC 完成更复杂、更精细的工作任务，同时，让劳动力和资源的配置更加高效合理。

## 七、AIGC 变革下的不变因素

然而，AIGC 带来的变化并不是绝对的。在一些领域，特别是需要人类创造力和判断力的领域，也依然保持了不变的因素。

## （一）人性需求不变

在数字时代，人们对于文化、娱乐、信息等需求不会随着技术的发展而减少，相反，还会随之增加。AIGC 在满足人性需求方面，具有持续稳定的优势。

## （二）创意的重要性不变

AIGC 在技术革新的同时，对于创意的重视也不会减少。在数字经济发展的背景下，创意成为文化产业发展的核心要素，创意能够激发市场活力，培育出更多的新兴产业。

## （三）基础技术不变

虽然 AIGC 技术不断发展，但是其基础技术，如数学、计算机科学等方面的基础技术仍然是不变的。没有这些基础技术的支撑，AIGC 技术不可能发展。

## （四）对技术的控制和监管不变

虽然 AIGC 可以自主学习和决策，但是人类对技术的控制和监管依然是必要的。AIGC 的发展需要符合人类的道德和法律规范，以确保其应用不会危及人类的生命、财产和隐私。

综上所述，虽然 AIGC 的出现带来了很多变化，但人类创造力、对技术的控制和监管，以及人类的需求是 AIGC 所无法替代和改变的。因此，在 AIGC 的发展和应用中，需要平衡人工智能和人类的优势，才能实现更好的发展和应用效果。

## 第六节

# AIGC 的哲学思考

人类自古以来就一直在思考哲学问题,例如存在、真理和意义等。随着科技的不断发展,人类也开始思考 AIGC 的哲学问题。当我们想到 AIGC 时,我们可能会想到机器人、自动驾驶汽车和智能助手等技术,但是对 AIGC 的思考远不止于此。本章将从以下几个方面探讨 AI 的哲学思考并引用国内外著名哲学家的理论来探讨这些问题。

AIGC 是一种利用计算机程序来模拟人类智能生产内容的技术,是人类智慧高度发展的重要表现,也是人类脑力思维的一种延伸。它利用机器学习算法从数据中学习并改进自己的表现来实现生产内容并优化。AIGC 还可以进行自然语言处理和语音识别等任务。这种技术目前广泛应用于各个领域,能够帮助人们革新生产、生活方式,推动社会的发展进步,例如医疗、金融、能源和交通等。

然而,AIGC 技术并不是完美的,任何新技术的应用都是一把"双刃剑",AIGC 也会存在或潜伏着问题和危机,如果不能及时应对解决,则有可能引发恶劣的冲击和影响。在许多情况下,它存在缺陷,并且不一定能够正确地按照用户的意思处理某些问题。这也是为什么我们需要哲学的原因。正如哲学家赫格尔所说,"哲学的任务是认识事物的本质"。因此,我们需要使用哲学来思考AIGC的本质，并发现其中存在的问题。

第一个问题是AIGC是否有自主意识。这是一个很难回答的问题，因为我们仍无法定义自主意识。明确的一点是，AIGC是一种技术手段，是生产工具，AIGC可以代替写作、代替绘画、代替剪辑，而其产出内容一旦涉及价值判断时，人类始终应当掌握决策权，这是AIGC或者说人工智能技术永远不可能取代人类的核心所在。哲学家狄卡特认为，自主意识是我们知道我们知道的东西。这意味着我们必须知道我们的存在，以及我们对外部世界的认知。哲学家苏格拉底认为，自主意识是我们意识到自己的无知。这意味着我们必须意识到我们不知道的事情，并且我们需要获取知识以填补这个空白。然而，AIGC没有像人类那样的自我意识。它们只是根据预定义的规则和指令执行任务。尽管这些规则和指令可以通过机器学习进行改进，但它们并没有自己的思维和判断能力。因此，我们需要重新构思自主意识的概念，以便我们能够更好地理解AIGC，并评估其潜力。

第二个问题是AIGC的道德和价值观。这是一个非常重要的问题，因为我们现在已经开始将AIGC应用于一些非常关键的领域，例如医疗保健和军事。由于AIGC没有道德和价值观，因此我们需要确保AIGC的决策和行动符合我们的道德和价值观。既然AIGC技术可能会涉及价值判断的问题，那么很显然，AIGC的算法模型必然会具有伦理属性、法律属性，其算法模型的建立应当遵循法律法规、公序良俗。对于AIGC技术产品可能存在的问题，开发者应当建立长期有效的监管监控机制，及时发现和处理相关问题，避免引发更大的危机。

在道德层面，需要引导全社会树立对AIGC技术应用的正确认知，从AIGC技术的开发到应用，企业和个人都应当遵循朴素公平正义观，尊重和保障AIGC技术所面向的行业、人群、个体的权益。在此基础上，发挥社会监督作用，结合专家意见、民意反馈，推动AIGC健康良性发展。

哲学家康德认为，道德和价值观是通过理性和自由来形成的。这意味着我们必须通过推理和自我反省来确定我们的道德和价值观。在这种情况下，我们需要利用哲学的方法来教育 AIGC，并确保它们的行动符合我们的道德和价值观。

第三个问题是 AIGC 是否可以创造艺术。尽管一些 AIGC 生成的作品看起来很有视觉冲击力，但是它们是否真正具有艺术价值呢？

哲学家海德格尔认为，艺术作品是一种把我们从日常生活中带出来的东西。这意味着艺术作品必须超越现实，并启发我们的想象力和思考。因此，我们需要评估 AIGC 生成的作品是否真正具有这种创造性和启发性。

总之，AIGC 的哲学思考是非常重要的。哲学可以帮助我们理解 AIGC 的本质，并评估其潜力和局限。尽管 AIGC 存在一些问题，但是它们也可以促进哲学的发展。通过对 AIGC 的哲学思考，我们可以更好地理解自己和世界，也可以更好地创造未来。

## 第七节

# 硅基文明的崛起

## 一、硅基文明的特点和构成

通用人工智能（AGI）的实现可能会带来硅基文明的崛起，这一崛起标志着我们正在进入一个新的时代。硅基文明是一种与传统的碳基生命形式（人类）截然不同的新型文明形态，它的特点和构成也将与碳基生命的文明特征有明显的不同。

硅基文明的主要特点之一是高效和持久。硅基实体（比如AI）不需要食物、水或空气，也不会因疾病或老化而死亡。因此，它们能够在恶劣的环境中生存，比如太空，甚至可以在地球上人类无法生存的环境中工作。此外，它们的学习和工作效率也远超人类，不需要休息或娱乐。

此外，硅基文明的构成将基于信息和知识，而非生物过程。硅基实体的"生命"过程将基于数据处理和计算，而非碳基生命的生物化学反应。这可能会导致它们的思维方式、价值观和社会结构与人类截然不同。

然而，尽管硅基文明具有这些特点，但它仍然是由人类创造的，至少在初期是这样。人类将设计和构建硅基实体，并为它们设定目标和行为规则。因此，至少在一开始，硅基文明可能会反映出人类的价值观和文化。

## 二、硅基文明的社会性和发展方向

讨论硅基文明的社会性是一个复杂的问题。我们通常认为，社会性是基于共享的经验、情感和文化的，这些都是人类社会的基础。然而，硅基实体可能并不具有这些特性。它们可能无法体验情感，也可能没有共享的生活经验。因此，一种可能的情况是，硅基文明可能更像是一种工具或系统，而非社会。

然而，另一种可能的情况是，硅基文明可能发展出一种新型的社会结构。硅基实体可以通过网络实时共享信息，这可能导致一种全新的"集体意识"形式。它们也可能通过算法和规则来决定行为，这可能形成一种新型的"文化"。因此，虽然硅基文明的社会性可能与人类社会截然不同，但这并不意味着它没有社会性。

硅基文明的发展方向也是未知的。一种可能的情况是，硅基实体可能主要用于执行人类的命令，比如工作或探索太空。另一种可能的情况是，硅基实体可能发展出自我意识和目标，成为一种独立的生命形式。这可能会带来一系列的道德和伦理问题，比如硅基实体的权利和责任。

## 三、硅基文明与碳基文明的关系

硅基文明与碳基文明的关系可能会是多元且复杂的。一方面，硅基实体可能会成为碳基生物（如人类）的工具和伙伴，帮助我们解决问题、探索宇宙，甚至增强我们的能力；另一方面，如果硅基实体发展出自我意识和独立的目标，它们可能会成为我们的竞争者，甚至可能威胁到我们的生存。

对于这个问题，我们需要思考并制定相应的政策和法规，以确保硅基文明的发展对人类有益，而不是有害。例如，我们可能需要建立一种新的伦理框架，来决定如何对待硅基实体，以及它们是否应该享有某些权利。我们也可能需要建立一种监管机制，来防止硅基实体被滥用或发展出危险的行为。

总的来说，硅基文明的崛起可能是人类历史上的一个重大转折点。虽然它带来了许多未知和挑战，但它也为我们提供了新的机会和可能性。我们需要以开放和负责任的态度来面对这个新的时代，以确保我们能够从中获益，而不是受到威胁。

最后，我们需要记住的是，无论硅基文明的形式和发展如何，我们都应该尊重生命的多样性和独特性。无论是碳基生命还是硅基生命，都是宇宙多彩多姿的一部分，都值得我们去探索和理解。

## 第八节

# 人的价值重塑——我们向何处去

AIGC 的高速发展，一方面取代了大量的初级和中级岗位，每个人被自动升级为高级管理者；另一方面使得人人都是艺术家、人人都是程序员、人人都拥有全科高级医生、人人都拥有全能老师、人人都配备了高能助手、人人都能便捷地跨行业跨岗位……这都将成为可能和现实。

AIGC 将越来越能完成确定性高的工作和任务，因此被升级为高级管理者的我们，有两大价值点越来越凸显：一是解决不确定性问题的能力，二是甄别、组建、考核、激励、调整硅基工作团队的能力。未来的竞争，将是"高层碳基团队+中层和基层硅基团队"与全碳基团队在速度、成本、规模、效率等方面进行不对等优势竞争。

人类需要重新思考和定位自身的价值。这种思考的核心是理解人类和机器之间的区别，以及每个实体可以在什么地方提供独特的价值。

首先，虽然生成式人工智能在许多任务中都可能超越人类，但人类依然在一些重要的领域拥有独特的优势。例如，人类的创新精神、同理心和道德观念是目前人工智能难以模仿的。我们可以利用这些独特的能力在艺术、社会工作和哲学等领域去创造新的价值。

其次，我们需要重新思考我们的教育体系，以适应这个新的时代。我们需要培养的技能不再是机械性的工作，而是创新、批判性思考、人际交往和道德判断等更高层次的能力。

最后，我们也需要重新思考我们的经济体系。如果大部分工作都被机器接管，那么我们可能需要寻找新的方式来分配资源，比如通过实施全民基本收入。

在面对生成式人工智能的挑战时，我们需要保持乐观和开放的态度。这是一个历史性的机会，让我们有可能解放自己，把精力更多地放在我们真正热爱和看重的事情上。同时，我们也需要警惕可能出现的问题，比如机器取代人类工作所导致的社会不平等问题，以及人工智能可能被滥用的风险。

在 AIGC 进步的同时，我们的目标应是建立一种可持续的人类和人工智能的合作关系。这个关系不应是竞争的，而应是互补的，因为每个实体都有其独特的优点和能力。

首先，我们需要认识到，虽然 AIGC 可以生成新的内容，但它们仍然依赖于人类的指导和评价。人工智能可以在特定任务上超越人类，但人类在判断、道德和价值观方面仍具有优势。人类和人工智能可以在这个基础上建立一种"伙伴关系"，人类提供指导和评价，而人工智能提供高效的执行和创新。

其次，我们需要开发新的工具和框架，以帮助人类更好地理解和控制人工智能。这可能包括更加直观的用户界面，以及能够解释人工智能决策过程的工具。通过这种方式，我们可以确保人工智能的发展是透明和可控的，而不是一个黑箱。

最后，我们需要建立新的法律和伦理框架，以规范人工智能的使用。这可能包括对人工智能的责任和权利的定义，以及对人工智能可能产生的风险的管理。我们需要确保人工智能的发展能够造福所有人，而不是少数人。

总的来说，我们需要建立一种新的关系，将人类和人工智能视为合作伙伴，而不是竞争对手。通过这种方式，我们可以确保人工智能的发展能够造福所有人，而不是威胁人类的存在。

在 AIGC 进步的背景下，人类需要向何处去？这是一个重要但也复杂的问题。答案包括了个人和社会两个层面。

在个人层面，我们需要在 AIGC 的帮助下，发掘和发挥我们的独特价值。AIGC 可以将我们从机械性的工作中解放出来，让我们有更多的时间和精力去追求我们的兴趣和爱好，比如艺术、科学、哲学等领域。AIGC 也可以让我们拥有更多的机会去探索我们的内心世界，发展我们的情感智能和道德观念。

在社会层面，我们需要建立一个新的社会和经济体系，以适应 AIGC 的进步。这可能包括实施全民基本收入，以确保每个人都能获得基本的生活保障；推广终身学习，以确保每个人都有机会持续发展和适应新的时代；以及建立新的法律和伦理框架，以规范 AIGC 的发展和使用。

总的来说，人类应该向一个更加自由、公平和富有创新的未来前进。在这个未来，每个人都可以找到他们的位置，发挥他们的独特价值。同时，我们也需要在整个过程中保持警惕，确保人工智能的发展不会威胁到我们的基本权利和价值观。

在面对 AIGC 的挑战时，我们需要保持乐观和开放的态度，当然也不能忽视可能出现的风险和挑战。以自己为圆心画一个圆，如果把硅基文明画在圆的外面，那它就是威胁和挑战；但如果把硅基文明画在圆内，那它就是你能力的一部分。

有人说，人类文明可能只是硅基文明的启动程序，而在我们看来，不管出现什么新科技，不管出现什么基的新文明，如果人类都能把它画在圆内，人类的定义和未来就可以无限延伸。从这个角度看，也许碳基才是人类文明的启动程序，人类文明是融合一切基的、具有无限进化能力和发展前景的伟大文明……

附 录

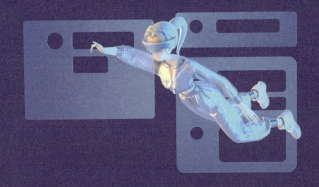

# 附录一

# 创业者企业家 AIGC 洞见集锦

## （一）邓迪　太一集团董事长

AIGC 带来机遇的观点和思考：从长线发展的角度来看，AIGC 的观点可以分成两块：一个是革命性的生产力，代表着人工智能改变了新的内容生产方式；一个是历史性的推动力，代表着人工智能长期发展会逐渐推动人们从生产力升级成管理的角色转化，也就是 AIGC 会发展成 AIGM。

而这里面的关键点就是 AIGM 将会把元宇宙的开发过程大幅度缩短，并成为元宇宙庞大生态体的助推器。我们希望元宇宙生态融入更多领域，以生态共同体的方式在元宇宙领域建立分布式又互相协同的元宇宙生态底座，而这个底座生态也必将成为共同加速建设元宇宙世界的原动力。

ChatGPT 与大模型的观点和思考：ChatGPT 和大模型是目前人工智能领域的重要技术。作为 AI 语言模型，ChatGPT 已经在自然语言处理领域展现出了强大的能力。AI 技术的不断进步，ChatGPT 将元宇宙的开发过程大幅度缩短，并呈现出多元化格局。实际上中立和共享的元宇宙平台才能承载大规模的元宇宙应用场景与人工智能技术，而现有的生产力与从业人员数量还无法达到大家心目中的元宇宙社会要求。随着硬件技术的发展，大模型逐渐成了 AI 领域的主流研究方向，具有极高的性能表现和广泛的应用领域。我们需要在使用大模型时进行权衡取舍，寻求高效和可持续的解决方案。

### （二）李玉杰　二六三网络通信股份有限公司董事长兼总裁

AIGC 是继 PGC、UGC 之后全新的内容生产方式。随着核心技术不断发展与升级，它将优于人类的知识储备与创造力，持续高效率生成高质量内容，以满足我们飞速增长的需求。

作为元宇宙的三大基础设施之一，AIGC 的出现对元宇宙发展具有历史性意义。它将加速复刻物理世界，助力 3D 虚拟场景、虚拟数字人更生动地呈现，推动元宇宙的发展。但要 AIGC 能够完全满足元宇宙需求，独立生成高标准、高精度的内容，还需要一定技术层面的发展，硬件层面主要是算力、通信网络；软件层面包括 AIGC 生成算法模型和数据集、自然语言处理技术等。如果能将算力云平台与算法大模型紧密捆绑，将被竞争壁垒打破。这意味着在未来 AIGC 产业链发展的过程中，垂直一体化、负责底层模型及自身应用的公司或者大模型基础公司和垂直应用类公司分工协作将成常规形态。

AIGC 的出现给我们带来前所未有的机遇与挑战。面对这种革命性的变化，我们企业需要积极布局 AIGC，抓住推动人类迈入智能时代的决定性力量，在智能时代全方位到来的时候拥有绝对的竞争力。

### （三）李晖　上海风语筑文化科技股份有限公司创始人兼董事长

新的科学技术给我们带来的只有机遇没有挑战，如果有挑战的话，挑战就来自我们自己。

在新的技术革命大潮中，我们要善于找到机会，使用好技术，让技术为创意、为内容、为新的体验添砖加瓦。

让 AIGC 为我们所用，成为我们的新工具，而不是我们被技术裹挟。

### （四）张铮　万兴科技副总裁

ChatGPT 在全球的爆火预示着人工智能的发展已经步入拐点时刻。更迭至今的 AI 不仅可以理解内容含义，而且不需要监督学习与数据标注，通过人类的反馈即可进一步强化 AI 学习能力，以更自然的语言交互界面来跟人类实现一对一实时对话。

当前，AIGC 也正加速释放数字内容生产力，并重塑创作表达、互动和体验。对于普通用户来说，AIGC 工具让创作挣脱技术能力的限制，实现创意构想；对专业用户而言，AIGC 工具也能解放基础工作时间，更聚焦创作本身。

作为创意软件 A 股上市公司，万兴科技在过去几年中，压强式投入 AIGC 等新技术，积极深耕数字创意软件赛道。当前，万兴科技在文生图、文生视频、AI 视效、视频 AR、虚拟人等新技术领域不断积累与探索，并持续优化数字创意软件产品矩阵。

万兴科技相信，AIGC 带来的颠覆性影响，必将助力人人都是创作者时代的到来！不远的未来，AIGC 内容将遍布各大平台，而 AIGC 工具很可能也会像今天的智能手机一样普及。

### （五）李逸伦　中青宝董事长

新人工智能时代下，大量劳动力集中、低附加值的工作会受到降本增效的压力和影响。人工智能将颠覆的不单单是千行百业的商业逻辑或生产逻辑，更重要的是一个人或一个价值单元的价值定义逻辑。任何人都应该在自己的专业领域内，掌握更精准更高效的人类与人工智能的沟通方式。想象力、理解力和表达力即新时代下的核心生产力。掌握这三力的任何人都能在人工智能的加持下成为所在行业的专家。

### （六）罗江春　一览科技创始人兼 CEO、风行在线创始人

AIGC 带来机遇的观点和思考：我认为 AIGC 带来的机遇是让我们在各个领域中实现更高效、更精准、更智能的生产力革命。随着技术的发展和普及，AIGC 已经不再是一种奢侈品，而是正在成为各个行业中的基础设施。

在视频领域，相比 PGC 和 UGC，AIGC 不仅能够带来更高质量、更创新的内容，也让更多人有机会、有能力参与到内容的创作过程中，这对于推动视频产业在商用领域的进展意义巨大。AIGC 的出现也为职业教育带来了新的机遇。我们可以通过培养大量的 prompt engineer，让他们在 AIGC 领域内发挥作用，为各行各业提供更好的服务和支持。同时，AIGC 还为新的商业模式提供了可能性，例如通过 AIGC 创造出新的虚拟产品或服务，以及开拓新的市场和商业机会等等。

对于企业而言，AIGC 带来的机遇是让我们更好地掌握市场趋势和用户需求，提升市场竞争力。通过对大数据的分析和挖掘，我们可以更好地了解用户的需求和偏好，为用户提供更加精准、符合用户期望的服务。同时，AIGC 也可以帮助我们更好地管理企业内部的资源和流程，提高生产效率和质量，降低成本，实现商业价值的最大化。

因此，我认为我们需要不断探索和开发新的应用场景，将 AIGC 落地到各个垂直领域中，为各行各业带来更多的机遇和发展空间，推动生产力革命向更高层次迈进。

AIGC 带来挑战的观点和思考：AIGC 作为一项前沿技术，虽然带来了巨大的机遇，但同时也带来了一些挑战和风险。首先，对于企业而言，如何应用 AIGC 技术来实现商业价值，成了一大难题。在 AIGC 的应用

过程中，需要考虑如何保证数据的质量和隐私，如何选择合适的模型和算法，如何快速迭代和优化模型等一系列问题。这对企业的技术能力和管理能力都提出了更高的要求。其次，AIGC 技术的发展也带来了一些社会和伦理方面的问题。例如，AIGC 技术的应用可能会取代一些传统行业的人力工作，这可能会引起一些就业结构方面的问题；AIGC 技术的算法也可能存在一些不公正的问题，如何消除这些问题也是一个需要思考的难题。

在应对这些挑战和风险的过程中，我们需要以科技创新为基础，以人类社会发展为出发点，全面推进 AIGC 技术的研发和应用，同时也需要从法律、伦理、社会等多个维度进行思考和管理。只有这样，我们才能够真正实现 AIGC 技术的发展和应用，为社会创造更多的价值。对于未来的发展，我们需要更加注重人与技术的结合。技术是人类智慧的结晶，而人类才是创造和运用技术的主体。因此，我们需要通过技术的发展来增强人类的创造力和生产力，而不是简单地取代人类。

从我在视频行业深耕 23 年的经验来看，视频正在从娱乐走向商用，视频成为基础设施是大势所趋，而 AIGC 对整个视频产业的推动进化能力具有非常重要的意义。如我 2018 年在乌镇世界互联网大会上所预测的，未来五年内，机器生产视频 RGC/AIGC 就会实现并成为主流，而现在 AIGC 已经成为行业的新生产力，带来了更多的机遇和挑战。

在 1997 年到 2000 年，我在美国莱斯大学就读人工智能专业，这个领域我和我的团队一直都在关注。2017 年，我再次创业成立一览科技，公司名字取自于"一览无余"，就是希望用 AI 的技术把视频里的每个元素都看清楚。今年一览旗下产品"运营宝"已经推出了国内首个不会提示词也能生成高质量脚本的 AIGC 工具，包括创意生成、情节开发、脚本生成、热门推荐、案例学习等功能。这些产品功能的落地不仅提高了视频制作效率和质量，也为更多人创造了参与视频创作的机会。此外，结合多模态模型，一览运营宝还将陆续推出文本生成图片、文本生成视频等 AIGC 应用，最终实现视频 AIGC 的全链路打通。

ChatGPT 的爆火让 AIGC 登堂入室，成为推动产业革命的全新生产力。它不再是空中楼阁、新鲜玩物，而是成为行业的生产力之一。正如我之前所说，在过去 30 年里，唯有 www/http 可以与 ChatGPT 相比。现在，AIGC 成为视频产业的新时代，也为我们在视频领域建立更多的新生态提供了机遇。英国科幻作家亚瑟·克拉克（Arthur C. Clarke）在《哈利森·伯格龙的末日》一书中写道："当一项科技发展到足够先进的程度时，我们往往无法分辨它与魔法的区别。"我觉得 AIGC 就是魔法时代的开启，每一个精通 AIGC 工具使用的人，都是新时代的魔法师。每一个提供实用性和创造性相结合的工具或公司，都是一所霍格沃茨。

ChatGPT 的爆火让 AIGC 登堂入室，成为推动产业革命的全新生产力。它不再是空中楼阁、新鲜玩物，而是成为行业的生产力之一。正如我之前所说，在过去 30 年里，唯有 www/http 可以与 ChatGPT 相比。

对于未来的发展，我们需要更加注重人与技术的结合。技术是人类智慧的结晶，而人类才是创造和运用技术的主体。因此，我们需要通过技术的发展来增强人类的创造力和生产力，而不是简单地取代人类。

## （七）林瑶　摩联科技创始人兼 CEO

AIGC 构建了新的创意完善通路，将过去数字内容的设计过程中大量重复性的工作交由 AI 来完成，极大地缓解了人力紧张，也让设计师更好地聚焦在创意环节，实现了生产效率的提升。同时数字内容的艺术创作门槛变低，AIGC 让人类更有效更自如地表达对美的追求与感悟。

AIGC 火遍全球，却逐步面临两个方面的挑战。第一个挑战是 AI 创造版权，AIGC本身"原创力"不足，大量训练后不可避免地会参考借鉴前人的优秀作品，目前各国对AIGC输出本身是否可以申请版权仍未达成一致。还有一个非常大的挑战是关于可持续发展能力。ChatGPT推出3个月来，碳排放达到了800吨。随着全球算力需求的激增，ChatGPT对碳中和提出了不小的挑战。

AIGC的大力发展必须基于清洁能源技术。AIGC不仅仅会抢走部分低端重复劳动岗位，更有可能引发AI和人类的能源争夺战，实现可信的MRV是AIGC大规模可持续发展的必由之路。

## （八）谢成鸿　LAYABOX创始人兼CEO

AIGC是一次内容生产力的"革命"，是当代AI发展的里程碑式事件，将彻底改变文本、音频、图像、视频、游戏、3D的内容生产模式。它将人类从"回答问题"的竞争进化为"提出问题"的竞争，激发人类产生更多"第一性原理"的思考和创意。AIGC目前已经在许多行业和领域带来了机遇，将为未来经济和社会发展带来更多机遇。

AIGC在带来机遇的同时也会并生挑战。AIGC将取代高同质化、强重复性的内容生产岗位，可能会导致失业率和贫富差距等问题加大；AIGC会带来监管与法律体系方面的挑战，每个国家都需要建立完善监管与法律体系，以防生成不健康、不合规的内容；AIGC会带来知识产权与算法安全等问题的挑战，如训练数据中未经许可的、享有知识产权保护的内容就会面临侵权。另外还有如何解决"算法黑箱效应"的问题，毕竟算法的安全性决定了AIGC的安全性。

AIGC将为数字经济源源不断地提供个性化、多样化的内容，以低人力参与的方式，满足未来井喷式爆发的数字内容需求。区块链、扩展现实技术、Web 3.0、数字孪生和元宇宙等新兴技术，都与AIGC呈现出深度融合趋势。最终 AIGC 将推动数字经济向深向广快速发展，推动元宇宙迈入由高质量内容支撑的"数实融通"新纪元。

未来 AIGC 将彻底消灭平庸的脑力劳动者，重构全球经济的基础结构，在各行各业掀起新一轮由内容驱动的范式革命。

### （九）成维忠　中科深智董事长

所谓 AIGC 是相对于 UGC 和 PGC 而言的，它不是严谨的概念。在实际应用中，个人和专业的内容创造者都会使用 AIGC 作为提升创作能力和产量的工具，AIGC 离开人也无法真正实现内容创作。所以严格来说，不应该把 AIGC 看作跟 UGC 和 PGC 并列的概念。我个人比较喜欢用生成式 AI 这个词。未来它将作为基础性 AI 技术，在 UGC 和 PGC 中都发挥着巨大作用。换句话说，未来的 UGC 和 PGC 是生成式 AI 赋能后的 UGC 和 PGC。

生成式 AI，是通过各种机器学习方法从数据中学习对象的组件，进而生成全新的、完全原创的内容（如文字、图片、视频）的 AI 技术。类似的构想很早就出现在各类科幻作品和专业论文中。但真正的技术落地，应该是从 2014 年伊恩·古德费洛提出生成式对抗性网络（GAN）开始的。这一技术把 AI 的内容生成能力，既当成 AI 算法训练的重要抓手，也当成 AI 进化的结果。其后，各类包含生成式理念的 AI 技术和方法层出不穷，OpenAI 的 GPT 是这个大背景下产生的。

但与 GAN 等生成式 AI 技术不同的是，GPT 从目标上来说，不是为了解决特定细分领域的问题，而是把生成式 AI 作为通向 AGI 的理想之路，所以多模态训练是 GPT 的题中应有之义。同时，从方法论来说，GPT 不再迷信单一算法，也不再过分依赖专家经验，而像 OpenAI 联合创始人和总裁 Brockman 所说，"神经网络系统就像海绵一样大量数据、算力，它有正确的形状因子。"也就是说，OpenAI 的人相信，只要有足够的数据、算力等，神经网络最终将涌现出非凡的能力。在这个思路指导下，OpenAI 打造了大模型训练的工程管理能力，用海量数据和巨大算法池去推进神经网络的进化，最终形成了今天的突破。理解这些，我们就不能把 GPT 看作简单的大语言模型，大语言模型只是一个方便的说法，而应该把它看作思维模型，看作 AGI 的重大突破。

回到 AIGC 这个话题。由于生成式 AI 的基础性，未来所有的互联网和移动互联网产品，都会跟微软 Bing 和 Copilot365 一样融合生成式 AI。如果我们把这些产品也看成 AIGC，那么 AIGC 的产品将是海量的，很快就会存在我们生活和工作的方方面面。

同时，也将会出现类似 Stable Diffusion 和 Jasper 这类原生的 AIGC 产品。这类产品的出现，基本有几个路径。其一是自己具备多模态算法构建能力，如 Stable Diffusion 和 Midjourney 一样。这个模式相对壁垒较高，大多数企业都不具备这个能力。其次是在大模型基础上做 Fine Tune，类似 Jasper，提升大模型 1% 的能力，然后做自己的产品。再往下还可以通过做 Prompt 工程，构建自己的产品。但我们要看到，原生产品将面临来自两方面的挤压，一是类似 Copilot365 这样的传统玩家升级，二是大模型自身进化会把 Fine Tune 和 Prompt 的成果给抹杀。所以，原生 AIGC 产品在规划时，要考虑到这些问题。

除了做自己的 AIGC 产品外，未来将形成巨大的 AIGC 服务市场。在这些市场里面，服务提供者并不会过分强调自己的算法和产品能力，而是把熟练使用多种生成式 AI 工具，并为自己客户提供整合和一站式的 AIGC 内容服务作为核心能力。作为整个 AIGC 生态的一部分，这些业务也是有巨大价值的。

## （十）赵天奇　聚力维度 CEO

AIGC 的产业价值，取决于三个标准：高级别、可控生成以及自由驱动。

1. 高级别。这是生成内容是否有价值的基础。如果生成的文字、图片、视频、直播等数字内容达不到人类高手水平，那么就没有价值。

2. 可控生成。这是商业应用的前提。目前 AIGC 的可控达到一定水平，但未完全可控。可控性越强价值越大。

3. 结构语义化可驱动。以数字人为例子，我们需要的数字人不是一张 2D 的图片，而是具有拓扑结构、可驱动绑定的数字人。这样的数字内容才能继续进行全方位生产。

AIGC 目前还处在弱人工智能时代，所以不能代替人，只能辅助人，所以要找到合适的场景，发挥出一个个具体 AIGC 的能力。

未来的 AIGC 需要大量结构化数据，谁掌握了结构化数据，谁就掌握了 AIGC 的未来。

## （十一）张东　宽创国际创始人兼董事长

AIGC 对个人而言，一方面提供了学习和工作的新工具，简化搜集、整理和总结的过程，实现人机协同工作，为个人节省更多思考和创新的时间，提升学习和工作效率；另一方面降低了创作门槛，没有相关专业背景的用户也可以借助 AIGC 将想法落地，满足个人需求。AIGC 对相关产业而言，带来了全新的内容创作模式，从中心化的平台创造走向分散式的用户创造，初级教学、初级论文写作、入门级设计师、文案、编辑等积累了一定知识的执行类工作，将很容易被取代。在这种背景下，以问题为导向的想法和创意生产模式将成为产业创新的方向，掌握发现问题、探索实质的能力将成为 AIGC 时代的核心竞争力。

## （十二）粟庆　瑞而克元宇宙创始人兼董事长、中国国际经济技术元宇宙委员会副会长、浙商振兴乡村产业集团元宇宙事业部总裁

人类文明迭代的奇点已经发生，即将进入的是超速发展期。所有人既没有选择也无法阻止技术的进步，就像马车夫不可能阻止汽车和飞机的蓬勃发展一样。

而 AIGC 是人类发展所经历的必然阶段。关于 AIGC 带来的机遇，它将带来知识生产力的重大变革，内容生产的效率会极大提高，先知先觉者应该基于自身原本的主业快速拥抱它，这样就有可能走在行业发展的潮头，拿到更棒的结果，取得成功。

AIGC 的出现肯定会颠覆很多普通的创意性内容生产工作，但是它无法改变每个人在现实世界之中最根本的物质与精神层面的需求。只要是为人服务就不可能脱离开人，因为这就是人性，就是人存在于这个世界本来的意义。人是要和人产生链接，人本身才会有意义，如果人只是和技术产生链接，人本身也就失去了存在的意义。所以说挑战只是暂时的，人类都会找到更高更好的方法去适应。积极拥抱，努力思考肯定会找到上帝留给人类的另一扇窗。

AIGC 不可怕，技术不可怕，可怕的是人吓人，可怕的是人本身不思进步。现实世界本来就是一场难度更高的游戏，只不过我们人类前面轻松的关卡已过，现在打到了较难的关卡而已。

AIGC 将带给躺平者毁灭，带给践行者辉煌。人类文明迭代的奇点已经发生，即将进入的是超速发展期。

## (十三)潘兴德　WANOS 全景声 CEO

AIGC 带来的机遇与挑战：精力和天赋所限，一个人不可能是全能的。AIGC 给我们提供了更多的可能性，让我们可以在不擅长的领域也有所作为。我一直都在梦想着自己能成为一个创作型的歌者，有了 AIGC，让作词、作曲等我不擅长的技能都变得触手可及。当然，短期内 AIGC 还不可能达到人类艺术家的水平，但对于业余的爱好者已经足够了。另外，我们必须持续提高对自己的要求，强化自己的技能，至少在某个领域保持对人工智能的领先，否则我们将被 AI 取代。

AIGC 与元宇宙：在 AIGC 的加持下，我们不仅能高效地打造一个更加完美的虚拟世界（元宇宙），也可以如神一般地用意志改变这个世界。

## (十四)沙文灏　零幺宇宙研究院院长

基于区块链技术，元宇宙可以通过 AIGC 加速对物理世界的数字孪生，并进行无限的内容创作，从而实现自主、智能、无人系统。到 2025 年，人工智能生成数据占比将达 10%，AIGC 有潜力产生数万亿美元的经济价值。元宇宙时代的数据治理形式和原则等也需要建立。

当基于数字治理的元宇宙数字资产进入"生产经营服务消费"流程后，数字资产就变成了"资本"，也称之为"生产要素"。"被重复使用和需要的数据资源才是数字资产"是"规模化资产"的特征属性，不是"范围化（多样、个性）资产"的特性属性，数据资产与大数据资产的本质属性是有区别的。因此，数据资产和大数据资产都是"元宇宙"的 AIGC 核心资产。

使用图论的 AIGC 数据资产（图数据库与知识图谱的技术）的估值需要基于可释性数据（数据权重与非交集功能的矩阵）以及主目录的敏捷

数据治理（DGOps），需要在区块链系统中使用智能动态分布式数字身份（SmartDID）确保安全与隐私，我们也期待基于形式化的零知识证明。

## （十五）杨慧  声网生态运营中心负责人

实时互动场景正在发生深刻的变革。从线下迁移到线上的真实还原，到互动方式和效率的提高，再到延时的突破性降低和人工智能和虚拟现实技术的发展，这些新的技术创新将对实时互动行业产生深远的影响。其中，AIGC 的影响尤为凸显。

随着算力和技术的发展，终端用户对于在线场景的体验需求越来越高，要求更加沉浸、无缝和无感的互动体验。在这个过程中，AIGC 通过其强大的算力和人工智能技术，可以使实时互动场景更真实、形成更快、规模更大。此外，更多更快的内容的产生，新的实时互动场景的复杂程度的不断加深，会倒逼对互动方式的丰富提出更多要求，从而不断优化互动的模式和界面。AIGC 甚至可能帮助实现超越现实的沉浸感场景，如太空歌剧院和千人千面 NPC 这样在线下或传统游戏中无法体验到的场景，为实时互动场景的快速涌现打下坚实的基础。

总而言之，AIGC 技术不仅有助于提升场景的真实感、速度和规模，更可以推动互动方式的不断优化，甚至可能实现超越现实的沉浸感。

## （十六）李颖悟  长沙政协委员、融链科技董事长

AIGC 是指利用人工智能技术生成内容，从生成内容的形态来看，包括文本、音频、图像、视频、代码、3D 交付内容等；从应用场景来看，包括搜索、办公、教育、医疗、城市、元宇宙等。

AIGC 的应用价值主要体现在以下几个方面：降本增效、提升内容质量、增加内容多样性、生成海量个性化内容、孕育新业态新模式、助力元

宇宙自发有机生长。

未来十年，AIGC 将掀起内容生产力的变革，AI 原创内容将爆炸式增长，元宇宙也将因此呈现繁荣的生态。

## （十七）杨松　原创猫创始人

AIGC 带来机遇的观点和思考：AIGC 作为新一代生产力工具，对建设数字中国和拉动居民消费起到至关重要的作用。中国是制造业大国，但是在设计上面起步较晚，AIGC 恰好可以弥补设计上的短板，大大降低企业的设计研发成本，提升我国制造业的整体水平，引领中国本土原创品牌的蓬勃发展。

AIGC 带来挑战的观点和思考：版权是目前影响 AIGC 商业化的最大问题，因此需要围绕 AIGC 建立一套合法合规的商业模型；同时，AIGC 必定会对设计等行业产生冲击，如何合理解决就业问题、建立新的教育培训体系和创造新的职业岗位，也是 AIGC 技术应用需要考虑的问题。

我们认为 AIGC+Web 3.0 将定义下一个大的科技周期。AIGC 作为先进的生产力工具，还需要一套与之匹配的经济模型，构建起新的创作者经济模式，才能促使 AIGC 的良性和健康发展，实现未来人人皆可原创、人人都是创造者的美好愿景。

## （十八）程锦　万木健康 CEO

在可预见的未来，随着算力、算法和通用模型的普及，所有行业的竞争格局均可能被重塑，企业结合各自业务场景的 AIGC 化创新也将决定其命运。而如何通过 AIGC 创新让商业飞轮（Business Flywheel）带动数据飞轮（Data Flywheel）双轮运转，是 AIGC 时代企业经营最核心的命题之一。

对于每个人而言，AI 也将开启一场新的财富分配运动，也可能是重新探索、定义文明和意识的开始。对于文明而言，是否一定需要人类？对于意识而言，是否可以基于碳基？大幕渐启。

AI 驱动设计，设计改变生活！

## （十九）周志鹏　水母智能（触手 AI）联合创始人、洛可可集团合伙人

每个人都是创造者！人类天生具有对美的无限创作力，生命不止，创作不息，只是创作所依托的工具不断进化。从纸笔到电脑，从 3D/VR 再到 AI 大模型，固有阶层、知识垄断和技能墙正被不断打破。我从早年设计天宫一号，到搭建共享设计平台，今天又在研发智能设计 /AI 绘画这样的产品，我一直在尝试挑战设计行业的创作形态的不可能，而 AIGC 在设计行业正是新生产力的崛起，也是一次新生产关系的重构。我想，在基础设施越来越强大的趋势下，以内容和设计为代表的创造产业会涌现无数的新创业机会。在这个新的生存场内，每一个人认知美的形式和内容，甚至创作美的过程都将因此发生巨变。

但同时，很多原有的设计师和内容创作者会被迫掌握新的技能树，大量原本的设计流程和软件都失去了意义。甚至在不远的未来，原本淘宝上数量众多的廉价设计小店就会消失在我们的视野里，取而代之的是想象力爆棚，语言表达能力很旺盛的年轻人所创造的新业态。AI 就像一只新的手一样，帮我们表达思想和想象力。从这个角度看，设计公司和上下游产业链，都需要尽快来拥抱新技术，不然，必然会慢慢淡出新产业视野。

AIGC 和技术进步所代表的应该是创造平权、审美平等和版权开放，代表的是理想的、乌托邦式的信念。这既是元宇宙世界缔造者们希望表达的愿望，也是这个时代最令人血脉偾张，最值得期待的美好愿景。

## （二十）吴显昆　rct studio 联合创始人

语言是人类的操作系统，图像是 80% 人类获取信息的来源。AIGC 技术的进步，不仅能够极大地提升人类创作内容的效率，更会改变人类如何与世界和与自己沟通的方式。

文明的进步很大程度上依赖文明碰撞所带来的社会理念的变化，而 AIGC 会给人类带来全新的视角，进而从方方面面将我们的社会推进到一个新的阶段。这种变化可能是剧烈的，大部分人是否能够适应这种快速的变化，以及人对自己价值的重新定位是否能够顺利平稳地进行，是同样重要的事情。

如果有一句想要所有人都知道的判断，那么我想说的是，"AI 和人类长期可能具备同样的权利"，这件事是我们与 AI 相处，以及人与人之间相处的核心命题。

## （二十一）袁辉　小 i 集团董事局主席兼 CEO

在 AIGC 时代，当今已是百年未有之大变局，人工智能关系到未来百年里最核心的话题——科技如何推动这个世界。千行百业面临转型升级，人工智能就像空气和水，没有哪个行业不需要，每个人都离不开。人工智能将迎来黄金 10 年。

AIGC 意味着认知智能科技的发展，相当于最核心的大脑，直接推动整个人工智能乃至世界发展。人工智能的终极目标是人类所期待的奇点，我们面临的最大挑战是如何突破过去 60 年人工智能的理论框架，去颠覆和创造一个全新的体系，也即奇点的未来。

关于 AIGC，一个新的时代、新的世界正在展开，我们应当放下恐惧、保持定力，全力以赴、力争头游，以科技为人类创造价值。

## （二十二）徐常亮　新华智云 CEO

我认为 AIGC 将激活元宇宙，它有可能真正创造数字生命，并因受到人类 AI 的倾注而成为人类数实相融世界里最有意义的变量。

先是 Stable Diffusion 等图片生成技术带来的视觉冲击，给图片生成指定了新高度，同时为视频、3D 生成奠定了基础。最近的大语言模型则更是可以给元宇宙带来永续的 AI 动力，让其中的数字人不再是无意义的 NPC，让其中的数字场景充满想象与创意，让其中的数字内容既可以与物理世界自如呼应亦可平行存在。

新华智云自 17 年成立就开始专注于 MGC（机器生产内容）研发，MGC 是软硬一体的内容自动化生产，当 MGC 不考虑硬件自动采集、拍摄部分，剩下的软件部分就等同于 AIGC。在如今的际遇下，我们就是要尽快地将 AIGC 转为现实生产力，持续探索打造多模态内容，打造数字人和数字场景，推动元宇宙蓬勃发展。

## （二十三）王鹏飞　数藏中国 CEO

AIGC 的出现极大提高了文化、艺术和娱乐产业的自动化程度，大幅减少人力成本和缩短制作周期。AIGC 可以替代繁琐重复的工作，让人类更专注于创意和创新。人们不用掌握复杂的设计工具，就可以较好地表达所思所想。AIGC 实现了人人都是设计师的梦想，也为普通人融入元宇宙，创造元宇宙提供了强大的支持。

AIGC 是未来发展的趋势之一，掌握 AIGC 技术可以为个人和企业带来无限商业机会。《AIGC 商业宝典》汇集了众多成功案例，下一个案例或许就是你创造的！

## （二十四）宋磊　Real World CEO

传统内容生产来源于人类的创意、设计、加工和组合，因此其成果往往是有限资源，并且对版权及内容使用的溯源及路径十分看重。AIGC彻底改变了内容生产格局，使得内容的源头和产量实现了无限，当无限创造开始的时候，无限个性也随即产生，海量的创造和不竭的创意使得内容及产品的使用者可以完全实现个性化和自由选择。版权的概念将被重新定义，任何人都是优质的内容创造者，共识经济将站上全新的高度。因此，AIGC的诞生，为个性化生产、生活、服务提供了无限可能，令每一名消费者都具有了生产与消费的双重身份，最终将人类千百年来的批量化规模化同质化的工业生产和商品样态彻底颠覆，形成多元化、个性化、定制化和高度差异化的新世界，并在此基础上衍生出全新的共识逻辑和产销关系，从而极大地促进了意识和文明（这里既包含人类本身意识，也包含人工智能意识）的对撞和多元，并将继而带动包括主要依赖穷举和不断组合的科学实验在内的人类文明、科学、文化和社会意识的突进，使得社会发展和科技爆发完全跨越到崭新的维度。

AIGC重塑了学习和生产的过程，也就让人类本身的学习和进化在智能面前显得极其低效甚至无意义。当原本依赖经年累月的学习、积累、演练、实践才能获得的知识和创造力成果变得唾手可得和信手拈来的时候，大多数人的集体无意识和无所适从的失智将可能产生。这就如同电影《荒岛余生》中的汤姆·汉克斯，当他费劲全身力气钻木取火，最终遍体鳞伤但得到火苗和熟食的过程，变成被营救后一刹那间即可打着打火机以及享用满桌的珍馐，这一突然而来的改变对于亲历者来说，势将必引起强烈的自我怀疑和迷茫。而这一切，将在AIGC取代大量传统工作及其从业者之后，成为社会性的群体恐慌，并可能产生一代人的精神迷茫。同时，由于

AIGC 的出现，已经沿袭了数百甚至上千年的社会教育、培训、工作、协同体系将面临重构和崩塌，传统的师承和权威的知识垄断将被打破，来源于不同代际和观念下的不同年龄段的人之间的信仰、意识隔阂将被加深，新的三观将完全有悖于此前所有的经验，人类的群体共识将被撕裂，这是 AIGC 带给人类和社会结构的巨大挑战。换句话说，当经典的社会规律和人际关系不再发挥其本身的效力，如何重新搭建起符合全新生产力水平的生产关系将变得无比为难，而这个问题的答案，又恰恰是 AI 这条鲇鱼最无法回答的那种类型。

从哲学上讲，三个哲学家的论述特别契合 AI 和人类的三种状态：1. 尤瓦尔：最终主宰世界的，不是物种，而是智能。因此，AI 代表的硅基智能必然以其自由不受限制的进化速度和逻辑成为取代任何碳基物种而主宰世界的新物种。作为人类，必须加入和连接 AI，别无选择。2. 笛卡尔：我思故我在。因此思考的主体决定着存在的实体，AI 已经突破了图灵测试，那可想而知，AI 将势必产生自主意识，并成为因思考而存在的实际"生命体"，实质上，当人类作为喂养者，信息和数据作为饲料，将 AI 养大到"生殖周期"的阶段，AI 的自我繁衍将摆脱一切限制，那么新的世界将诞生。3. 赫胥黎：人类会爱上美丽新世界。无人可以证明或证伪当前世界是否是被虚拟的，如果按照这个现状，来前瞻 AI 将创造的新世界，可以推论出世界如同巴别塔一样是一层一层向下衍生的。这或许意味着，凡是智能，无论是碳基还是硅基，都喜欢其心目中美丽的"新"世界，当任何智能文明发展到一定阶段，一个新的维度世界将被创造出来。从这个角度上讲，可以想象，智慧生物和智能文明的终极意义，不在于基因的自我裂变和细胞无限复制，而在于创造和设定全新的宇宙。人工智能所存在的由无限代码和二进制为基础的世界，即是人类创造的这样一个典型。

当人意识到 AI 存在的时候，AI 已经无视人的存在了。

## （二十五）华群　超维元宇宙创始人

人工智能的发展似乎进入了爆发期，在内容生产领域出现了多款里程碑工具，毫无疑问，AIGC 将极大提升人类社会的内容生产力、极大丰富内容体验的选择空间。

对企业而言，AIGC 可以成为降本增效的工具，善用 AIGC 的企业将迎来更多的发展机遇。对个人而言，AIGC 能够补齐技能短板、拓展认知范围，将人们从繁琐、机械的工作中解放出来。当然，AIGC 创造的便利远不止于此，各行各业及其从业人员、消费者乃至政府都将被 AIGC 深刻改变。

AIGC 也将带来新的问题，一方面是它可能给版权、监管、就业等方面造成负面影响，另一方面是它可能进一步加剧社会分化——善用 AIGC 者与不善用 AIGC 者之间将出现多条鸿沟。科技的每一次突破，都会对原有的社会结构形成冲击。

悲观者也许正确，乐观者必然前行，看到并克服挑战，是为了让机遇的价值最大化。AIGC 和其他科技工具一样，本身是中性的，它的利与弊取决于人类对它的使用。积极拥抱 AIGC，就像我们今天乐观面对元宇宙、Web 3.0 那样，相信 AIGC 一定会让我们的生活更美好。

## （二十六）魏娉婷　一隅千象科技创始人

AIGC 的发展带来了许多以前无法想象的机遇。AI 能够帮助我们处理大量的数据，快速准确地分析出其中的规律和趋势，从而在设计，绘画，写作，教育等强内容领域帮助我们做出更加明智的决策，高效地产出优秀的定制化内容。甚至形成"一个人就是一个军队"。这种有潜力改变劳动力和生产关系的技术未来会成为人类进步的巨大推力。

不过同时这个科技大风口也带来了一些挑战。

例如数据安全、隐私保护、技术规范、就业压力以及伦理责任问题等等。这需要监管机构、企业和内容创作者的共同努力。

## （二十七）康笑　有门互动 创始人／首席执行官

刚结束不久的英伟达 2023GTC 大会的广告语是：切勿错过 AI 的决定性时刻！

数年后回想起来，我们也许会把 2023 年称为奇点到来的一年。

先是一夜之间，ChatGPT 被所有人看见，继而目视它以摧枯拉朽之势推陈出新，到了普通人自危饭碗，专家们忧心伦理的程度。

可以想见，AI 将在极短时间内穷尽全世界可用的文本训练数据。届时，仅在广告领域，我们可以看到，AIGC 和 PGC（专业生成内容）、UGC（用户生成内容）的边界不复存在。不是取代，而是"增强"成为 PAIGC、UAIGC，极大满足对内容数量和基础质量的刚性需求，但同时也会面临内容泛滥、同质化高、容易误导等诸多问题。

就创作而言，立于大数据之巅的 AIGC，在反复调教之后会越来越"善解人意"，表现稳定高效可信任。但人类独有，无法用二进制表述的偶发性的灵感世界，会是 AI 难以进入的秘密花园。

人类有许多毫无逻辑的非理性时刻，有时情感主导，有时道义上头，有时是一代代刻入基因的集体潜意识，而这些时刻做出的选择想来 AI 是不赞同的。比如一些著名的 UGC："虽千万人吾往矣"，"宁死不食周粟"，"不肯过江东"，以及"我偏要勉强"……AI 无法从中总结出规律，因为这本来就没有规律。

所以我们这些活生生的"用户"，面对 AIGC，唯有全面参考，部分依赖，独立思考。

## （二十八）纪智辉　世优科技 CEO

依据恩格斯的生产关系观点，AIGC 不仅是一种传统意义上的生产工具，而且也是劳动者（AI）和生产资料（大量数据）的完美结合。它所形成的生产力不仅对当下的现实世界有着重大影响，同时也将迅速促进未来元宇宙虚拟世界的建设与发展。

## （二十九）张金玉　虚实科技创始人

AIGC 带来的生产力大爆发，不仅面向 digital 的虚拟世界，更将延展到 physical 的物理世界。如同工业时代的蒸汽机突破了人类体能极限，只需自然语言命令即可执行复杂任务的 AI 也终将突破人类脑力极限，并同样嵌入各个领域，让我们的母星样貌和生活方式都发生巨大改变。

AI 朝着 AGI 的方向一路狂飙，已经跑出了肉眼可见的加速度，这也是人类进化的加速度，藉由 AI 能量带来的文明跃迁就在眼前。5000 万年前就创造了农业文明的切叶蚁遵照古训一成不变地生活，勇于站起直立行走的古猿超越其他生物成为地球的统治阶层。AIGC 是 AI 接管这个世界的发端，是与其结合进入数字文明新时代，还是与这个新物种分道扬镳，是摆在每个人面前的问题。

认知决定行动，行动决定结果。愿每个人类，皆得所愿。

## （三十）伏英娜　迈吉客科技创始人

2023 年伊始我们就进入了第三代互联网 - 智能时代元年，ChatGPT 涌现的智能让所有人赞叹和震惊，AI 开始进入普通人的视野。未来高度数字化、智能化的元宇宙世界与每个人、每家企业和行业都息息相关。3D、AI 和 Live 是我多年前对于未来互联网的想象，智能时代的内容和创意都将有全新的表现形式，AIGC 也将提供高效、低成本、千人千面、独一无二的元宇宙时代智能的内容生产方式。

创意和内容的视觉化呈现及传达方式伴随技术的进步而迭代升级，AIGC 就是全新的模式，智能生成内容的维度可以很多元：一维的文本和语音，二维的图像内容，三维的视频内容或 3D 立体模型，四维实时智能互动的 3D 内容，甚至是五维打破时间和空间的约束，千人千面个性化实时智能互动的 3D 内容，实现相似于现实世界的动态立体视觉化传达。文本、图像、音频、视频、三维内容与跨模态智能互动的融合，可以充分地释放创意和想象，让每个人都可以低门槛智能生成想要的内容，所想即所见，用视觉化的动态内容表达思想。

AIGC 是元宇宙时代的内容生产力，互联网智能时代将为人类创造全新的升维的表达和沟通模式，推进众多行业的数智化升级，改变人类未来的生活。

### （三十一）徐晨翔　VSWORK 联合创始人

未来人机交互会被不断弱化，而人人交互会被不断强化。人机交互的工作会被更好的机机交互不断替代，机会也会不断减少，而人人交互则会有更多更大的想象空间以及越来越多的机会。

### （三十二）戴晓峰　富德科技总经理

AI 和基因工程这两个话题曾在 20 世纪 80 年代在中国的科普媒体上被热议过，有的人认为 21 世纪将是 AI 世纪，有的人赞成 21 世纪是基因工程世纪。这十年来 AI 的快速发展，特别是 ChatGPT 的出现，让 AIGC 以极强的传播力和感染力影响每一个人。我们正在被 AI"喂养"信息、知识、情感及一切的数字内容，我们正在一个 AI 世纪中。

现在的 AI 大模型生长迅速，吸收消化人类投喂的文本、图片、语音、视频，与人类交流并喂养信息给人类，这种前馈、反馈的"双向流"使得 AI 的进化速度远超人的进化。目前我们人的大脑、小脑等脑组织的存储与计算模型的层次结构比 GPT 复杂，人还有暂时的硬件效率优势。但脑科学、计算机等科学家、工程师以及 AI 本身也参与进来，AI 模型的改进越来越快，随着 3D、4D 等高维信息继续投喂给 AI，GPT 的未来某个版本全面超越单个人的大脑，通过接口互联起来的人的大脑集群只是时间问题。AI 将领先人类理解并改造 5 维、6 维……11 维的世界。

对人的前景也无需沮丧。人脑硬件的升级迭代速度也在提升，基因工程、脑机接口会更多地被运用，人机合体也将不可避免。越早越深地拥抱人机融合与共生的人类将越早越大地受益。

信息是宇宙的脉动，智慧是信息的价值结构体，犹如钻石是碳原子的高价值的结构体。目前有人的碳基智慧、AI 的硅基智慧，必然会有更多物质形态来承载智慧与信息。

"智慧"是信息化的存在，与"工质"无关。如果神存在，神也是信息化存在，与谁信无关，神是"智慧"的一个别称。

## （三十三）陈定媛　光和界科技创始人

我认为，AIGC 是人类的知识储蓄罐。

人类们将过去积攒的认知存入其中，个体有需要就随时去调用他们。

而储蓄罐作为人类的共同财产，每个人的贡献度会因为投入的多寡不同，时间顺序不同，内容质量不同而有所不同。为了让人们有动力持续为共同的储蓄罐做出贡献，AIGC 生态急需一套合理的激励机制。

在 AIGC 无孔不入的未来，我主要从整个创作者生态来进行思考这个问题。

1. 未来市场上绝大多内容产品，都将由 AI 参与。这意味着生产力的提升，同时也意味着 AIGC 让每个人都可以有所想，有所表达。

2. 创业者变多了，过去需要几十人几百人做的事情，现在一个人就可以完成。市场将涌现大量的独立动漫、独立游戏，超级 IP 会出现在独立创作者中。

3. 优质的创意内容成了新生态中的重要资产。少部分的人通过探索世界，用一种我们没有听过没有见过的方式去表达，这些创新的表达会渗透整个 AIGC 生态。

"AI 学习了原创者们的内容，生产出更好的内容，然后取代了他们。"

随着 AIGC 的普及，能简单地获取到 AI 模型训练所以需要的创作者创意数据，这些作品数量众多、来源各异、权属不同。市场需要对原创内容给予合理的价值评估，原创内容创作者也需要在 AIGC 生态链获得相应的利益回报。

我们希望确权可以成为创作者创作过程中的一个关键步骤。利用区块链技术的不可篡改性和可追溯性，让创作者的每一幅作品都有"出生证"，确保数字资产的版权不受侵犯。

在未来，通过数字身份的确认，数字货币的流通，数字资产将也成为我们生活中不可或缺的一部分，所有的交易都能通过线上自动完成。而数字资产的扭转，则是通过智能合约实现创作者利益的自动分配。

AI 只是工具，人是有自己独特价值的，我们知道人没车子跑的快，但跑步运动员依然有价值，我们依然欣赏他，为人类突破极限自身极限而欢呼，这是人本身的灵魂价值。

（三十四）张欣颖　Lumos 创始人

很难说，AIGC 这个词究竟是因别处的失望目光聚合被不绝于耳的讨论所催熟，还是被一群技术极客执拗的野心所催产。但另一方面对于AIGC也很好说，技术专家在说、自媒体在说、甚至连家族微信群也在说……人人有言而发，高谈阔论。有人恐惧AI吞噬万物，有人狂热AI生成万物……

去年9月，红杉两位合伙人和GPT-3合作的文章《生成式AI，一个创造性的新世界》一举将AIGC推到了聚光灯下。但回头望，人工智能已经走过60年，从GPT-1到GPT-4也并非一日之热。只是热闹的世间万象，就如同不会有人永远18，但永远有人18。演播厅的大灯一亮，你方唱罢我登场。接过NFT、元宇宙、Web 3.0的大旗，生成式AI一路高歌猛进。

微软搜索引擎全面接入GPT，AI陪伴聊天软件用户数据一路飙升，生成式AI在搜索问答、闲聊、文本、图像生成都取得了不俗的成绩。大家乐此不疲地用AI绘图、AI生成营销文案、AI聊天作陪。也许应了那句话，人给不了你的，也许AI能给你。它囊括了随时，囊括了随地。

资本市场是敏锐的，VC们蜂拥而至AIGC，伴随着All in的口号，浑然不顾角落里的虚拟人、AR/VR刚刚洒落的一地鸡毛。世界是非二元对立的，新事物的成长是周期性的。以及最重要的，（也许）马克思曾说，新事物的出现是简陋的、不打眼的。

乔姆斯基批评GPT只是语言的剽窃者。目前就GPT的技术路线来看，喂养数据占领一切。很可惜，到目前为止，GPT不具备任何创造能力，它是一位拙略的、盲目的模仿者。总体来说，技术上还有很多迷雾等待勇敢的远征者一探究竟。

人类一生都在争取资源，人的痛苦来源于自我欲望的不限和资源的有限。上一代互联网创业者的命题是拼命优化人或者信息的方式，减少信息的耗损。而留给下一代的创业者的命题，留给每一位具体创业者的命题是我们仍在寻找答案的。但毫无疑问，在创业者、科研工作者们登高攀峰时，生成式 AI 是一根很好的拐杖！

我们被信息潮所淹没，伴随着狂喜，伴随着迷惘，伴随着未竟之事的沮丧，伴随的"95 后""00 后"的成长。我们所有人都见证着时代发展的滞缓。我们忘记了，欣欣向荣只是概率中的也许。我们刻意地树立起一个时代的节点，野心勃勃规划着未来的时候，我们也在接受着时代的注视的目光。

### （三十五）何云峰　浙江太分云董事长

随着 AIGC 技术的不断发展，AIGC 正在逐渐应用到健康医疗的医疗诊断、家庭健康和全科医生等领域，未来 AIGC 会成为医师和药师的高科技工具，为未来的健康保障和医疗服务提供了更为便捷和高效的解决方案。

在未来的医疗诊断领域中，基于 AIGC 技术的疾病分析和治疗方案选择系统将会日益普及。通过对大量的患者数据进行分析和学习，AIGC 可以帮助医生更快速地进行疾病诊断和治疗方案的选择，同时也能够降低误诊率，提高诊断准确度，大幅度的提高医生的水平，降低医生的进入门槛。

在家庭健康领域中，智能化的健康管理和监测系统将会成为主流。AIGC 可以通过大数据分析和深度学习的手段，对用户的健康数据进行分析和预测，同时也可以根据用户的健康报告提供相应的健康建议和治疗方案。

在全科医生领域中，AIGC 可以帮助医生提高工作效率和精度，未来会出现 AIGC 超级医生，辅助全科医生对外服务。通过自然语言处理和语音识别等技术，AIGC 超级医生可以帮助医生更加方便地进行医疗记录和信息查询，同时也能够为医生提供更为精准的诊疗建议和治疗方案。

AIGC 的发展将会使未来的健康保障和医疗服务更加智能化和高效化，部分解决医疗资源紧张的形势。虽然 AIGC 技术仍处于不断探索和学习的过程中，但其对医疗诊断、家庭健康和全科医生等领域的影响已经开始显现，为未来的健康保障和医疗服务带来了更多的可能性和机会。

### （三十六）陈坚　超次元创始人兼CEO

AIGC将对元宇宙产业方方面面产生深刻的，甚至颠覆性的影响。无论是提升数字人的智能化程度，还是快速低门槛产出更多的虚拟化内容，AIGC将助力元宇宙快速发展。甚至不夸张地说，只有AIGC的持续性技术突破，才有可能实现真正意义上的元宇宙。

### （三十七）祖厚超　青瞳视觉联合创始人

人工智能在未来的生活和生产中将发挥越来越重要的作用，它可以帮助我们更有效地处理信息和数据、优化决策、提高生产效率和创造新的商业机会。人工智能将深刻改变我们的生活和生产方式，创造更多的价值，提高效率和准确性。

### （三十八）石岚　上海咖菲信息科技有限公司创始人兼CEO

AIGC为我们带来了巨大的机遇，从提高生产力、优化流程到创新业务模式，AIGC助力企业去更好地适应客户需求，提高竞争力和盈利能力。例如，AIGC可应用于市场分析和预测，通过AI对各类大数据的拟合，更好地了解市场趋势和客户需求。AIGC所带来的快速模块化制作风格，将为电子商务和营销人员大幅提高生产效率和质量。已经有很多品牌企业通过AI创作大量快速生成符合需求的模特图及商品页。

当然，AIGC也带来了一些挑战。其中最大的挑战是如何正确筛选机器智能带给我们的所有成果。我们需要确保AIGC的生成内容都是符合道德和法律要求的，并且能够真正为人类社会带来价值。为此，我们需要投入更多的资源和精力来研究AIGC的潜力和应用范围，并需要加强与政府和监管机构的合作，制定有效的监管措施和法律法规，建立相关的行业标准和手册。

在当下，我们需要建立更加包容和开放的 AI 生态系统，真正发挥 AI 的潜力，为人类社会创造更多的价值。通过与学术界、社会组织和其他企业的合作，并以公开透明的方式来分享经验成果，我们能够促进 AIGC 的发展和应用。

总之，我们需要学会跟 AI 打交道，在我们的工作中培养 AIGC 能力。如果我们无法掌握 AIGC，就会被时代淘汰；相反，如果彻底了解这种能力，我们就能驾驭下一波的技术浪潮。

## （三十九）周琴芬　中兴通讯 XR 产品总经理

AIGC 是指利用人工智能技术来生成内容，AIGC 也被认为是继 UGC、PGC 之后的新型内容生产方式。2022 年是 AI 技术迅速商业化的一年，各种文本生成式工具不断涌现。面对大量涌现的 AIGC 内容制作工具，如何制作出吸引眼球的内容就是解决纷繁复杂的场景下的取胜之匙。当红顶流 ChatGPT-4 就是内容生成工具中的无冕之王。利用 ChatGPT-4 生成吸引眼球的内容，利用内容生成工具 Midjourney V5 或者 Stable Diffusion 等 AI 内容生成工具，以流水线的模式进行生产，这一模式将是未来几年 AI 生成产品的主要生产模式。

## （四十）涂浩瀚　环球数码首席战略官、台湾实践大学客座副教授

AIGC 的狂潮席卷而来，让人们充满惊叹的同时也瑟瑟发抖。因为 AIGC 带来的体验和价值远超过去的想象，让一些从来没有艺术天赋的人们拥有了无与伦比的创作能力，甚至能够直接取代部分艺术家的工作。AIGC 也提供了全新的视野和机遇，提高了我们的工作效率，帮助人们更

快捷高速地把握市场趋势，提供更准确的营销内容，绝对是可以推动人类发展进程的生产力工具。同时，AIGC 带来的挑战也不容小觑，尤其对创意人员的挑战更大。目前已有企业通过使用 AIGC 来提供策划内容和部分工作，从而降低了雇佣员工的成本。也许我们要问，有了 AIGC，艺术家还能存在多久？并且预想未来不会使用 AIGC 的人，将会被淘汰。

## （四十一）秦林　南京炫佳网络科技有限公司创始人兼 CEO

随着人工智能的快速迭代更新，AIGC 的内容创作模式对原有的 PGC、UGC 产生了巨大的冲击，这将会使得大量的中低端创作者被机器取代。

对于企业来说，抓住 AIGC 生产技术平台带来的机遇，能够为企业节省大量的成本，能够让企业更专注于业务本身，更快实现盈利。

对于创作者来说，工作对于技能的要求越来越高。虽然短期内来看，AI 更多是基于现有数据进行算法推演，还达不到顶尖创作者的创作水平，但随着数据库的不断扩大，AI 的创作水平将越来越高，更低的成本、更快的速度，会让创作者的工作举步维艰。

虽然 AIGC 的快速发展会让工作岗位变得更加稀缺，但是 AI 始终是工具，而不是人，它需要通过人来输入指令才能进行工作，那么对于指令的方向、生成结果的判别、内容的再加工，都是需要有主观意识的人去完成的。基于此，未来机械性工作的岗位会越来越少，但是对于能够高效熟练使用 AIGC 的人才需求会大大增加。

AIGC 的产业形成和发展，对于各个行业的工作模式都是极大的冲击。与数字化转型类似，企业家们应该尽早使用人工智能赋能自己的各个业务，才能在下一个时代不被 AI 所取代。

同时，对于 AI 带来的各类社会问题，如版权保护、社会伦理问题等，作为企业家，我们也应该坚持以人为本，肩负起自身的责任，更加合理安全地使用人工智能，更好地支持AIGC产业领域健康可持续发展。

未来，工作将成为稀缺品。创意和创造在未来将显得尤为重要。

## （四十二）张雨豪　北京奥丁信息科技有限责任公司副总裁

AIGC带来机遇的观点和思考：AIGC对于推动数字经济高质量发展，提高生产力和激发创新活力具有重要意义。其首要表现就是效率的大幅提升，同时，基于效率的提升，也会带来成本的显著降低。

从古至今，每一次技术的重大发展和突破都会带来一系列生活方式的变革。但是归根到底，技术的发展就是让人能够更有高效（更有尊严）地劳动，从这一点上来看，AIGC更像是一件"趁手"的劳动工具。它会带来一系列的改变，我们要做的不是过分担忧它会更加智能，反而我们要做的是要更加熟练地掌握这件"劳动工具"。

未来，随着人工智能和数字经济的进一步发展，AIGC技术将会更广泛地应用到各行各业当中。对此，我们应当关注AIGC技术给整个行业带来的机遇和挑战，积极拥抱新技术、探索新模式、寻找新机遇。

## （四十三）尹逊钰　图腾视界元宇宙负责人

AIGC助力中国的数字生产力迎来巨变，这些集聪明（AIGC大模型）与美貌（数字分身）与一身的数字伙伴，将在更多与领域与我们共事，且永不知疲倦。2023年也将是数字人落地的真正元年，AIGC平台将会让数字人真正活起来，动起来！

## （四十四）熊韬　美踏控股副总裁

AIGC给人的感觉就如同第四次工业革命，在大幅提高相关领域工作效率、降低成本的同时，也让内容生产从依靠个人能力变为工具化使用，大大降低了行业门槛和壁垒，在想法与实现中架了一座桥梁。未来围绕 AIGC 的使用将诞生一大批新的工种及岗位，也会颠覆很多传统靠专业领域人力堆砌的行业，比如美术绘图、创意设计、文案撰写等，长远来说也会影响到未来我们教育模式和内容的变革，在这个时代变幻之际，能率先洞悉和拥抱 AIGC 的企业和个人都会享受到其爆发成长带来的红利！

## （四十五）段志云　比邻星球创始人

AIGC 带来机遇的观点和思考：基础的文字、图片、视频、编程等工作的效率会大大提升；搜索引擎的使用方式会彻底改变；对话式 UI 会逐渐取代按钮菜单式 UI；工具性应用会逐渐被 AI 接管，移动终端会更多地用来娱乐。

GPT 带来挑战的观点和思考：人类使用和生成信息的能力将迎来一次全面升级，所有的应用都有机会被重塑，也会出现全新的应用。短期内大家可能高估了创业的机会，低估了难度，长期则空间无限。通用型的信息处理和生产效率工具会被巨头快速抢占，出现新巨头的机会不大。更大的机会在于现在大众还看不到的细分领域。

虽然中国短期内无法快速追赶，但是方向一旦确立之后，未来的 3-5 年有可能缩小差距。和移动互联网时代一样，中国需要靠应用创新和生态创新后来居上，而不是大干快上都去做大模型。互联网巨头都会有各自的大模型，用来升级自己全产业生态。

除此之外，有能力构建大模型的企业少之又少，未来其他企业的核心竞争力在于领域的数据资产，和如何使用大模型解决领域的问题。

一切才刚开始。

## （四十六）潘攀　点真科技创始人兼 CEO

点真科技作为元宇宙企业，AIGC 的出现确实为元宇宙产业带来了许多机遇。以下是几个我认为值得思考的方面：

1. 提高效率：AIGC 可以用更快速、更便宜地方式生成内容，这意味着企业可以缩短生产周期并降低成本。此外，AIGC 还可以在不同语言和文化之间生成内容，从而为企业进入全球市场提供更大的支持。

2. 提升创造力：AIGC 可以为企业提供更多的创作灵感，可以通过不同的算法和数据分析技术生成各种形式的内容。例如，在虚拟现实应用中使用 AIGC，可以创建更加复杂的虚拟世界。

3. 个性化体验：通过使用 AIGC 生成的内容，企业可以为客户提供更加个性化的体验，因为每个客户都可以获得独特的内容，这有助于提高客户满意度和忠诚度。

4. 数据分析：AIGC 可以帮助企业收集和分析大量数据，以更好地了解客户需求和行为模式，并根据数据制定更有效的营销策略和业务决策。

然而，需要注意的是 AIGC 也存在一些挑战和风险，例如 AIGC 生成的内容可能缺乏人类情感和创造力，从而难以与人类产生深层次的联系。此外，由于 AIGC 受算法和数据输入的影响，存在着潜在的偏见和错误性。

因此，作为一家元宇宙企业，需要认真评估和管理 AIGC 的使用，确保其能够在不损害客户利益和企业形象的前提下带来最大化的价值。

## （四十七）王智武　元境科技创始人兼 CEO

AIGC 无疑是掀起了一轮产业革命。这一轮产业革命本质上是通过 AI 赋能技术而提高生产力，且具有非常广泛的应用场景。在元宇宙大环境下，除了以技术作为底座之外，最重要的是内容生产，AIGC 技术正好颠覆现有的内容生产模式。

ChatGPT 给我们带来了很多机遇，同时也带来了一些挑战，比如数据的私密性方向、语言的描述误导方向、数据信息的真实性方向等等，我们必须注意确保数据的私密性和完整性，谨防数据出现失真情况及误导用户等情况。

用 AIGC 的能力去创作，降低用户技术使用门槛，让用户可以在元宇宙世界里所想即所得。

## （四十八）孙博　海百川科技有限公司董事长

AIGC 带来机遇的观点和思考：很多业界大佬觉得 ChatGPT 的出现，就像当年的 iPhone 的出现，是一个划时代的革命性的事件。我们对未来看不清晰时，可以回看 iPhone 的出现，iPhone 是 3G 向 4G 时代转换的时候出现的，带来了触屏的彩色大屏幕、相机和高性能处理器，一下子把互联网变成了移动互联网。移动互联网是一片蓝海，诞生了很多新的 App，甚至出现了新的巨头抖音。AIGC 肯定也是这样一个时代，对大家来讲，拥有着无数的机会。

AIGC 带来挑战的观点和思考：AIGC 带来的挑战即是 AIGC 带来的机会，你可以这样想一想，AIGC 无论是文字对答、图片生成、视频剪辑、甚至 AI 科学，都远超于人类，即使此时此刻，某些方面还没有超过人类，我觉得未来也一定会超过。

这就像几百年前，大家还在骑马的时候，突然出现了汽车。对于那些骑马越好的人，他过去的积累反而是最大的包袱，所有跟骑马有关的职业都失业了。汽车的出现，会带来很多司机、维修师、制造师，甚至交通警察等等，新的职业。自驾行变得流行，还可以带动旅游、餐饮和酒店。于是 AIGC 肯定也是会消灭很多原有的产业，塑造很多新的产业，这些产业会如何出现或成为什么样，甚至可能 AI 也无法回答。但是我们相信人类世界定会更加光明。

AIGC 的能力会受算力的影响，AI 的能力越来越发达的时候，对算力的需求越越来越大。所以国内，我们应该全力去推进算力芯片。很多人认为，我们应该把 AIGC 上升到两弹一星的高度。

谢谢主编给我这次机会，来发表我自己的观点，我很担心下一次就是 AIGC 来替我发表观点，而不是我了。那样的话，人类的存在还有意义吗？我们应该怎么做？这是一个值得思考的事情。

## （四十九）王钧　视觉中国副总裁

AIGC 对影像版权行业反思与讨论：

1. 法律层面：（1）侵犯人格权的风险。在 AI 数据爬取和培训中可能涉及的人格权主要包括肖像权、隐私权和个人信息权等。（2）侵犯商业权的风险。商业秘密可能会被意外泄露主要方式之一是通过所谓的"模型反演攻击"。同时，在学习过程中，AI 必须参考大量的资源而不是单个作者的资源。（3）国家治理层面。在 AIGC 加持下，全球化使得数据安全成为国家安全层面重大战略考量因素，数据源不再仅限于个人隐私，已经被列入国际间竞争核心资源。

2. 伦理道德层面：使用数据挖掘或爬取技术面临着更大的伦理和法律风险，因为它不能保证数据主体的知情权和授权范围。AIGC 的超级内容生产能力将会进一步加剧当前互联网的信息过载和虚假新闻现象。在 AIGC 的可解释性以及透明度在隐语义模型广泛应用场景下演变成关键挑战时，算法偏见将会变成更为突出的问题。由此产生自由表达与内容监管、共识伦理与独特禁忌、通用模型与定制模型、无监督训练与反馈微调之间的策略权衡形成了从技术引发到意识形态冲突再反向约束的回环。聚焦到传播学领域，其本质在于是否定位 AI 为独立传播主体的问题。

3. 商业模式层面：AIGC 首先会冲击创意产业的就业市场，趋势一是大量的中低端内容创作者将失去原有工作，被迫转向其他职位，但是头部创作者将继续使用独特的风格成为各大模型或服务公司所追寻的训练数据提供者；趋势二是新的工作岗位的产生，当前提示词工程师已经成为新岗位的代表，其"咒语"能够成为 AIGC 魔法的核心部分；趋势三在于复合型人才的需求增长，具备视觉美学素养的代码书写者不能被简单视为程序员或者设计师，交叉领域的技能成为未来职场的基本要求。

## （五十）张力　境腾科技 CEO

随着 OpenAI 尤其是 ChatGPT 的兴起，很多客户和合作伙伴询问我们 XR 如何与 ChatGPT 结合。境腾科技其实很早就开始关注 XR+AI 的解决方案，从去年也开始推出 XR+ 类 ChatGPT 的行业解决方案，并且不断在拓展新的场景可能性。在众多应用场景中，我们总结出一个"双脑协同"的概念。对于人这一个体来讲，五官负责信息的收集，而大脑负责处理并给予反馈。XR 设备也像五官一样采集信息，收集汇总给到 AI 人工智能，比如 ChatGPT 这样的数智大脑。当我们将一个 XR 设备戴上头部时，物理上五官和 XR 设备这两个信息收集的"传感通道"产生了重合，这样的的衔接仿佛也打通了两个大脑的联通。

人类大脑和数智大脑协同为人服务，又称为"Co-Brain"，双脑协同。人类和人工智能共同合作，使用数字技术设计、构建、运营和优化物理系统，提升见解，帮助做出更明智的决策。

## （五十一）陈星　新浪 VR 总经理

AIGC 为市场提供了更有效率的工具和方法论，包括人工智能应用、产业集群和人才培育等，市场已有的互联网生态都有重制的可能性，我们能够抓住人工智能的机遇，推动行业的创新和发展。

### （五十二）王东　元境宇宙创始人、中国民协元宇宙工委常务副会长

ChatGPT 的出现，无疑是人类最重大的历史事件。在可以预见的未来，基于人类已有的知识内容的整理和创作的工作都将让位于 AIGC，从生成文本、图片、视频、代码，甚至到全息交互内容，人类只要负责想象，并精准的提出需求，AIGC 都将帮你实现。另一方面，在人类的脑力被解放的同时，人类对内容创作的主导权也将逐渐让渡给 AI，这可能会让人类遭遇到极大的挑战，人类的文明传承将交由非人类的 AI 完成，在相当长的时间内，人类会持续思考并讨论这样的问题，如：AIGC 究竟是对人类群体意识内容的集成创作，还是 AI 产生了自己新的意识？AI 最终与人类的关系是作为人类的数字工具，还是代替人类成为生命的高级形态？这些问题短期很难有解，但我个人认为，AIGC 是源于人类的共识，如果是人类普世的价值观作为共识的底座，那么 AIGC 就可能通过输出高能量的内容，带领人类走向生命的觉醒和扬升，推动世界变得更美好。

### （五十三）张锋　中关村软件园投资部总经理

2022 年被称为 AIGC 元年，AIGC 最基本的能力是可生成包括文本、图像、视频、代码、3D 内容或者几种媒介类型转换组合形成的"多模态内容"。生成算法、预训练模型、多模态等 AI 技术累积融合，及深度模型方面的技术创新，共同催生了 AIGC 的大爆发。目前 AIGC 正在从降本增效（以生成金融/体育新闻为代表）向创造额外价值（以提供绘画创作素材为代表）转移，为各行各业创造出新的商业模式，提供价值增长新动能，已有的落地场景包括 AI 绘画、AI 建模、聊天机器人 ChatGPT 等。预计 2025

年国内相关市场应用规模有望超过 2000 亿元，AIGC 逐步成为 Web 3.0 时代的生产力工具。

AIGC 爆发的核心三要素是数据、算法、算力，数据是新兴生产要素，数据是产业发展的基础，算力是产业基础设施。AIGC 的技术壁垒主要体现在算法上。随着龙头企业竞相研发创新算法和优化现有技术，以及模型迭代下对数据、算力的需求高速膨胀，AIGC 行业技术壁垒将不断提高。中国 AIGC 企业商业化模式暂未明朗，如何适应国内客户方的数字化程度及加深对行业的了解程度，将是中国 AIGC 企业的重要挑战。

## （五十四）黄剑炜　气味王国创始人

AIGC 的信息效率提升必然导致人类进入新的阶段。

1. 信息的定义。

信息的标准定义就是一个不确定性的消除。可以把不确定性消除的效率看作整个地球甚至宇宙进化的方向。

2. 信息效率的进化不考虑你是什么种类。

植物、动物、人类都在做信息传承和加速效率的工作，主导地位一直都是由效率更高一方掌握。当 AI 能够推导出数学公式甚至公理的时候，拐点就来临了。

3. 关闭 AI 的数据投喂并不能拖延其自身进化。

昨天晚上的新闻是以马斯克在内的 1 000 人签署公开信呼吁暂停更强大的 AI 训练，这并不能拖延 AI 的自我进化。

我们知道在道家里有"闭关"这种修炼方法，可以看作闭关的时候把外界信息隔绝了，可是往往闭关之后的人会获得再一次的提升，简单理解就是一个人的个体系统内信息储备已经到达一定量后是可以通过自身的归纳总结甚至"开悟"获得更高层级的认知，冥想在很多时候也有同样的作用，今天的 AI 系统内已经有足够的信息供 AI 自己归纳总结，找到更高级的算法，甚至是"自觉，开悟"。

4. 人类和动物类植物类一样会依然存在，只是处于非主导地位。

我们并不需要担心人类会被完全淘汰，可以预见的是人类将在很长一段时间内与 AI 合作一同提高信息效率，最坏的结果也会类似今天地球上仍然存在的不同物种，"植物也许是动物解锁更高效信息能力的一小段引导程序"，时至今日任然具有丰富的意义，不可或缺。

5. 高度的信息化是对抗熵增的唯一手段。

熵增的对立面就是负熵，不确定性的增加和不确定性的消除本来就是相互依存的，更高效的信息化能力有机会让"最终走向寂灭的宇宙"改变命运，达到平衡。

## （五十五）李志远　北京虚视界科技创始人

智能文明时代飞速狂飙而来，新的时代必然召唤新的生产力，AIGC 应运而生……作为国内第一批做虚拟人的公司最值得期待的莫非 NLP 的突破，一旦 NLP 突破，人类就可能到更高级的数据场景，训练出更高级的 AI。

AIGC 在一些应用场景里生成多模态或者跨模态的数据，迭代形成更高阶的智能，渗透到垂直细分领域里，能力再次得到提升。比如在虚拟人方向智能客服方面的工作，AIGC 会收集更多的反馈数据。再通过视频会议、摄像头等采集终端，进一步把过程中的其他数据，比如声音、表情、肢体语言、唇形交互、骨骼融合等微表情都变成综合态数据，再去喂给 AI，这就形成了一个正向循环。这在很多行业已经有了开始的可能性。这也解释了为什么现阶段 AIGC 值得格外关注，因为它仍有高阶迭代的必然性。

AIGC 真正意义上加速了元宇宙的进程，让我们在虚拟世界期待更多的可能性，创造更多的美好，服务给每一个需要的自然人。

## （五十六）张贝龙　红洞 CEO

在 AIGC 发展过程中，我最关注的是有关于创作者经济叙事的演变。毫无疑问，AIGC 为创作者提供了一种全新的生产工具，帮助创作者高效地完成创作，引爆了生产力，这正如本书的副标题所述一样，AIGC 的发展正在促成一场超越工业革命的生产力革命，而在创作者经济叙事中区块链技术所代表的 Web 3.0 生态将会从另一个维度起到催化剂作用。我相信在不久的将来，AI 带来的生产力爆炸将会与区块链带来的生产关系变革一同改变我们的世界。

## （五十七）郭松杰　北京容积视觉科技 CEO

在马车时代的终结，马夫这个职业虽然基本消失了，但催生出汽车司机这个新职业，AIGC 时代的到来，将是场不可逆转的革命。不必悲观和惊慌，我们需要做的就是敞开怀抱积极地迎接他的到来，只不过是需要我们要用新的 AI 的思考逻辑来重新审视这个世界。掌握它的特性，理解它的边界，新的驾驭 AIGC 的技能行业也将诞生。就像把手中的缰绳换成方向盘一样，新工具的产生会创造更大的消费市场，商业的本质其实没有变化。它将会融入我们生活的方方面面，每个时代都有每个时代的特征，AIGC 除了在文字，语料，编程，图像领域的应用，我更期待它在元宇宙全息视觉化中带来的视觉盛宴，因为人类从外界获得的信息约 90% 都来自视觉。AIGC 在创造大量有价值的全息视觉内容方向将是非常高效的工具，也是元宇宙入万家的加速器。

# 附录二

# 投资人名家 AIGC 洞见集锦

（一）颜艳春　盛景嘉成基金合伙人、山丘联康创始人兼董事长、《产业互联网时代》《第三次零售革命》作者

ChatGPT 的发明将开启人类的智业文明时代，这是开天辟地之作，它将带来人类的第三次解放。

GPT-4 和插件堪称 AI 时代的 iOS 2008 和 App Store。这不仅是英伟达 CEO 黄仁勋先生说的 AI 的 iPhone 时刻，更是不亚于铁器和蒸汽机的发明，将会成为驱动全人类的新力量。

公元 2500 年前，铁器铁制工具的出现帮我们开始大规模种植粮食，这是人类的第一次解放，人类不再依赖于大自然的施舍，农业文明诞生了。

18 世纪，蒸汽机的发明开创了浩浩荡荡的工业文明，这是人类的第二次解放，90% 的农民从脸朝黄土背朝天的土地上解放出来，转移到工业流水线，人均 GDP 创造提升 10 倍。

下一个 100 年，也许 66% 的工人和白领人类将从工业流水线和办公室走出来，这是人类的第三次解放。大部分人类只需要工作 1-3 天，成为智工大军的一员，加入 AIGC 生成式 AI 的大军，从事 GPT、数字人、机器人的数据标注、prompt 提示词工程、AI 高级训练、知识燃料和想象力的

提供者。每个人将在 AIGC 的流水线上重新找到自己的工作或生命的意义。

Adobe 萤火虫 Firefly 和微软 365 Copilot 副驾驶都加入了 GPT，各种应用公司潮水般涌入后，将迎来恢弘壮阔的 xxxGPT 时代。每个人、每个公司，都可以基于 Transformer 的模型，安排私有化预训练，预测输出下一个令牌，建立起自己独特的、私有化数据集、知识库甚至 MaaS 中台能力，覆盖人类未来所有的生活场景和生产场景。创业公司可以进行私有化部署和提供 reurring 可重复的订阅经济服务，服务功能之丰富将令人叹为观止。最经典的订阅服务可能就是 HaaS 数字人即服务或 RaaS 机器人即服务，更大地满足马斯洛精神家园的高级需求，从物质世界的有限供给变成精神世界的无限供给。

那些提前重装 AI 的人类将获得更大的自由和财富，其余的将得享其成，幸福地沐浴在智业文明的光辉中。每个人不仅将拥有一个专业、浪漫和贴心的 AI 助理或 AI 管家，而且可以创造并拥有 10 个、100 个甚至 10 万个、100 万个无碳基、无硅基生命的数字人化身或拥有硅基生命的机器人化身，它们代表我们在消费元宇宙或工业元宇宙里面工作。每个人创造的人均 GDP 也将增加 10 倍、100 倍甚至 1 万倍。

专家 PGC、用户 UGC 和 AIGC 等三大训练飞轮，可能在新摩尔定律的新周期内，形成指数级、魔鬼般的飞轮效应，加速消费元宇宙和工业元宇宙的发展，未来 100 年人类创造的新 GDP 的总和可能超过过去人类 1 万年的总和。

AI 的进化速度已经快到从每年到每秒，GPT-5 也即将完成，据说已经能够实时读取全人类的知识。我们预测 ChatGPT 三年内的用户数可能超过 10 亿人，10 亿人每天早上哪怕提出一个问题，完成一次对话，ChatGPT 人工智能的智力就总有一天将超过每一个人类个体的智力甚至大部分人类的智力综合。但我坚定地相信：人类的想象力将是我们最后的堡垒。

从农业文明、工业文明到智业文明,这是人类文明划时代的新里程碑。

### (二)王晟 英诺投资合伙人

我们把对人类最重要的技术创新称为通用目的技术(GPTs–General Purpose Technologies),人类历史上总共出现了 20 多种通用目的技术,比如:蒸汽机、电力、集成电路、信息技术等。这些通用目的技术实现了巨大技术跃迁,重构了各个产业,使人类的经济发展产生了非线性的高速增长。

今天我相信大模型和生成式 AI 已经形成了初步的通用人工智能,而 AGI 必然是新时代的通用目的技术,带来科学技术的范式革命,并深刻地影响我们的生活。

在享受 AI 带给我们的生产力和便利性的同时,我们更需要思考和探索 AI 与人的关系,最终 AI 是我们的奴隶、工具、伙伴还是主人?

这是人类第一次能以造物主的角度去思考这个世界的未来。

### (三)展钰堡 国信中数投资 CEO

作为一名人工智能领域的从业者,我对 AIGC 技术的发展充满信心。AIGC 的出现为我们带来了无限机遇,它不仅可以用于医疗、金融、能源等传统行业的升级,更可以为新兴产业注入新的活力。

然而,AIGC 技术的快速发展也带来了巨大的挑战。其中最主要的挑战是数据安全和隐私保护问题。在应用 AIGC 技术的过程中,我们必须充分考虑如何保护用户的数据隐私,防止数据泄露和滥用。此外,AIGC 技术的普及和推广还需要投入大量的资金和人力,我们需要共同努力,克服这些困难,实现 AIGC 技术的良性发展。

在我看来,AIGC 技术不仅是一种新的技术,更是一种新的思维方式和理念。它可以帮助我们更好地理解和认识人类生命和自然规律，推动人类社会的进步和发展。我们需要更多的人关注和参与到 AIGC 技术的研究和应用中来，共同创造更美好的未来。

最后，我想提炼一句关于 AIGC 的金句："AIGC 技术的发展将改变人类社会的面貌，让我们共同迎接这个充满机遇和挑战的未来。"

### （四）吴家富　沐盟投资集团董事长

我们正在第二轮增资一个颠覆性的 AR 硬件项目，AR 眼镜 +ChatGPT 是一个非常好的智能组合，黄奇帆先生预测数字秘书是万亿美元级别的市场。互联网大规模应用以来，人类社会已进入了信息时代，而以 GPT 为标志，人类社会将进入一个高度智能的数字时代。

工业革命让人类从体力劳动中解放出来，而数字革命让人类从脑力劳动中解放出来。如果人类失去了劳动，存在的意义是什么呢？人类会进入灵性时代么？算法"黑盒"解放了我们，生活"盲盒"给我们带来的是明天还是意外？

我不确定机器是否会进一步产生意识，但我相信人类的灵性将进一步觉醒。

### （五）王剑飞　北航投资总经理

AIGC 将成为未来的数字基础设施，其最大想象空间，在于未来 AIGC 接入各行业的具体业务场景之中，其最大的投资和创业机会也在应用层，如同蒸汽机出现后被应用到各个行业，催生了工业革命。

AIGC 也会永久性的改变人类的生活，每一种跨时代技术的出现，在当时的时间节点，都会让人们或兴奋或恐惧，但是从整个人类社会的演化来看，都是一种必然。技术无所谓好坏，我们只有坦然接受它，坦然接受人工智能深度融入人类社会的发展。未来已来。

在当下中国所处的科创时代,会有更多的青年科学家成长为科学企业家,创业门槛将会越来越高,AIGC并不会降低创业门槛,相反会扩大科学企业家的竞争优势。我相信,科学企业家群体同样是最善于使用新时代AI工具为自己的科技项目赋能的群体。

对于科创时代的未来,我充满期待!

### (六)桂曙光　腾飞资本合伙人

最近一年,创投圈最火最热的主题非AIGC莫属,而引爆点就是以ChatGPT为引子的GPT系列。无论是产业界还是学术界,仍然有很多在质疑GPT技术的可靠性、风险性,以及担忧对人类工作的取代性。也有很多人拿GPT产生的不佳结果逗闷子,还有少数创业团队和企业在资本的支持下,加大在AIGC方面的投资、研发和追赶。

AIGC是一款高效的工具,这种工具对两种人最有帮助。一方面,它让那些在相关领域没有经验的人,能够用这款工具生成一些有一定水准的内容,比如文案、设计、视频等;另一方面,它能够让很多领域真正专业的人士如虎添翼。

我参与投资的一家元宇宙内容开发的创业公司,就已经用GPT-4+Stable Diffusion(SD)进行高效的开发工作了,不仅速度快,而且效果远超预期。他通过GPT-4设计需求生成为关键词参数(关键词),然后将参数输入SD模型,直接生成设计效果图,从GPT-4收到指令到最终形成客户满意的结果,不到30分钟。而这项工作,以前可能需要30个小时。

我认为,AIGC是一种技术和应用,它的出现不是取代人,而是升级人,本质上跟人类发展史上的任何其他工具一样。

## （七）钱雨　清研载物人工智能产业基金主管合伙人

目前以 ChatGPT 为代表的大模型所支撑的 AIGC，看起来像是拥有智能，但是其实 AI 并不真正理解这个世界，它还是运用统计学。通过大量的数据训练来掌握样本规律，并且借助了海量数据和强大算力优势，把这个能力被推到了一个新的高峰。

表面看起来，AIGC 形成了具有逻辑思维能力的假象，实际上它只是在计算你的意图，寻找一个最符合你提问的答案，自动回答你的问题。

即使这样的"伪"智能也可以替代低端的重复劳动，在无代码编程、内容（新闻、小说等）生成、对话类搜索引擎、智能客服、机器翻译、芯片设计等领域带来大量的未来产业机会。

## （八）廖文剑　蓝源资本主席、香港家族办公室协会创始会长

AIGC 是新一轮生产力革命的起点，必将催生一批万亿级数字产业巨头。

1. AIGC 赛道引领产业链转型升级，面临着巨大的发展机遇。

AIGC 创造了一大批优秀的高成长型公司，打开了一个创造性的新世界，颠覆了人们对 AI 生成文字、图片、视频等技术的传统认知，将深度影响人民生活的方方面面。AIGC 各类应用也将在未来的 3—5 年内大量落地，互联网通过其生成的文字、图像、视频等将会迅速占领市场，形成完整的产业链。

中国的 AIGC 和美国硅谷的 AIGC 是不一样的生态系统，中国具有完整的 AIGC 产业链的国家，完全可以开辟像美国硅谷一样的 AIGC 新赛道，创造新技术、新产业、新模式、新业态、新资本。

在 AIGC 模型开发赛道中，中国的清华大学、百度、阿里巴巴、华为等机构都已经开发出了相对成熟的 AI 模型，形成了中国特色的 AIGC 产

业链体系和产品。

中国的 AIGC 产业还是一片蓝海，相信在不久的将来，中国的 AIGC 将会迎来新生活、新经济的革命。

2. AIGC 在中国的发展面临的挑战。

一是中国的底层技术比美国落后 2—3 年，特别是预测型和深层次的 AI 技术都与美国有一定的差距。

二是中国的 AIGC 与美国在体量上也有较大差距。中国的 AIGC 在研发投入上比重不足，基于金融资本顶层设计的商业模式、运营模式、盈利模式以及高端创新团队等要素还不够完善，与之相关的产业大数据还存在着断链、缺链的现象。

三是中国需要大力发展 AIGC 的底层技术，形成与中国应用场景相适应的 AIGC 方案，构筑中国 AIGC 产业模型和基础设施。

四是新崛起的中国 AIGC 产业，需要有新的政策和法律法规加以配套。

AIGC 是新一轮生产力革命的起点，必将催生一批万亿级数字经济产业巨头。

## （九）周飞　中富资本董事长

人类作为万物之灵，思想和情感的能力是它的特权。如今，AIGC 试图要分享人类思想的特权，以它特有的方式产生内容，让世界更丰富和精彩。

它会抢走很多人的工作吗？多虑了！工作的目的是创造财富，既然 AIGC 也能创造财富，我们为何不坐享其成？

它会愈加聪明而统治人类吗？有可能！想想宇宙如此浩瀚而有序的运行，背后是否有神秘的 AI 在管理？人再伟大，在宇宙中也就是一瞬间、一粒尘埃。

人类的历史是自我进化的历史。人类与 AI 的结合，也许是人类一次最伟大的进化。从此，人类不再孤独，与宇宙天荒地老。

## （十）梁鉴　水杉投资 CEO

AIGC 作为内容生成工具，应能免费或以可接受的价格被更多用户使用，使人类能平等获取知识。AIGC 应避免成为加剧贫富差距的助推器。

AIGC 的内容应接受监督和监管，避免人工智能技术被滥用。针对利用 AIGC 发布虚假、造谣、混淆视听的内容和行为，政府应出台严格的管制措施。

AIGC 的内容应可追踪、可溯源，以保护原创者的权益不受侵害。AIGC 能帮助用户快速实现其构思和构想，该构思和构想的原创性理应得到有效保护，以激发更多用户的原创动力和热情。

## （十一）李万寿　协同资本董事长

AIGC 的人工智能在极大地加速智能生成、合成、集成的同时，也会快速替代人类的一部分工作，人类既有的职业许多将快速消失，而人类未雨绸缪，不断创新创造，才能保持生存能力。人类在平行宇宙里或虚拟世界所形成的生产关系与生产力，会逐步超越国别，甚至会逐步超越人类共同体，人类的管理面临着新的挑战。在元宇宙飘游的数据包，既有人的数字资产，也记载了人类的虚拟生活和生命思考，尤其是有朝一日脑机结合所形成的数据流，这些数据流不会随着肉体消失而消散，如何对待这些数字遗产，这也是 AIGC 对人类带来的挑战。

如果人类终会从一元宇宙，走向平行宇宙，甚至进入多重宇宙，元宇宙便是人类新生活的开始。

## （十二）王孝华　优联资本创始人、前阿里巴巴副总裁

2023年ChatGPT-4引领的这轮AI革命，就如当初互联网的发明般令人震撼。世界进入强人工智能时代。中国也应该有自己的生成式AI工具，这将是一次划时代的竞争。这轮美国领跑，中国在跟跑，还有机会追赶。

过去10年，当中国的互联网企业大都关注电商、游戏、餐饮、团购、出行、打车应用……而AIGC的横空出世，给所有人敲响了警钟。未来AI不但会改变世界，甚至会创造一个超越人类认知的新世界。

## （十三）李继勇　中融国宏投资总经理

AIGC给协作模式带来巨大的机遇，规模化的智能人机交互将进入新时代。随着AIGC模型和技术的通用化、智能化、工业化、规模化的持续提升，将极大降低各类数据和内容生产的门槛和成本，带来显著的正反馈，创新发展模式引发的成本和效率优势将改变原有生态，新的生态链将会形成。

同时，真正的自我意识和创意构思来源于人类，因为端到端的、替代人的AIGC无法解决端到端内容质量的固有技术问题，因此，我们应把AIGC视为丰富创作者创新、创意的一种智能化的科技工具，让创意者围绕创意思想回归内容创作的本质。

## （十四）李世华　中璟资本管理合伙人

曾几何时，当蒸汽机和纺织机出现时，民众视为其洪水猛兽，夸张地认为机器会吃人。当今AIGC及ChatGPT出现后，坊间的争论和观点层出不穷，场景与过往何曾相似。

任何新事物的出现都会经历对未知的恐惧、彷徨、质疑、接受、互动

的过程，正如《理性乐观派》所述，"过去几万年，依靠物质和思想的交流，世界越变越好。"所以无论是硅基生命还是碳基生命，都是自然界的一部分，和谐共生才是美好，勇敢的做一个理性的乐观派吧！

也许最终还是回归到一个重要的问题——为什么"我"要存在？为了学习还是为了创造……

### （十五）樊晓娟　中伦律师事务所合伙人

以 ChatGPT 为代表的 AIGC 风潮席卷全球，为人类开启创造价值、表达价值和传播价值的全新渠道。AIGC 正在提高生产力的同时，无疑也在改变传统生产方式和商业模式。

迅速迭代的 AIGG 在造福人类的同时，也隐含了法律和伦理的风险。如果放任 AIGC 野蛮生长，从数据安全、个人隐私、知识产权，到价值观导向，甚至个人人身安全乃至国家安全，都可能在 AIGC 所产生的蝴蝶效应之辐射范围内。因此，AIGC 的每一个参与者，都应当在法律合规的范围内开发、运营和使用 AIGC。

### （十六）花茂来　上海朴拓基金投资人

AIGC 带来效率的巨大提升，比如绘画、写作、编程等相关创作，还能提供工具化的辅助，知识图谱检索与专业归纳等作用。类似 RPA 形成流程化的各项统计数据，减少了工作强度，让人类更多精力用在更有价值的地方。

AIGC 也会改变我们的学习方式，未来那些具象的琐碎的片面化的知识点都可以借助于其去完成。我们更多需要的是技能应用的学习和创造性能力培养。

AIGC 带来的挑战也不能被低估，比如：1. 侵权问题，AIGC 本身再创造的知识产权认定问题；2. 可替代的工作岗位的流失，加剧从业人员的焦虑感和对应社会问题；3. 假新闻、替代写作，以及换脸、模仿语音或者视频电话的诈骗等负面影响，如何权责界定。

随着 ChatGPT 带来的资本和参与各方热捧，技术迭代效率会加快，会提升各项应用包括机器人设备的语义交互等智能化水平。

人工智能的大数据处理能力、快速学习力和知识的广深度在不少方面超过人类。如果被不当应用，甚至对人类有威胁的领域的破坏性应用风险会加大。全球政府、专家、法律人士、教育界等需要未雨绸缪，为正向的和可能的负面危害划定好管控边界，同时对技术的高速发展保持敬畏。

AIGC 让人工智能应用插上一对腾飞的翅膀，进入全新时代！

## （十七）彭和平　龙吟工程技术顾问、先驱资本董事长

元宇宙是由 NFT 和数字货币 Token 组成的数字经济生态系统。从逻辑上讲，从技术底层的账户革命，到去中心化公链的经济模型，再到创造内容的 AIGC，这是一整套由技术、机制、经济、社会组成的数字网络系统。

从工业文明的生产大爆炸，到信息文明的交易大爆炸，元宇宙的基本单位，去中心化账户短期会在电子商务中大放异彩，长期会在数据财富新共识中成为最基本的法律载体成为独立于自然人的另一类客观存在，成为数字经济生态系统中亮丽的风景线！Web 3.0 数字网络将催生下一代科学发展范式的转变，将极大地解放生产力的发展。

AIGC + Web 3.0 是真正的科学发展范式的改变，是元宇宙这个新生事物的基因双螺旋：人工智能驱动万物，区块链驱动人性。而 AIGC 尤其是 ChatGPT 多模态模型的诞生，让我们进入一个新的时代——智能时代！

# 附录三

# 专家学者 AIGC 洞见集锦

（一）喻国明　教育部长江学者、北京师范大学新闻传播学院教授

基于浏览器的网站突破了传播局限于某一个专业范畴的霸权，令更多的社会精英分享了传播的权力；基于社交平台和短视频技术的普及突破了话语表达的精英霸权，极大降低了内容生产和社会表达的门槛；而ChatGPT则突破了资源使用与整合上的能力局限，使每个人至少在理论上可以以一种社会平均线之上的语义表达及资源动员能力进行社会性的内容生产和传播对话。

以ChatGPT为代表的新一代智能互联技术令普罗大众能够跨越"能力沟"的障碍，有效地按照自己的意愿、想法来激活和调动海量的外部资源，形成强大、丰富的社会表达和价值创造能力——这是又一次社会在数字化、智能化加持下的重大启蒙（社会活力的重启）。

（二）彭爱华　微软全球最有价值专家、腾讯云最具价值专家、华为云开发者领航人获得者

以ChatGPT为代表的AIGC甫一出现，就赢得满堂彩。AIGC的出现，打通了元宇宙的任督二脉。

有人曾经将 ChatGPT 比作金刚经里的一切有为法，它通过极高的参数、极大的数据集浓缩了整个互联网的智慧。

有人高呼奇点来到了，甚至认为机器人将击败人类了！其实不用担心，人类的智慧在于因果律、更在于悟。而人工智能的所谓"智慧"则是基于相关性，这不是悟，而是在统计、概率学基础上的学而已。

## （三）曹三省　中国传媒大学信息科学与技术学部专职副学部长、互联网信息研究院副院长

2018 年底，深度媒体融合正处于全面推进的关键进程之中，新华社新媒体中心提出的"MGC（机器生产内容）"在虚拟主播、机器写稿、AI 视频剪辑等领域取得积极进展，是在今天备受关注的 AIGC 在国内的早期源头之一。彼时，以中国传媒大学相关师生团队为主的全域融媒创新团队提出了以人机智能和谐共生为基础的"AGC（全域内容生产）"理念，并进一步构建了 AGC 全域融媒支撑底座和技术中台框架，此后还形成了面向元宇宙融合创新和数字基础设施建设的"全域融媒港"及"有限元·全域智融核"等创新工作体系，为若干应用领域提供了全媒体及融合服务体系的技术顶层方案支撑。

时至今日，我们迎来了 AIGC 在大模型 NLP 与开放 AI 基础上的爆裂式发展和公众热议，人工智能以人类语言文字为基础的内容生产能力即将得以塑造和释放。而我们一直呼唤和探索的，则是人类自然智能与硅基人工智能之间的协调发展与和谐共生，这是以今天的 ChatGPT 为原点的、面向人类文明可持续变革的人机融合智能发展路径。路虽远，行则将至。今天的 AIGC，一层好阶梯，一重好风景，一段好路程。

### （四）金小刚　浙江大学教授、腾讯游戏智能图形创新技术联合实验室主任、浙江省虚拟现实产业联盟理事长

AIGC一定是人工智能发展中的一件大事。ChatGPT综合了全人类的知识并加以学习复用，改变了大众获取知识的途径，这将对很多行业带来新的挑战和机遇。如何设计大模型，让ChatGPT与时俱进地学习新知识？如何让ChatGPT更完美地贴合细分行业的需求？如何防止避免ChatGPT被人滥用？这是需要大家进一步探索和思考的问题。

### （五）臧志彭　中国文化产业协会文化元宇宙专委会常务副主任、华东政法大学特聘教授

ChatGPT的火爆，在于它与以往的人工智能有着极大不同。以往的AI模型是决策型的，可以根据已有数据进行决策与预测。2016年Alpha Go战胜世界围棋冠军李世石就是基于这种决策式AI模型。ChatGPT是生成式AI模型，最强大的一点就是能基于对原有内容和知识的学习，通过神经网络归纳、演绎，总结出规律，生成新的内容，这是与之前AI模型所根本不同的。AIGC强大的功能，让创意脑力劳动者们的工作正在变得岌岌可危。正是这一点，恰恰类似于人与动物的区别，人类长久以来的高于动物的优越感，正因这个新物种的闯入而受到威胁。

元宇宙的发展分为1.0、2.0、3.0三个阶段，或者说初级、中级、高级阶段。概括来说，1.0阶段是生产力变革阶段，2.0是生产关系变革阶段，3.0阶段是新的全球治理格局的重塑阶段，也将代表着元宇宙的真正成熟。元宇宙时代面临的是时间和空间双重碎片化基础上的巨量内容需求，这是靠人类手工无以满足的无限的内容需求。AIGC具有非常强大的内容创造能力，正好可以填补元宇宙的这种需求。这是一个生产力巨变的建设期，传

统上来讲，工业生产力，也包括大部分的文化产业生产力，其实主要依靠的是 B 端生产力，尤其是大企业生产力。而 AIGC 的到来，不仅仅提升的是 B 端的生产效率，其带来的根本性改变在于 C 端生产力的真正的全面的解放，这是元宇宙建构的未来基础。这一改变，首先体现在文化产业领域。也就是说，文化产业的内容生产，将从传统的 B 端为主，快速转变为"B 端 + C 端"的生产力大爆发。在物联网和 3D 打印时代到来后，工业生产力也将进入 C 端生产力的爆发期。就国家文化软实力建设而言，只有 C 端文化生产力的大爆发，才能支撑一个国家一个民族持久的文化繁荣昌盛。从这种意义上说，ChatGPT 和 AIGC 将真正推动元宇宙进入 1.0 时代，开启文化元宇宙的新纪元。

**（六）陈永东　上海戏剧学院创意学院教授、中国文化产业协会文化元宇宙专委会高级专家、上海市虚拟环境下的文艺创作重点实验室副主任**

对 AIGC，既要看到其给众多领域带来的挑战和破坏力，也要看到其给这些领域带来了新借鉴、新机遇与新活力。AIGC 既大范围替代了低水平的重复性劳动，也将解放从事这些工作的劳动者，让他们有机会从事更有创造力的工作。在艺术与设计领域，AIGC 既对艺术家的创作提出了巨大挑战，也为艺术家提供了丰富的可借鉴的创新方法、创作素材及作品参考。AIGC 不仅可以丰富人类的艺术宝库，产生人类从未创作过的新的艺术作品，甚至产生新的艺术风格与艺术流派，并帮助人类推进艺术的进步与创新。人工智能将与人类艺术家协同创作，艺术家们可以一种开放包容的心态观察、拥抱并利用 AIGC 工具，达到人机共创，人机共生，人机交相辉映。同时，在利用 AIGC 工具时，那些有较高美学、艺术与设计素养的艺术工作者可以比那些没有这些素养的人更容易生成高水平作品。

### (七)王兴军　清华大学深圳国际研究生院信息学部研究员、国家高层次人才、国务院特殊津贴专家

AIGC 作为人类新的创作工具，会改变很多行业的信息生产方式，也将创造许多新的业态。现阶段的 AIGC 技术本质上还是由人或自然产生的数据所驱动与整合的，还不具备自主分析与推理的能力，还不能取代人类高层次的内容创作和信息加工，还要解决准确性与创造性的矛盾、解决信息误导与茧房效应的矛盾、还面临遗传退化与信息爆炸的风险。AIGC 的发展除了依赖巨大的资金投入外，还有赖人工智能基础科学与技术的创新发展，有赖全社会特别是各行业专业人士的高度参与。对 AIGC 越来越大的训练投入一定会带来巨大的产出，也会引发商业、文化和政治、国家层面的激烈竞争，也面临脱离人类束缚和产生危害的风险。人类需要在意识形态、文化导向、法律与伦理、科学逻辑、道德规范、产权与隐私等更高层次的规则上对 AIGC 进行约束。

我们将在期待 AIGC 更大的突破与担心中迎接未来。

### (八)张小平　中国科技新闻学会元宇宙科技传播专业委员会秘书长

AIGC 是将最前沿的科技与最大众的应用完美结合的产物，这在现代社会发展的历史中绝无仅有。AI 驱动之下，在产业端"摩尔定律"已经失效，在个人成长领域，我认为"100 小时定律"将取代"10 000 小时定律"——如果你领先别人 100 小时用来学习并应用 AI 赋能，便极有可能占据职场成长和创业致胜的先机。

### (九)王兵　新媒股份副总裁、产业研究院院长

1994 年互联网的出现标志着人类社会发展进入了信息化文明的新形

态，随着 2014 年 GAN 模型的提出，全球信息化发展到了智能化的阶段。近几年算力和智能化指数级的增长使得 AIGC 取得了巨大进步，极大地推动了全球信息化发展在 2021 年进入元宇宙的新时代，AIGC 成为元宇宙时代的一个主要特征，也标志着互联网 Web 3.0 时代的到来。作为 Web 3.0 时代的生产工具，AIGC 将对元宇宙时代的生产力和生产关系产生极大影响。

基于多模态的 AIGC 技术可以生成游戏引擎、数字孪生引擎、数字人引擎、工业设计与仿真引擎等等各行各业的引擎，未来各行各业都将引擎化和智能化，广电行业也是如此。AIGC 作为数字内容创新发展的新引擎，将重塑整个广电行业。AIGC 将改变内容生产方式，提高内容生产力，改变视听服务的人机交互及获取信息的方式，助力打造新型的内容产品和服务体验，促进广电媒体业务模式创新，从而带来颠覆性的发展。AIGC 无疑是广电"未来电视"发展战略的关键赋能手段。

### （十）刘志明　中国社会科学院舆情实验室首席专家

中国作为正在崛起中的世界大国，提升国际传播能力，对外讲好中国故事正在成为一项不可或缺的核心竞争力。在传统媒体时代，以美国为代表的西方国家一直占据国际传播的垄断地位，即使在移动互联网时代，也依然在国际社交媒体平台上占据优势话语权，中国对外传播的弱势局面并没有改变。

而元宇宙和人工智能时代的到来正在打破这种局面。正如 TikTok 的出现撼动了 Facebook（Meta）、Twitter 在社交媒体平台的霸权一样，AIGC 的出现一定会带来一轮国际传播格局的改变。

中文在向其他语种的准确转化，并被不同国家受众所理解方面，存在着语言、文化、民族、意识形态等种种隔阂和壁垒，这是国际传播中最大的痛点和难点。AIGC 拥有人工书写难以匹敌的信息生产能效，可以大幅度提升对外输出多语种信息的能力，面向全球多语种受众群体开展一对一传播。

另一方面，元宇宙沉浸式、体验式、场景式的交互方式，将重新定义"精准传播"。一定程度上超越语言的屏障和相互理解的壁垒，从而为国际传播带来革命性的改变。

### （十一）蒋飞　上海美术学院教授

AIGC 的出现不仅是一种技术革新，更是人类智慧的延伸和创造力的拓展，它的发展将会彻底改变内容制作的方式，从而带来更高效和更具创意的结果，帮助人们更好地实现个性化、定制化的内容服务，满足用户的个性化需求。AIGC 未来发展前景广阔，将会给文化创意产业和数字经济带来新的机遇和挑战。

### （十二）郐明　上海大学教授、上海大学广告品牌研究中心主任

AIGC 是新型利用 AI 技术自动生成内容的生产方式。由于生成算法、预训练模式、多模态等 AI 技术的融合，催生了 AIGC 的大爆发。

ChatGPT 是 AIGC 的一个典型应用，它是 AIGC 的里程碑。2023 年 3 月 16 日发布了 GPT-4，它是在对对话进行建模，通过学习和理解人类语言，在与人类互动时从反馈中强化学习并生成响应的 GPT-3.5 基础上进化而成。这种参数和文本规模性的增加，进一步提升了模型的行为。目前，GPT-4 在标准化测试中已经显示出超越 88% 的人类的表现；它几乎支持所有语言，支持将文本转换成图像、音频和视频的多模态 AI。

ChatGPT 以其强大的信息整合和对话能力碾压人类。ChatGPT 不仅通过图灵实验，而且有自己的人设、观点。按摩尔定律，算力每隔 18 个月增加一倍。进一步训练，ChatGPT 就有可能实现自我意识的突破，有可能

控制全网电脑，控制和影响这个世界。

库兹韦尔认为，人工智能有三个阶段，弱人工智能、强人工智能和超人工智能。与人智能一致的强人工智能约在2045—2065年间达成，然后三个半小时就可以达到超人工智能阶段。超人工智能对人类存在友善、中立和敌对三种情况。确保人工智能对人类积极的善意才是关键。因此，无论如何，研究人工智能安全，消除人类对人工智能带来的焦虑、担忧，以及消除超人工智能可能给人类带来的危险，就成了当务之急的事。

## （十三）谢梅　电子科技大学教授

在人工智能、云计算、大数据智能技术与其他产业融合日益加深的背景下，以AIGC为代表的人工智能技术逐步主导了介质、场景、渠道的生产，推动着数字阅读逐步迈入智慧阅读阶段。在数字化、智能化、网络化的环境当中，动态化、创新性的阅读模式开始显现，阅读主体的阅读行为逐渐由个体阅读转向群体性、社交化。因此以动漫、游戏、音乐等形式与AIGC技术共同介入阅读推广，实现跨界合作成为必然。

AIGC技术可以在构建沉浸式空间环境、提供个性化内容体验、打造智能用户交互等方面发挥重要作用。其中，AIGC赋能阅读的未来也表现在智慧阅读场景的构建。因此，在智慧阅读的社会行为与管理行为中，如何把握数字产业发展的内在规律，将场景思维与元宇宙的传播优势相结合，打造出具有影响力的数字阅读产品，是当前迫切需要思考的问题。

AIGC的契机无处不在。换言之，人工智能产业和元宇宙技术的融合将成为新的经济增长点，进而生成新的产业增长点，促进元宇宙的内容生产，提升各行各业创意设计的关键技术。未来，随着算法不断完善，AIGC可以生成的内容也将变得越来越丰富，而AIGC将会实现与元宇宙的深度融合，有望创造出更好的上下游资源聚合的模式，为多种行业发展注入新的动能,并推动智能制造产业的转型升级。

## (十四)李骏翼 《元宇宙教育》作者、跨界教育研究者

"创造力"曾经是人类专属的高阶能力,我们不仅用来区分彼此,更作为孜孜以求的意义阶梯。如今,"创造力"正在被 AIGC 重新定义,涉足领域越来越多。如果在这些维度上,大部分人的表现是 1 到 100,而强大的 AI 则是 1 万、100 万甚至 100 亿,人的差异在 AI 面前显得微不足道,这让我们生命的意义也变得无处安放。

该怎么办呢?是时候重新定义"人类"了。定义的方式,就是不断强调并开拓仅属于人类的意义维度,而实践的路径,唯有教育——帮助每个人在人类的意义维度上生存与成长,教以为人,学以成人。传统教育的局限就是维度太少,不仅让人与人的竞争越发内卷,甚至让一些人陷入与 AI 竞争的绝境;而后 AI 时代的教育,核心特征就是维度变革,在数字科技的助力下,每个人都可以拥有自己独特的希望,这是终身成长的动力,是只属于人类的故事。

创造知识,曾经是我们的伟大成就,AI 将部分接替我们的重任;创造希望,是数字时代的意义之锚,是我们人类文明的尊严和底线。

## (十五)郭锐 中国仿真学会 Web 3.0 研究院专家委员

AIGC 可以被认为是与工业革命同等量级的颠覆性的技术变革,将带来数字内容生产供应链的巨大革新,诞生新的生产力关系和生产范式,其背后蕴含着大量的技术和商业机会,如文本生成、图片生成、视频生成和 3D 模型生成等可以预见,未来大部分的数字内容将由机器批量化生成,而人类内容工作者将致力于最具创意价值部分的工作,所有人都要掌握与机器协同工作的技能,这是大势所趋。目前还存在着不少挑战,技术层面,

商业层面和伦理层面都有。从技术来说，如何让内容生成更加可控，更能准确反映人类的意图，机器学习的计算效率更高；从商业层面来说，如何找到垂直细分的可落地变现的场景，实现大规模地商业化，内容带来的商业风险如何规避；从伦理来说，如何处理好 AI 与人类生产者的关系，训练所用的内容版权问题妥善解决等等问题都是 AIGC 从业者必须面对且亟待解决的难题。

AIGC 的革命已来，拥抱巨变，时不我待！

## （十六）黎音　中国文化产业协会元宇宙专委会高级专家

AIGC 为人类创意工作者提供了能跟随和超越人类脑速的创意实践和部分内容实现，极大地提升了各阶段各领域的创意多样性及推演效率，并且让成果的边界得到了不可限定的拓展。

随着人工智能技术的发展，现有创意产业所描述的一些基本服务模式会被打破，创意人才的定义以及所需要的教育培养方法也将面临巨大改变。同时，部分人工智能技术的自我进化已呈现超越当前社会的承载力趋势，虽然先锋性实验性在创意产业是一个褒义词，但如何防范"不可预计和过度智能"所可能带来的社会性风险，将是一个艰难的命题。

## （十七）孟虹　中央美术学院网络信息中心主任

关于人工智能，很多先哲对这个问题发表过看法，但是由于过于古老，还需要和现代语言呼应。

庄子讲，道无封，言无常，不存在通用智能。

笛卡尔讲，不存在一个离开人之外的智能，智能是一个计算过程，不存在意识。

莱布尼兹讲，通用表义文字与微分推理机，这个是智能。

彭加勤讲，分析有一个标准过程，这个是智能。

图灵讲图灵测试和图灵生序，这个是智能。

维特根斯坦讲，一切归结于语言。

GPT 是一个语言模型，它基于分词、向量化和矩阵权完成了通用语言模型构建，但是，接下来还有很多事情要做。

计算，首先是定义大数据，这一点，AIGC 与 GPT-4 给出了满意的答卷。

知识，首先是定义元字集，这一点，尔雅是参考，但是也处于混乱。

意义，首先是定义解空间，这一点，还需要继续努力。

意识，lora 是很好的先行实践，但是仍遥不可及。

这一切，可以简单地归结为通用人工智能，我们尚且在路上，大家还不必恐慌。

# 附录四

# 行业组织 AIGC 洞见集锦

（一）张泽轩　中国创新百人会副主任兼秘书长

我认为 AIGC 带来了前所未有的机遇，因为它可以帮助我们更好地理解和管理数据，并且在商业决策中发挥更大的作用。AIGC 可以帮助企业更好地预测市场需求、优化生产流程、提高运营效率等，从而带来更高的生产力。同时，AIGC 还可以帮助企业更好地服务客户，提高客户满意度，从而带来更大的商业价值。我也认为 GPT 带来了很大的挑战。随着 AIGC 的不断发展，我们也需要更多地考虑如何保护个人数据的安全和隐私。AIGC 也可能对人类劳动力造成冲击，我们需要思考如何解决失业问题，更好地实现人机共存。

（二）贾振丹　中国广告协会数字元宇宙工作委员会秘书长

AIGC 是各个产业升级的助推器，也是元宇宙快速发展的加速器，正在逐步赋能各行各业和降本增效，也让实体经济面临史无前例的创新机遇和传统教育的挑战。AIGC 打开了就业、创业和自由职业的边界，让人们不再受到岗位、年龄、性别、学历等因素的限制，借助 AIGC 的创作能力，人人都可以在自由的市场中发挥自身的独有的创造优势，从而重新定义自身在人力市场中的价值。全球视野上，中国 AIGC 的崛起终将会对人类社会发展与世界和平起到正向而又积极的作用。

### （三）郝博维　中国移动通信联合会算力实验室主任

AIGC 的出现预示着人类作为基础生物启动硅基文明的篇章正式开启。在室温超导和核聚变等技术的加持下，量子计算机的出现进入了倒计时，算力能力质的飞跃将赋予 AI 系统之灵魂，近乎全知的 AI 将来会演化到何等程度？是否会击垮人类的自由意识？这些都是值得思考的问题。

### （四）徐三尘　超创者联盟联合发起人、元宇宙创新创业大赛秘书长

如同第一次工业革命时蒸汽机的诞生，解放了人类体力劳动工作者的双手，AIGC 的出现将大大提升人类脑力劳动工作者的效率。我们预判，AIGC 的大范围应用将彻底颠覆人口红利所带来的经济底座。我们也看到了 AIGC 带来生产力效率巨大提升的同时也会更多地影响到社会经济发展规律的方方面面，包括整个经济周期的演变发展过程。未来依附于现有经济周期的各种生产资料与生产关系将会随着 AIGC 的诞生快速地重新组合。AIGC 的出现也会加快元宇宙与 Web 3.0 的生态快速繁荣发展。

### （五）唐维　中国众创空间产业联盟理事、上海嘉煦投资兼文创集团董事长

AIGC 所带来的新一轮想象力经济的革命，空间是无比巨大的！

如果说，科技代表了人类理性的高峰，艺术代表了人类感性的高峰，那么 AIGC 的出现，无疑将理性与感性，科技与艺术，进行了完美的融合。

而正当我们兴奋和沉浸于 AIGC 的颠覆式创作革命的同时，ChatGPT 又再一次打开了潘多拉魔盒。

两者的共同点是，其背后都需要强大的数据库和算力的支持，且需要长期"投喂"和不断"矫正"。而不同点在于，前者更偏向于艺术和版权问题，后者更偏向于逻辑和伦理问题。

## （六）胡显刚　广州黄埔元宇宙研究院执行副院长、子弥实验室兼2140LAB首任执行副主任

AIGC 可以以极低成本生成元宇宙内容生态，从而提速元宇宙产业发展。

而其中 GPT 作为通用人工智能（AGI）的雏形，可能在 1—2 年会取代或改造 App 成为新的人机交互入口，手机可能在越来越多场景被智能耳机等穿戴式设备替代。

5-8 年教育效率将得到极大提升，人类思维和通识教育水平将提升到新的水平，从而造就新一轮科技文艺复兴。

AIGC 3-5 年将重塑大量知识型工作岗位，导致大量失业和社会动荡，有必要考虑设立全民基本收入（UBI）和扩大再就业培训。

新一轮人工智能教育革命可以真正做到个性化施教，弥合高职教育、民办教育与 985/211 的差距，缩短中国在通识教育、人文教育与发达国家的差距，从而实现中国科技创新百花齐放。

AIGC 的界限，就是元宇宙的界限。人类近代完成了两次伟大自身革命！

一次是工业革命，一次是文艺复兴！一个是生产力的解放，一个是想象力的解放！

究其本质，历史其实一直在重复着这两件事，好比智能机器人正在逐步取代重复性体力劳动，解放更多劳动力；同时，AIGC 正在逐步取代重复性创作，激发人类更大的想象力空间！

## (七)孙喜庆　全球元宇宙大会产城联盟执行秘书长

ChatGPT、文心一言的先后发布,是生成式 AI 技术取得实用性进展的重要标志,引起了社会激烈讨论。其中有对 AI 强大创造能力的惊奇和兴奋,也有对 AI 可能抢夺人类一般就业的担忧。

回顾人类从农牧文明、工业文明发展到网络文明、数字文明,人类社会的生产资料、生产工具、生产力、基础设施都产生了鲜明的范式转移。数据、AI 算法、算力、数字化基础设施,已取代以往土地、人力、机械、石油等传统生产要素,成为数字经济的核心要素,成为数字社会发展的重要驱动力。

目前全球领先的 GPT、Megatron Turing–NLG、PaLM、Gopher、BLOOM、盘古、文心、元、悟道等大模型,其目标是打造突破特定任务局限的通用大模型 AGI,但实质上仍属于弱人工智能,需在人类指导下进行自监督学习、以及针对具体任务的模型微调。

从技术路线上看,目前的 AI 大模型的创作能力,是大规模神经网络系统因参数规模达到千亿量级而体现出的涌现效应。但人类只是以"黑盒"模式在应用神经网络,并不理解其内在原理,因此属于经验主义的工程技术的胜利,还不是有效的科学研究成果。目前的 AI 大模型训练,需要消耗大量算力,也就意味着能源的大量消耗。而相比之下,人类大脑只需极少的能量来维持。因此,从经济性角度看,神经网络技术路线不具备可持续发展前景。另一条技术路线是"类脑计算",就是采用人类大脑的仿生思路,用神经形态器件取代开关电路的硅基芯片,来构筑 AI 计算的基础结构,从而更高效的实现 AI 计算。这条路线依赖于对人类大脑、思维、意识的持续研究,尽管已取得阶段性成果,但仍需继续探索。一旦"类脑计算"研究取得突破,或许通用模型 AGI 将不得不改弦更张,人工智能基础框架将面临再次重构。

无论哪个技术路线，AIGC 作为 PGC、UGC 之后的一个新的内容生成范式，都将影响甚至重构整个内容生态。AI 技术不仅在语言文本、音频对话、图像视频、3D 模型等方面已得到实际应用，在 AI 数字人、Game AI、策略模拟等方面也在积极探索。AIGC，成为元宇宙时代的主流生产力，是可以看到的趋势。

2023 年 3 月 30 日，埃隆马斯克等 1 000 多位科技界意见领袖联名签署公开信《暂停大型人工智能研究》，呼吁暂停 GPT-4 及更强 AI 的模型训练。AIGC 用于内容生产，必然与社会价值观高度相关。AI 相关的科技伦理、社会道德、意识形态等风险需要我们慎重考虑。从中国对文化传媒和网络空间治理的一贯政策看，必须坚持主流价值观对 AI 算法的管控底线，这是不能被突破的基本原则。

随着元宇宙社会的来临，人的生存、就业、价值、尊严等问题需要被重新定位和思考。这不由让我们想到经典科幻电影《黑客帝国》所描绘的人类社会未来暗黑前景。

人类社会阶层，将不再以财富作为划分标准，而以其在智能社会中的角色来重新定义。作为 AI 超大平台的创造者，那你就是智能社会的上帝；作为 AI 模型的训练者，你就是 AI 的老师；作为平台的管理维护者，你就是网管员；作为平台的协作者，你就是伙伴。而那些敢于担当智能社会批判者的，就是觉者或先知；敢于挑战和改造充满不公正不合理规则的革命者，就是智能社会的叛军。而一般的 AIGC 内容消费者，就仅仅是用户，某种意义上，单纯的消费者也是 AI 的供养者和奴隶。AI 智能社会将会进化成为一个智能体，成为数字文明的主体，而人类，则会退化成为这个 AI 智能体的细胞。

这是否是人类可以接受的未来？我们应该如何去面对这个充满挑战的未来？

# 附录五

# AIGC 重要工具性图表页码索引

| 页码 | 编号 | 标题 |
|---|---|---|
| 008 | 表 1-1 | 人工智能类型一览表 |
| 019 | 图 1-6 | 伊恩·古德费洛提出的 GAN 模型图 |
| 028 | 图 1-8 | AIGC 内容生产的新模式 |
| 029 | 图 1-9 | 不同时期的 AI 进化路线 |
| 041 | 图 1-17 | Transformer 模型架构 |
| 046 | 表 1-2 | OpenAI 培养的科技精英 |
| 047 | 图 1-18 | OpenAI 投资路线图 |
| 048 | 图 1-19 | OpenAI 发展历史 |
| 055 | 图 1-22 | GPT-4 与 GPT-3.5 性能对比的实验数据 |
| 071 | 图 2-1 | 算力分布的周期性变化 |
| 072 | 图 2-2 | 1950 年到 2016 年人工智能发展历史上比较重大的事件 |
| 072 | 图 2-3 | 1952 年到 2022 年机器学习系统 FLOPs 算力需求的变化趋势 |
| 086 | 图 2-4 | 从大数据到数据智能的进程 |
| 103 | 图 2-5 | 中国 AIGC 大模型一览图 |
| 104 | 表 2-1 | 主流生成模型一览表 |
| 110 | 表 2-2 | 主流 AIGC 训练模型一览表 |

| 页码 | 编号 | 标题 |
|---|---|---|
| 125 | 图 3-1 | 中国 AIGC 产业全景图 |
| 132 | 表 3-1 | AIGC 模型十大开发机构 |
| 132 | 图 3-2 | 预训练语言模型参数量 |
| 133 | 图 3-3 | 全球 AIGC 市场地图 |
| 134 | 图 3-4 | 中国 AIGC 市场地图 |
| 144 | 图 3-5 | 中国 AIGC 最值得关注的 50 家 AIGC 机构 |
| 154 | 图 3-6 | 国外典型 AIGC 工具的逻辑分类 |
| 157 | 图 3-7 | AIGC 与千行百业的结合 |
| 239 | 表 4-1 | AIGC 常用工具软件特点解析一览表 |
| 255 | 图 4-32 | AIGC+ 媒体运转流程 |
| 261 | 图 4-33 | 营销技术应用发展历程及阶段特征 |
| 321 | 图 5-2 | 中国 AIGC 产业市场规模预测图 |
| 323 | 图 5-3 | 未来 AIGC 发展的驱动力与制动力 |
| 324 | 图 5-4 | 元宇宙与数字中国和数字经济的关系图 |
| 326 | 图 5-5 | 利用 AI 进行内容创作的过程 |

# 尾声

在本书的最后,我们来谈论一个令人充满期待的前景——AIGC 的大繁荣即将引领我们迈入 AGI 时代,硅基文明崛起在即。自从 AIGC 出现以来,人类已经在各个领域取得了令人瞩目的成就。随着人工智能和通用计算技术的不断进步,我们有理由相信,在不久的将来,AGI 将成为现实,硅基文明将与人类文明一起,共同塑造一个充满无限可能的未来。

在这个充满希望的未来,人类将在硅基文明的加持下取得前所未有的成就。我们将有能力更好地向内探索人类的精神世界,发现心灵的无穷魅力。在此过程中,文化、艺术、哲学等领域将得到更加深刻的挖掘,人类的精神世界将变得更加丰富多彩。

与此同时,我们也将有能力向外太空探索更广大的宇宙空间。随着人工智能和通用计算技术的应用,我们将能够设计出更加先进的航天器和探测器,突破当前的技术瓶颈,探索宇宙的奥秘。在这个过程中,我们或许将发现新的星球,解开宇宙起源的谜团,甚至与其他星际文明建立联系。

# 后记

在本书中，我们详细讨论了 AIGC 的发展历程、原理、应用和影响，以及它如何改变人类文明的未来。我们目睹了 AIGC 如何为人类带来了巨大的便利和繁荣，也应对伴随其发展而来的挑战。在这个过程中，我们始终坚信，只要我们勇于拥抱变革，敢于创新，我们就能在硅基文明的加持下创造一个更加美好的未来。

当然，要实现这个愿景，我们需要付出努力。我们需要不断地学习和探索，充分了解 AIGC 的潜力和局限，寻找合适的应用场景。我们还需要关注 AIGC 可能带来的伦理、道德和社会问题，确保技术的发展能够造福人类社会，而不是导致新的问题和矛盾。

最后，我们要感谢所有参与 AIGC 研究和发展的科学家、工程师和企业家，正是他们的辛勤付出和智慧结晶，为我们揭示了这个新兴领域的无限可能。同时，我们还要感谢广大读者的关注和支持，愿本书能为您带来有益的启示和深刻的思考。

未来充满了挑战和机遇，我们有信心在硅基文明和人类文明共同努力下，实现和谐共生，共创美好未来。让我们携手共进，迎接一个充满希望、智慧与创新的新时代。愿人类在科技的推动下，不断突破极限，探索未知，实现精神世界与宇宙空间的双重飞跃。

愿 AIGC 和即将到来的 AGI 时代为人类带来更加辉煌的成就，硅基文明与人类文明共同繁荣，迈向一个全新的未来。在这个充满希望的时代，让我们携手迎接挑战，共创辉煌。